Ekrem Akurgal

Erinnerungen eines Archäologen

Einige bedeutende Kapitel aus der Kulturgeschichte der Republik Türkei

Peleus

Studien zur Archäologie und
Geschichte Griechenlands und Zyperns

Band 57

In Kommission bei
Harrassowitz Verlag
Wiesbaden

Ekrem Akurgal

ERINNERUNGEN EINES ARCHÄOLOGEN

EINIGE BEDEUTENDE KAPITEL AUS DER KULTURGESCHICHTE DER REPUBLIK TÜRKEI

Herausgegeben von

Brigitte Freyer-Schauenburg und Erika Simon

Aus dem Türkischen übersetzt von

Wolfgang Riemann

VERLAG FRANZ PHILIPP RUTZEN
MAINZ UND RUHPOLDING

PELEUS

Studien zur Archäologie und Geschichte Griechenlands und Zyperns

Herausgegeben von Reinhard Stupperich und Heinz A. Richter

Band 57

Bibliografische Information der Deutschen Nationalbibliothek
Die Deutsche Nationalbibliothek verzeichnet diese Publikation in der Deutschen Nationalbibliografie; detaillierte bibliografische Daten sind im Internet über http://dnb.d-nb.de abrufbar.

Bibliographic information published by the Deutsche Nationalbibliothek
The Deutsche Nationalbibliothek lists this publication in the Deutsche Nationalbibliografie; detailed bibliographic data are available in the internet at http://dnb.d-nb.de

Umschlagvignetten:
Umschlagbild: Der Autor
Gegenüber Titelblatt: Innenbild einer Schale des Peithinosmalers, Berlin, Pergamonmuseum (CVA Berlin 2, Taf. 61).

Die Übersetzung ist von dem Ministerium für Kultur und Tourismus der Republik Türkei im Rahmen des TEDA-Projekts gefördert worden.
Der Druck des Buches ist gefördert worden durch die Brunswiker Stiftung, die Freunde der Antike Kiel e.V. und die Türkische Gemeinde in Schleswig-Holstein e.V.

Printed in Germany on fade resistant and archival quality paper (PH 7 neutral).
Gesamtherstellung: Beltz Druckpartner, Carl-Benz-Str. 11, 69 502 Hemsbach

VERLAG FRANZ PHILIPP RUTZEN
D - 83324 Ruhpolding, Am Zellerberg 21
Tel. 08663/883386, Fax 08663/883389, e-mail: franz-rutzen@t-online.de
In Kommission bei Harrassowitz Verlag • Wiesbaden, www.harrassowitz-verlag.de

ISSN 1868-1476
ISBN 978-3-447-06875-2
EAN: 9783447068758

INHALT

VORWORT DER HERAUSGEBERINNEN

Die auf Türkisch verfassten Lebenserinnerungen des Archäologen Ekrem Akurgal sind mehr als die Memoiren einer bedeutenden Persönlichkeit und eines herausragenden Wissenschaftlers – sie sind ein wichtiger Abschnitt türkischer Geschichte und Kulturgeschichte, der von dem Autor mitgestaltet worden ist.

Ekrem Akurgal wurde 1911 auf dem Gut seiner Großeltern mütterlicherseits in der Nähe von Haifa in Palästina geboren, das damals Teil des Osmanischen Reiches war. Er wuchs zunächst auf dem Gut seines Vaters in Akyazı bei Adapazarı im nordwestlichen Anatolien auf. Dieser osmanischen Wurzeln blieb er sich stets bewusst und er pflegte sie Zeit seines Lebens. Die Werke der bedeutenden Dichter, die er schon als Kind bei den Vorlese-Abenden seiner Mutter für die meist analphabetischen Frauen des Dorfes kennen gelernt hatte, waren ihm auch während seiner späteren Aufenthalte in Europa stets präsent. Großen Künstlern wie dem Architekten Sinan zollte er seine Aufmerksamkeit und sorgte für die Pflege ihres Gedenkens. Aber auch in ganz praktischen Dingen blieb er seinen Anfängen verbunden: so pflegte er noch im späteren Alter rasche Notizen in arabischer Schrift abzufassen. Seine Schulzeit verbrachte er in Istanbul; sie war vorrangig durch eine französische Bildung geprägt.

Eine persönliche Begegnung des 19-jährigen Abiturienten Akurgal mit Mustafa Kemal Atatürk verstärkte das Interesse, mit dem er sich dem Studium von dessen historischen Thesen und der anatolischen Geschichte widmete. Er blieb den Theorien des großen Reformers Zeit seines Lebens zutiefst verpflichtet. Dank seiner profunden Kenntnisse wurde Ekrem Akurgal das einzige direkte Stipendium Atatürks zugesprochen, das für ein Studium des Faches Archäologie in Europa ausgeschrieben war. Er absolvierte dieses in Berlin bei Gerhart Rodenwaldt und schloss es zu Beginn des 2. Weltkriegs erfolgreich ab. Damit ist die Grundlage für seine enge Verbindung mit Deutschland gelegt worden. Mehrere seiner wichtigsten Bücher hat er unmittelbar auf Deutsch geschrieben. So entstand während der Grabungskampagne 1960 in Çandarlı der Band "Die Kunst Anatoliens", wobei auf seinem Schreibtisch nachweislich weder ein Lexikon noch eine deutsche Grammatik standen.

In Lehre und Forschung erfüllte Ekrem Akurgal die von Atatürk geforderte Aufgabe, die Archäologie seines Landes als identitätsstiftende Wissenschaft des modernen türkischen Staates zu etablieren. Er erreichte, dass an der Universität Ankara ein "Lehrstuhl für Klassische Archäologie und dazu gleichzeitige Anatolische Archäologie" eingerichtet und mit einer ausreichenden Bibliothek ausgestattet wurde. Er hat ihn von 1957-1981 bekleidet; seine Schüler und Enkelschüler haben seither – nun zum Teil schon in der dritten Generation – wichtige Lehrstühle des Landes und die Leitung großer Museen inne sowie zentrale Verwaltungsposten in den Staatlichen Institutionen der Antikenverwaltung.

In seinen Publikationen hat Ekrem Akurgal die Kunst und Kultur der Hethiter, Urartäer, Phryger, Lyder, Karer und Lykier behandelt und diese mit den Methoden der Klassischen Archäologie auf ihren Stil und ihre zeitliche Stellung hin systematisch untersucht. Mittelpunkt seiner Forschungen aber war die griechische, insbesondere die ionische und aiolische Kunst, der auch seine Grabungen galten: Alt-Smyrna, Kyzikos, Sinope, Phokaia, Daskyleion, Pitane und Erythrai. Über eine Dekade lang leitete er als Generalsekretär die von Atatürk gegründete Türkische Historische Gesellschaft; er gründete die wissenschaftliche Zeitschrift "Anatolia" und setzte sich aktiv für die türkisch-griechische Verständigung und Freundschaft ein. Von seinem internationalen Renommee zeugen zahlreiche Forschungsaufenthalte und Gastprofessuren in Europa und den USA, die vielfältigen Ordensverleihungen, die Mitgliedschaften in Wissenschaftlichen Gesellschaften und die Verleihung der Ehrendoktorwürde der Universitäten Bordeaux, Athen, Lecce und Eskişehir.

In der Kulturpolitik seines Landes nahm Ekrem Akurgal offizielle Aufgaben wahr: er betreute persönlich hochrangige ausländische Staatsgäste, wobei ihm seine weit gefächerten Sprachkenntnisse sehr nützlich waren. Auch auf persönlicher Ebene pflegten er und seine Frau enge Kontakte zu den in der Türkei tätigen ausländischen Diplomaten und Vertretern kultureller Institutionen sowie auch zu den diplomatischen Vertretungen der Türkei im Ausland. Er wurde als Mitglied für wichtige Kommissionen angefordert – wie der für die Ausstattung des in Ankara errichteten Mausoleums für den Staatsgründer Atatürk.

Seinen Freunden, Kollegen und Schülern gegenüber war er stets loyal. Mehr als einmal hat er durch ein gutes Wort bei den offiziellen Stellen dem Projekt eines ausländischen Kollegen zur Realisierung verholfen – bisweilen ohne dass dieser überhaupt davon erfuhr. Von seiner Treue zeugt auch die Tatsache, dass er als fast Neunzigjähriger allen denjenigen, die ihn auf seinem Werdegang gefördert hatten, namentlich dankt – bis zurück in seine frühe Schulzeit. Dadurch ist das Buch eine Fundgrube für Zeugen der jeweiligen Zeitgeschichte. Dabei konnte Ekrem Akurgal auf keine Unterlagen wie etwa ein regelmäßig geführtes Tagebuch zurückgreifen.

Mit seinen Memoiren hat er seinen Landsleuten, insbesondere der Jugend, Vorbilder aufzeigen wollen, die nun in der vorliegenden Übersetzung weit darüber hinaus Wirkung zeigen können. Ekrem Akurgal bekennt sich in seinen Lebenserinnerungen als überzeugter Türke, als engagierter Vertreter der von Atatürk gegründeten modernen Republik, zugleich aber auch als überzeugter Europäer, der nicht nur der antiken Kunst und Kultur verbunden war, sondern auch der europäischen Literatur und Philosophie, der bildenden Kunst und Musik. Er war Weltmann und Humanist.

Die Bemühungen der Unterzeichnenden, dieses Projekt zu verwirklichen, reichen Jahre zurück, bis wir in dem Turkologen Wolfgang Riemann den geeigneten Übersetzer gefunden hatten. Er hat sich engagiert und professionell des Textes angenommen, wobei die Redaktion (vor allem die der archäologischen Abschnitte) den Herausgeberinnen oblag. Wir danken dem Ministerium für Kultur und Tourismus der Republik Türkei für die Förderung der Übersetzung im Rahmen des TEDA-Projekts; für technische Hilfestellung danken wir Marlis Hey-Dincer von der Deutschen Botschaft in Ankara.

Franz Rutzen sind wir verpflichtet für die Übernahme des Buches in sein Verlags-Programm, Reinhard Stupperich und Heinz A. Richter für die Aufnahme in die Schriften-Reihe Peleus. Für die redaktionelle Betreuung des Manuskripts danken wir vor allem Heinz A. Richter, der die Dateien bearbeitet und die Formatierung von Text und Tafeln durchgeführt hat. Er hat die in der türkischen Fassung eingestreuten Abbildungen zu vier Tafelblöcken zusammengefasst. Am Ende des Buches sind weitere Zusatztafeln angehängt, um einen besseren Einblick zu gewähren in das Leben und Wirken von Ekrem Akurgal: Ansichten von Schulpforta und vom Winckelmann-Institut der Humboldt-Universität zu Berlin (die jeweiligen Abbildungs-Vorlagen verdanken wir der Vermittlung von Petra Mücke und Veit Stürmer), von seinen wichtigsten Grabungsstätten in der Türkei und von ausgewählten Beispielen seiner Fundstücke sowie von Objekten, die er im Text näher besprochen hat. Hinzugekommen ist ferner eine von Joachim Frey gezeichnete Landkarte, auf der Michael Blömer dankenswerter Weise die in dem Buch erwähnten Orte, vornehmlich die Grabungsstätten, eingetragen hat.

Der Druckkosten-Zuschuss konnte durch die Beiträge folgender Institutionen in Kiel aufgebracht werden: der Brunswiker Stiftung, der Freunde der Antike e.V. sowie der Türkischen Gemeinde in Schleswig-Holstein e.V. Ihnen allen gebührt unser Dank.

Unser besonderer Dank gilt Meral Akurgal, die das Lebenswerk ihres Mannes fortsetzt und seit 1993 die Leitung seiner ehemaligen Grabung in Alt-Smyrna übernommen hat. Sie hat unser Projekt von Anfang an wohlwollend begleitet und freundschaftlich unterstützt. Wir verdanken ihr die originalen Abbildungsvorlagen, die sie uns in Scans zur Verfügung gestellt hat, sowie Vorlagen für die Zusatztafeln. Möge die Übersetzung der Lebenserinnerungen ihres Mannes einen weiten Leserkreis finden und die Erinnerung an den großen Menschen und Gelehrten verbreiten und wach halten.

Erika Simon, Würzburg
Brigitte Freyer-Schauenburg, Kiel

ZUM GELEIT

Anlässlich der Generalversammlung unserer Akademie, die am 15. Mai 1999 abgehalten wurde, hörte ich von vielen unserer Mitglieder, dass die Lebensgeschichte unseres Ehrenmitglieds Ekrem Akurgal seitens der TÜBİTAK[1] veröffentlicht werden sollte. Da dieser Wissenschaftler ein Ehrenmitglied unserer Akademie war, habe ich mich näher mit diesem Thema beschäftigt und wir haben mit Zustimmung der Ratsversammlung den Beschluss herbeigeführt, wonach wir feststellten, dass es unsere Aufgabe sei, die Veröffentlichung zu übernehmen. Ich habe daraufhin am Telefon bei Prof. Dr. Akurgal angefragt, ob er mit unserem Beschluss, die Veröffentlichung durch die TÜBA[2] vornehmen zu lassen, einverstanden sei. Prof. Akurgal teilte mir mit, dass er dies für sehr angemessen hielt und er sehr glücklich wäre, wenn ich hierzu ein Geleitwort schriebe. Auf seine Zustimmung hin haben wir beschlossen, eine biographische Reihe herauszugeben, deren Anfang Prof. Akurgals Buch machen sollte. Damit würde die TÜBA im fünften Jahr nach ihrer Gründung geschätzte Mitglieder aus ihren Reihen der Öffentlichkeit vorstellen können. Durch Ekrem Akurgals Buch "Erinnerungen eines Archäologen" wird es sicher zu Diskussionen über viele Fragen bezüglich der 75jährigen Kulturgeschichte der Republik Türkei kommen. In diesem Zusammenhang hielt ich es für erforderlich, das Buch, das Sie gerade lesen, kurz zusammenzufassen.

Dadurch dass Ekrem Akurgal in Deutschland, England, Amerika, Frankreich, Österreich, Italien und Griechenland, also in sieben Ländern, zum Ehrenmitglied der jeweiligen Akademie der Wissenschaften gewählt wurde, hat er einen Weltrekord aufgestellt.

Daneben ist er in Deutschland, England, Amerika, Frankreich, Österreich, Italien, Griechenland und Dänemark, also in acht Ländern, Mitglied in der Akademie der Wissenschaften. Auch hier steht Akurgal an erster Stelle in der Welt. Der Sitz in der Abteilung für Alte Geschichte in der Académie française wird den Namen Akurgal tragen, solange dieser lebt.

Akurgal ist aufgrund der wissenschaftlichen Auszeichnungen, die er in Deutschland, Frankreich, Österreich, Italien und Belgien erhielt, einer der führenden Wissenschaftler der Welt.

Auch Ekrem Akurgals Bücher, die er in fremden Sprachen schrieb und die in Europa in hoher Auflage erschienen, stellen innerhalb der archäologischen Veröffentlichungen weltweit einen Rekord dar.

Akurgal hat als Gastprofessor jeweils ein Jahr an den Universitäten von Princeton, Berlin und Wien verbracht und unterrichtet. In Pisa arbeitete er drei Monate. Auch in diesem Bereich nimmt er auf der Welt einen hervorragenden Rang ein.

Aufgrund der Einladungen, die Ekrem Akurgal aus ganz Europa und aus Russland erhielt, hat er Dutzende von Vorträgen gehalten. Auch hier lohnt es sich, des Platzes Akurgals in der Weltgemeinschaft der Archäologen zu gedenken.

Weiterhin nimmt Ekrem Akurgal aufgrund der Diskussionsrunden, Dokumentationen und Gespräche, an denen er im europäischen Fernsehen teilgenommen hat, auf der internationalen archäologischen Bühne einen hervorragenden Platz ein.

Mit der Würde des Ehrendoktors, die ihm von den Universitäten von Bordeaux, Athen, Lecce und von der türkischen Anadolu Üniversitesi verliehen wurde, und mit den sieben antiken griechischen Städten, die er ausgegraben hat, ist Akurgal ein Archäologe, dem höchste Anerkennung gebührt.

Was die Ausbildung von Archäologen angeht, so nimmt er eine hervorragende Stellung in

1 TÜBİTAK = Türkiye Bilimsel ve Teknik Araştırma Kurumu = Türkische Gesellschaft für wissenschaftlich-technische Untersuchungen

2 TÜBA = Türkiye Bilimler Akademisi = Akademie der Wissenschaften der Türkei

der Türkei ein. Als er 1981 in den Ruhestand trat, haben 23 Archäologen an den Universitäten unterrichtet, die ihre Ausbildung an der Archäologischen Abteilung der Universität Ankara erhalten hatten. Ein großer Teil der heute tätigen Klassischen Archäologen kommt aus Ankara.

Akurgal hat sich in der Türkei mit seinen auf Türkisch verfassten, hervorragend illustrierten Büchern und Aufsätzen, mit denen er der türkischen Öffentlichkeit wichtige Informationen über die Alte Geschichte, die Archäologie und die Kunst übermittelt hat, große Verdienste erworben.

Wir sind sehr stolz darauf, dass wir mit den weiteren Büchern dieser biographischen Reihe Gelegenheit haben werden, hervorragende Mitglieder der TÜBA vorstellen zu können.

Prof. Dr. Ayhan O. Çavdar
Präsident der Türkischen Akademie der Wissenschaften

VORWORT DES VERFASSERS

Das Buch, das Sie in Händen halten, ist eine Arbeit, die sich in gleicher Weise an Archäologen, an Historiker und an Philologen wendet — wie an türkische Intellektuelle ganz allgemein. Wenn ein Spezialist über seine Arbeiten und Bemühungen Rechenschaft ablegt, so kann dies für die kommenden Generationen von großem Nutzen sein. Daher kann man es gar nicht oft genug hervorheben, wenn die Türkische Akademie der Wissenschaften [TÜBA], die immer sehr wertvolle und nützliche Werke herausgegeben hat, nun eine biographische Reihe veröffentlicht.

Meine Frau Meral Akurgal hat das Buch unter literarischen und wissenschaftlichen Gesichtspunkten durchgesehen. Und sie hat die erforderlichen Korrekturen, Streichungen und Ergänzungen vorgenommen.

Die Druckvorbereitung dieser Memoiren hat die junge Archäologin Emel Dereboylu übernommen, das Layout der Seiten und der Bilder hat eine Arbeitsgruppe der Türkischen Gesellschaft für Wissenschaftlich-Technische Untersuchungen [TÜBITAK] gewissenhaft und sorgfältig erstellt.

Ekrem Akurgal
30. März 1999
Karşıyaka, İzmir

EINLEITUNG

Anfang des Jahres 1988 erhielt ich einen Brief von zwei italienischen Kollegen. Die beiden Archäologen planten das wissenschaftliche Leben von zehn Altertumswissenschaftlern auf etwa 30 Seiten zu erzählen und als Buch herauszugeben. Sie fragten an, ob ich ihr Vorhaben unterstützen könnte. Auf der Liste waren zehn berühmte und geschätzte Forscher aufgeführt. Nun gibt es allerdings in der Archäologie, in der Geschichtswissenschaft und in der Philologie eine große Zahl weiterer Persönlichkeiten gleicher Qualifikation, so dass man leicht noch einige weitere Listen hätte erstellen können. Aus diesem Grund wurde mir bewusst, dass man das beabsichtigte Vorhaben nicht würde verwirklichen können, weshalb ich mich dafür entschied, die Anfrage abschlägig zu beantworten. In einem zweiten Brief, der mich ein paar Monate später erreichte und der nur von einem der beiden Kollegen unterzeichnet war, wurde mir mitgeteilt, dass man von dem Projekt zunächst Abstand genommen habe.

Das gescheiterte Vorhaben der beiden italienischen Kollegen hat mich auf den Gedanken gebracht, mein eigenes wissenschaftliches Leben aufzuschreiben. Und so habe ich die Erinnerungen zusammengestellt, die in diesem Buch versammelt sind. Mehr noch als Erinnerungen aus meinem privaten Leben finden Sie hier Geschichten, die davon erzählen, wie die wissenschaftliche Ausbildung eines Archäologen verlief und wie dieser anschließend versuchte, erfolgreich zu arbeiten.

BEGINN EINES LEBENS

Zu Beginn des Jahres 1911 begab sich meine Mutter, um mich zur Welt zu bringen, von Istanbul zu ihren Eltern, diese wohnten in einer anderen Region des Osmanischen Reiches. Meine Mutter reiste in eine kleine Siedlung am Meer, die zur Kleinstadt Tulkarem gehörte und in der Nähe von Haifa lag. Dort waren ihre Eltern Landbesitzer. Die Orangen- und Zitronenhaine und das Landgut meines Großvaters lagen ganz in der Nähe der Ruinen von Caesareia — einer antiken Stadt, die allen Archäologen bekannt ist. Dort, in einem noch heute erhaltenen Bauernhaus, wurde ich am 30. März 1911 geboren. Weil ich ein Junge war, sollen die dort ansässigen arabischen Bewohner meine Geburt gefeiert haben, indem sie mit ihren Waffen in die Luft schossen. Die Leute hätten von diesem Tag an und mit Bezug auf meinen Namen den Vater mit "Ebu Ekrem" und die Mutter mit "Ummu Ekrem" angeredet. Meine Mutter berichtete später in allen Einzelheiten, wie mir meine Großmutter blaue Perlen gegen den bösen Blick und auch eine 5 Kurusch-Goldmünze an die linke Schulter geheftet habe. Diese stammte aus der Zeit Sultan Fatihs und war in den Ruinen von Caesareia gefunden worden. Sowohl die Münze als auch die blauen Perlen haben später meine Söhne Ali und Murat als Kleinkinder an ihrer Schulter getragen.

Dass ich nahe einer archäologischen Ausgrabungsstätte das Licht der Welt erblickte und statt eines modernen Goldstücks eine antike Münze an mir trug, ist sicher dem Zufall geschuldet. Darin einen Hinweis zu sehen, dass ich später einmal Archäologe werden sollte, wäre ein Ausdruck von Schicksalsgläubigkeit. Handelt es sich hierbei doch um zwei interessante, aber eben zufällige Ereignisse.

Wir blieben bis zum Ende meines zweiten Lebensjahres in Tulkarem wohnen. Mein Vater reiste mehrfach zwischen Haifa und Istanbul hin und her. Und im Jahre 1913 kehrten wir dann nach Istanbul zurück. Obgleich ich in Caesareia geboren war, zog es mein Vater vor, die Hauptstadt Istanbul als meinen Geburtsort anzugeben, und so trug man Istanbul in die Geburtsurkunde ein. Nach einem kurzen Aufenthalt in Istanbul zog ich mit meinen Eltern auf unser Landgut im Bezirk Akyazı, das im Landkreis Adapazarı liegt.

Adapazarı und Akyazı (1917-1930)

Die Zeit zwischen dem dritten und dem sechsten Lebensjahr verbrachte ich auf unserem Gut in Akyazı. Seit mich meine Eltern 1917 im Alter von sechs Jahren zum Schulbesuch zu meiner Tante nach Istanbul schickten, war Akyazı für mich nur noch der Ort, an dem ich jedes Jahr die dreimonatigen Sommerferien verbrachte. So verlebte ich bis zum Jahre 1930 vierzehn Jahre lang meine Ferien in Akyazı. Auf den fruchtbaren Feldern unseres Gutshofs, vor dem ein Bächlein floss, das sich aus dem Mudurnu-Fluß speiste, wurden Mais, Kartoffeln, Weizen und später auch Runkelrüben angebaut. Zu dieser Zeit erntete man dort nur das beste Obst: Äpfel, Birnen, Pflaumen aber auch Haselnüsse. Auf unserem Gut lebten auch zahlreiche Tiere: Es gab Pferde, Büffel, Ochsen, Kühe, Ziegen und Schafe. Wenn die einzelnen Tierherden abends zum Stall zurückkehrten, boten sie ein eindrucksvolles Bild. Außerdem hatten wir auch einige Reitpferde. Eines unserer Araberpferde hat einmal bei einem Rennen in Izmit den zweiten Platz gewonnen. Mit den Worten "Das ist jetzt dein Pferd" schenkte mir mein Vater ein reinrassiges Araberfohlen, das er wegen der Farbe seines Fells "Koralle" getauft hatte. Als es alt genug war, um darauf zu reiten, bin ich mit ihm über Stock und Stein galoppiert. Wenn mein Vater Geschäfte zu besorgen hatte, pflegte er den Weg ins 32 Kilometer entfernte Adapazarı und zurück auf dem Rücken eines Pferdes zurückzulegen.

In der Gegend von Akyazı gab es viele hübsche Dörfer. Besonders schön waren die Siedlungen der Abchasen und der Georgier. In Abhaza Köyü, wo die heißen Thermalquellen von Kuzuluk sprudelten, standen weißgestrichene Häuser, die an allen vier Seiten von Hecken und mit grünem Gras bewachsenen Koppeln umgeben waren. An manchen Abenden tanzten junge Männer und Frauen auf den Wiesen zu den Klängen einer Ziehharmonika. Meistens ritt ich mit Jugendlichen, die im Alter meines großen Bruders waren, mit Sami, dem Sohn meines Onkels, und mit dessen Cousin Tahsin, der aus Adapazarı stammte, nach Kuzuluk Köyü. Manchmal verbrachten wir die Nacht als Gäste meines Onkels Osman Belül, der Bürgermeister von Akyazı war und damals die Thermalquellen von Kuzuluk verwaltete. Wir aßen dort "Acika", ein stark gewürztes Gericht aus Maismehl, Gemüse und Rind- und Hühnerfleisch. Den Takt zur Harmonika schlugen wir mit einem Stock auf einem langen Brett, das auf unseren Knien lag. Wir sangen gemeinsam Lieder und feuerten ab und zu mit der Pistole in die Luft.

Im Fluss Kalyan, der sich in der Nähe der Thermalquellen von Kuzuluk ergoss, fingen wir kleine, rot gefleckte Forellen. Bei jeder sich bietenden Gelegenheit veranstaltete ich mit meinen Freunden Ringkämpfe. Ich liebte das Ringen sehr. In Akyazı und seiner Umgebung lebten viele berühmte Ringkämpfer. Mit großem Vergnügen schaute ich ihnen zu, wenn sie bei Hochzeiten auf dem Dorf ihre Kräfte maßen. Umzüge und Hochzeitsfeiern, bei denen auch Pferderennen abgehalten wurden, gehörten zu den aufregenden Vergnügungen, die ich mir nie entgehen ließ.

Jedes Jahr im Herbst, wenn die Ernte in die Scheunen eingefahren war, wurde auf unserem Gut ein Erntefest gefeiert. Und es oblag meiner Mutter, diese freudigen Zusammenkünfte zu organisieren. Unsere Nachbarn, die direkt neben dem Gut im Viertel Cumhuriyet Mahallesi wohnten, und die Leute in Akyazı mochten meine Mutter sehr. Im Winter lud sie die in der Nähe des Gutes wohnenden Nachbarsfrauen, die des Lesens und Schreibens nicht kundig waren, zu sich nach Hause ein, um ihnen Auszüge aus den Romanen von Hüseyin Rahmi Gürpınar, Reşat Nuri Güntekin und Halide Edip Adıvar vorzulesen und ihnen das Gelesene zu erläutern. Den Frauen aus dem Dorf gefielen diese Treffen sehr. Nachdem mein Vater täglich die Cumhuriyet von Anfang bis Ende durchgelesen hatte, nahm er sich auch weitere Tageszeitungen vor. Mein Vater legte Wert darauf, sich immer auf dem aktuellen Wissensstand zu halten. Deshalb vertiefte er sich in literarische und historische Werke, die sich in unserer Hausbibliothek in Akyazı und in Istanbul befanden. Zu seinem Lesestoff zählten auch Bände mit Gedichten, ebenso wie Werke über historische Thesen von Atatürk. Über die Bücher, die er gelesen hatte, unterhielt er sich oft mit mir.

Ich liebte den Bach, der durch das Einkaufsviertel von Akyazı floss. Er plätscherte an unserem Gut vorbei, um seinen Lauf von hier aus fortzusetzen. In diesem Viertel hatten vermögende Leute ihre Läden und Büros. In den Cafés wurde Kaffee getrunken, Tee geschlürft und die Wasserpfeifen blubberten. Auch spielte man hier Tricktrack und Kartenspiele. Manchmal gingen mein Vater und ich ins Café, um Freunde zu treffen — doch gewöhnlich besuchten wir diesen Treffpunkt getrennt.

Mit größter Zuneigung erinnere ich mich an bekannte und bedeutende Persönlichkeiten unserer Region. Unter den angesehenen Bürgern sind als erste İbrahim Bayhan und sein Sohn Abdi zu nennen, die beide das Amt des Bürgermeisters innehatten. Weiterhin möchte ich an Osman Belül und an seinen Sohn Sami erinnern. Osman Belül stammte vom Schwarzen Meer, er war mit Cemile Hanım, einer meiner engsten Verwandten, verheiratet und hatte im türkischen Befreiungskrieg gekämpft. Auch er war Bürgermeister gewesen und hatte die Thermalquellen von Kuzuluk betrieben. Erwähnen möchte ich die bekannten Unternehmer Mehmet Boztepe und Osman Akıncı und meinen hochgeschätzten Schuldirektor, bei dem ich ein Jahr lang Unterricht hatte. Auch Hakkı Bey möchte ich nennen, einen Händler und Unternehmer griechischer Abstammung: Er hat den ersten mehrstöckigen Wohnblock in Akyazı errichtet und einen regelmäßigen Autobusverkehr zwischen Akyazı und Adapazarı eingerichtet. Sehr gut erinnere ich mich auch an unsere Nachbarin Azemin Çelik Hanım, die ebenso griechischer Abstammung war, sowie an ihre Söhne Ömer und Hilmi.

Wie die ganze Türkei war auch Akyazı in den Jahren 1917 bis 1930 sehr arm. Unser Bezirk hatte nicht einmal eine Apotheke, und weil Akyazı nur ein Bezirk innerhalb des Landkreises war, fehlte hier auch ein niedergelassener Arzt. Nur einmal in der Woche kam ein Doktor, der ein paar Medikamente dabei hatte und versuchte, den Leuten von Akyazı, die zwischen dem Regierungsgebäude und dem Postamt auf die Behandlung warteten, zu helfen. Doch war gar nicht daran zu denken, dass jemand geheilt wurde, der ernsthaft krank war. Nicht einmal gegen die Malaria kam man an; damit war fast jeder infiziert.

Für längere Fahrten, besonders für den Hin- und Rückweg nach Adapazarı, benutzte man ein "Yaylı" genanntes Fahrzeug, das von Pferden gezogen wurde. Diese Yaylıs konnten in der Stunde sieben bis acht Kilometer zurücklegen. Bevor man sich von Hendek nach Adapazarı aufmachte, gönnte man den Pferden eine Pause von ein bis zwei Stunden. Da es Anfang der 1920er Jahre keine Brücke über den Sakarya-Fluss gab, überquerten wir ihn, indem wir unseren Yaylı-Wagen auf eine große Fähre schoben, die von einem Stahlseil gehalten wurde. So dauerte die Reise von 32 Kilometern zwischen Akyazı und Adapazarı immerhin einen ganzen Tag.

Zu den Dörfern in der Umgebung von Akyazı fuhr man mit Ochsen- oder Büffelkarren — zum Beispiel, um dort ein Picknick zu machen.

Bis 1922 wurden die Lokomotiven der Züge, die zwischen Adapazarı und Istanbul verkehrten, statt mit Kohle mit Holz betrieben, was das Reisen sehr erschwerte. Tatsächlich konnten die Züge die Steigungen oft nur mit Mühe bewältigen. Dies führte dazu, dass im Jahre 1921 die Strecke zwischen Adapazarı und Istanbul als so gefährlich eingeschätzt wurde, dass ich in diesem Jahr den ganzen Winter in Akyazı blieb und in der örtlichen Schule von dem Schulleiter Osman Akıncı und dem Lehrer Abdi Bayhan unterrichtet wurde. Dass ich in Akyazı bleiben konnte, machte mich sehr glücklich, denn so konnte ich das Zusammensein mit meinen Freunden aus Akyazı richtig auskosten.

Als Siebenjähriger: Leben in der "Fremde"

Als ich sieben Jahre alt wurde, schickte mich mein Vater zum Schulbesuch nach Istanbul. Dort wohnte ich bei der älteren Schwester meines Vaters, die mit Cabizade Ali Fehmi Efendi, dem ehemaligen Mufti der Herzegowina, verheiratet war. Mein angeheirateter Onkel, den ich "Amca" nannte als wäre er mein leiblicher Onkel, lehrte damals als Professor für Arabische Literatur an der Universität Istanbul; außerdem war er Mitglied der Kommission für Ausbildung und Erziehung des Kulturministeriums. Während der Zeit, in der die Herzegowina unter österreichischer Verwaltung gestanden hatte, war er dort lange Jahre Mufti gewesen. Doch wegen seiner Beteiligung an einer Auseinandersetzung um ein muslimisches Mädchen, das sich zum Christentum bekehrt hatte, wurde er den Österreichern zu einer Last. Der Kaiser beklagte sich über den Mufti bei Sultan Hamid, der ihn darauf nach Istanbul zurück beorderte und ihm verbot, nach Mostar zurückzukehren. Er setzte ihn in die oben genannten Funktionen ein und stellte ihm für seine Tätigkeiten in Beşiktaş ein Gebäude zur Verfügung, das gegenüber der heutigen Naturwissenschaftlichen und Literarischen Fakultät lag. Ali Fehmi Efendi, der Ehemann meiner geliebten Tante, war ein Religionswissenschaftler, der das Arabische sehr gut beherrschte und Bücher zu religiösen Themen in dieser Sprache verfasst hatte. Später verfügte er in seinem Haus mit elf Zimmern in Fatih über eine reichhaltige Bibliothek in den Repräsentationsräumen. Hier pflegte er seine Kollegen und Studenten zu empfangen. Wie mir berichtet wurde, haben bekannte Persönlichkeiten wie Nimetullah, Mehmet Akif, Babanzade Naim und Necati Lugal bei ihm Unterricht in arabischer Literatur genommen.

Da sie selbst keine Kinder hatten, schenkten mir der Müftü Efendi und meine Tante ihre ganze Liebe. Sie kümmerten sich mit großer Zuneigung um mich als sei ich ihr eigener Sohn — und entsprechend verwöhnten sie mich. Ich genoss große Freiheiten und bekam alles, was ich mir wünschte. Müftü Efendi starb im Jahr 1919. Meine Tante und ich lebten nun mit einem

Dienstmädchen, das uns versorgte, allein in dem großen Haus. Doch meine Eltern kamen im Winter häufig zu Besuch und wohnten oft mehrere Wochen bei uns. Zusammen mit meiner Tante verbrachte ich auch die Ferien und den Sommer in Akyazı.

"Lang lebe der Sultan!"

Die vierte Klasse der Grundschule besuchte ich in der Mercan Sultanisi. Montags und donnerstags endete die Schule gegen Mittag und wenn wir nach Hause gingen, traten wir vor die Fahne des Propheten und riefen gemeinsam: "Lang lebe der Sultan!". Der Freitag war schulfrei. In der Schule mussten wir das rituelle Gebet verrichten. Die fünfte Klasse der Grundschule absolvierte ich an der Vefa-Ortaokulu in der Nähe von Şehzadebaşı und als diese Mittelschule nach Çağaloğlu umzog, beendete auch ich dort das Schuljahr. Meine Gymnasialausbildung dagegen erhielt ich am Istanbuler Jungen-Lyzeum in Beyazıt.

Bis zur letzten Klasse der Mittelschule waren meine Leistungen durchschnittlich, doch als ich in die erste Klasse des Gymnasium kam, wurde ich ein hervorragender Schüler. Durch den Einfluss meines Lehrers Nedim Mazhar begann ich mich für die französische Sprache zu interessieren. Während meiner Gymnasialzeit eignete ich mir das Wissen in den Fächern Geschichte, Literatur, Biologie, Chemie, Mathematik und Geometrie sowohl aus türkischen als auch französischen Lehrbüchern an. Ich konnte die Verse einer großen Zahl französischer Dichter wie Paul Verlaine oder Sully Prudhomme auswendig aufsagen. Wir haben das Gymnasium 1931 abgeschlossen, wobei sich lediglich drei Schüler einer Nachprüfung unterziehen mussten. Dass ich ein so guter Schüler war, habe ich neben Nedim Mazhar auch dem Konrektor Lütfü Bey zu verdanken. Und unser Schuldirektor Celal Ferdi übertrug seine Liebe zur Geschichte auf mich. Bei der Intensivierung meiner Französischkenntnisse spielten in der zehnten Klasse Esat Lami und in der Abschlussklasse Monsieur Poulnard eine wichtige Rolle.

In den letzten Monaten der neunten Klasse habe ich einige Zeit ein flegelhaftes Verhalten an den Tag gelegt. Ich besuchte regelmäßig die Teehäuser in Şehzadebaşı und das berühmte İkbal-Café in Çağaloğlu, wo ich Billard und Poker spielte. In den Höfen der Şehzadebaşı- und der Sultan Ahmet-Moschee sowie auf dem Platz neben dem Feuerwachtturm in Beyazıt kickte ich bei den Fußballspielen als rechter Innenstürmer. Und irgendwann begann ich dann in den Lokalen und Cafés in Beyoğlu Alkohol zu trinken. Doch ich bemerkte, dass ich hier auf keinem guten Weg war und fand selbst einen Ausweg, der mich aus dieser Situation herausführte. Ich berichtete meinem Vater in Akyazı von meiner Schwierigkeit und bat ihn mich in der Abendschule anzumelden. So besuchte ich in der zehnten Klasse abends den Unterricht und widmete mich ganz intensiv meinen Schulfächern. Daher konnte ich mich zu einem erfolgreichen, beispielhaften Schüler entwickeln und das Istanbuler Jungen-Lyzeum mit einem glänzenden Zeugnis abschließen.

Der rechte Weg für ein ungezogenes Kind

An dieser Stelle möchte ich den Müttern und Vätern einen Rat geben: "Wenn Ihr Kind ungezogen ist und nicht weiß, welchen Weg es einschlagen soll — dann machen Sie sich keine Sorgen, sondern suchen Sie nach einem Ausweg. Sie können Ihr Kind auf den rechten Weg führen. Bemühen Sie sich, ohne zu schelten, das Kind zu schönen und sinnvollen Tätigkeiten anzuleiten. Und sehr wahrscheinlich werden Sie damit Erfolg haben." Meine eigene Kindheit ist ein signifikantes Beispiel dafür. In der Mittelschule rief man mich "Ziege Ekrem", denn ich war ein Junge, der nicht auf seinem Platz sitzen bleiben konnte und immerzu hin- und herlief. Doch zum Schluss fand ich den rechten Weg. In diesem Zusammenhang möchte ich eine Geschichte erzählen, an die ich mich erinnere: Als ich die Vefa-Ortaokulu besuchte, hatte ich dort einen Klassenkameraden, der 'Larousse Mehmet' gerufen wurde. Er lief immer mit dem 'Larousse' in der Hand herum. Nach vielen Jahren traf ich ihn wieder. Wir unterhielten uns und er fragte mich, mit was ich mich beschäftige. Als ich ihm erzählte, dass ich Professor sei, sagte er: "Nun mach mal halblang. Ich als 'Larousse Mehmet' bin Kaufmann geworden, und du willst als 'Ziege Ekrem' Professor geworden sein?" Doch so war es nun einmal.

Istanbul vor 75 Jahren

Istanbul war von der Antike an (700 v.Chr.-395 n.Chr.) über die Byzantinische Zeit (395-1453) bis zu den ersten 300 Jahren des Osmanischen Reichs eine der führenden Städte der Welt. Doch in meiner Kindheit war die Stadt in einem sehr beklagenswerten Zustand. Abgesehen vom Hof und einer kleinen Schicht von Reichen im Umfeld des Hofes, bestand das türkische Volk aus armen und zurückgebliebenen Gewerbetreibenden und Beamten. Die Berufe des Arztes, des Ingenieurs oder des Architekten wurden von Griechen, Armeniern und Juden ausgeübt. Die Cafés, die Läden für Papierwaren und Bücher in den Stadtteilen Istanbuls, in denen Türken wohnten, waren ein Monopol der eingewanderten Iraner. Unsere Familie ging zu griechischen, armenischen und jüdischen Ärzten. Unsere Bücher und Schreibwaren kauften wir in den Läden der persischen Zuwanderer. Mein Zahnarzt war bis in die dreißiger Jahre ein Mitbürger armenischer Herkunft, der seine Praxis in der Nähe des Überdeckten Basars hatte. Kurz gesagt, wir Türken waren in dieser Zeit wirklich in einem bemitleidenswerten Zustand. Die Entwicklung der Türkei begann ab 1923 mit dem Weg, den Atatürk vorgezeichnet hatte, oder richtiger: ab 1925, als die Prinzipien von Atatürk Anwendung fanden.

Ein Wohnhaus im Stil der griechischen Zeit

Unser Haus lag im Altay-Viertel im Istanbuler Bezirk Fatih. Die Hırka-i Şerif-Moschee, in der der heilige Mantel des ehrenwerten Propheten Muhammad aufbewahrt wurde, befand sich nur 300 Meter von unserem Haus entfernt, und bis zum prächtigen Versammlungsgebäude der Rufai-Derwische waren es nur 50 bis 60 Meter. Obgleich unser Viertel in dem religiös geprägten, muslimischen Bereich der Stadt lag, war selbst der Krämer, namens Mihal, ein Grieche. Unser Haus hatte zwei Stockwerke, von denen das Erdgeschoß gemauert, der erste Stock jedoch aus Holz gebaut war. Es war ein kleines Stadthaus, das aus elf Zimmern bestand, die sich auf die Frauengemächer und den Empfangsbereich verteilten, und war von einem griechischen Baumeister errichtet worden. Wie ich später, nachdem ich Archäologe geworden war, erfahren habe, entsprach das Haus im Wesentlichen dem in der griechischen Kunst "Peristylhaus" genannten Typ. Unsere religiösen Schulen und unsere großen Geschäfts- und Gewerbegebäude ähneln diesem Haustyp. Über den vier Räumen, die den mit Marmor ausgelegten Hof der aus insgesamt acht Zimmern bestehenden Frauengemächer umgaben, lagen im ersten Stock vier Zimmer mit Holzfußboden, die um einen weitläufigen Flur herum angeordnet waren. Im Erdgeschoß gab es eine Toilette und ein kleines türkisches Bad mit einem Marmorbecken, im ersten Stock befanden sich eine geräumige Toilette und ein Badezimmer. Daneben verfügte eines der Schlafzimmer über eine kleine, rundherum mit Zink ausgekleidete Waschgelegenheit, die unseren heutigen Duschkabinen glich, und die direkt neben dem Schrank zur Aufbewahrung des Bettzeugs eingebaut war. Sowohl im Erdgeschoß, wie auch im ersten Stock konnte man von den Zimmern der Frauen in die Empfangsräume wechseln. Doch konnten fremde Männer, die zu Gast waren, die Empfangsräume auch durch eine Tür verlassen, die zur Straße hinausging. Die Empfangsräume bestanden aus zwei kleinen Zimmern, aus Toilette und Bad sowie einem großen Raum. An den vier Wänden dieses großen Raums standen Bücherschränke mit Glastüren, die die Bücher von Cabizade Ali Fehmi Efendi, dem Professor für Arabische Literatur an der Universität Istanbul, enthielten. Im Garten des Hauses befand sich eine Zisterne — dort standen ein Feigenbaum und verschiedene Zierbäume. Neben vielen anderen Pflanzen wuchsen in diesem Garten Rosen, Jasmin und Geißblatt. Die Zweige des Geißblatts reichten bis zu den Fenstern im ersten Stock hinauf. Der Grund dafür, dass ich den Plan des Hauses so

ausführlich beschreibe, ist darin zu suchen, dass dieses Haus nach dem gleichen Plan angelegt war wie viele vergleichbare Häuser, deren Überreste ich später während meines Berufslebens ans Tageslicht gefördert habe. Aber selbstverständlich habe ich diesen Zusammenhang in meiner Kindheit noch nicht gesehen. Doch ich erinnere mich sehr gut daran, dass die Decke und der obere Teil eines Zimmers im oberen Stock, das wir als Gästezimmer benutzten, mit Kymatien, Zahnschnitt, Mäandern und Ähnlichem geschmückt waren. Das bedeutet, dass unser Haus ein aus dem Jahr 1900 stammendes Muster jener Hausform war, wie sie sich in Anatolien in der vorchristlichen klassischen und hellenistischen Zeit entwickelt hatte.
Das schöne, an der Altay Cami Gasse gelegene Stadthaus hatte die Form eines Hufeisens und stand an allen vier Seiten frei. Leider gibt es das Gebäude heute nicht mehr. An der gleichen Stelle steht heute ein großer, dreistöckiger Wohnblock, genannt "Dilek Apartmanı". Dem Schreiber dieser Zeilen, der von 1951 bis 1981 Mitglied in der Denkmalschutzkommission war, war damals (d.h. in seiner Gymnasialzeit) nicht einmal bewusst, dass ein solches Gebäude des Schutzes bedurft hätte.

Berufsziel: Schriftsteller und Journalist
Als ich die Mittelschule von Vefa und das Istanbuler Jungen-Gymnasium besuchte, interessierte ich mich sehr für Literatur. Regelmäßig las ich die Zeitschrift "Hayat" und der Unterricht unseres Lehrers für Literatur, Hıfzı Tevfik Gönensay, hatte großen Einfluss auf mich. In der von Schülern herausgegebenen Schulzeitung veröffentlichte ich Artikel, die bei den Lehrern Beachtung fanden. Auch hatte ich große Lust, Gedichte zu verfassen. Daher zeigte ich meine Verse Ahmet Haşim. Der gab mir den Rat, mich lieber um meine Schulaufgaben zu kümmern. Aber dennoch wurden ein oder zwei Erzählungen von mir in Tageszeitungen gedruckt. Diese zeigte ich Peyami Safa, als ich ihn einmal besuchte. Er fand sie "schön", doch riet auch er mir davon ab, Journalist zu werden. Doch ich saß in der zehnten Klasse neben Cemil Cahit Cem und wollte genau wie er schon ganz früh Journalist werden. Auch der im Februar 1997 verstorbene Rakım Çalapala war in unserer Klasse und er hatte damals schon für Zeitungen Artikel geschrieben. Ich habe mich schließlich dem Stoff meines Unterrichts gewidmet und daher meine schriftstellerischen Versuche nicht weiterführen können.

Atatürk aus der Nähe betrachtet
Als ich im Jahre 1930 die letzte Klasse des Gymnasium besuchte, habe ich eines Tages durch einen Verwandten erfahren, dass Atatürk die Juristische Fakultät besuchen wollte. Mit der Unterstützung meines Verwandten gelang es mir, bis zu dem Raum vorzudringen, in dem sich der große Reformer aufhielt. Atatürk kam nach einer Weile aus dem Zimmer heraus und begann sich mit den auf dem Flur stehenden Professoren der Fakultät zu unterhalten. Zwischen uns lag nur ein Abstand von vier oder fünf Metern. Ich betrachtete ihn voller Bewunderung, sah seine bezaubernden blauen Augen, sein gut geschnittenes Gesicht, seine blonden Haare, seine gepflegten Hände und seine geschmackvolle Kleidung. Nach kurzer Zeit unterbrach Atatürk das Gespräch und wandte sich dem Ausgang zu. Dabei begann er die ihm entgegen gestreckten Hände der Umstehenden zu schütteln. In diesem Augenblick machte auch ich einen Schritt nach vorn und streckte meine Hand aus. Atatürk lächelte mich an und drückte meine Hand. Das Glücksgefühl, das ich empfand, als ich ihm einen Moment lang Auge in Auge gegenüber stand, spüre ich noch heute in mir. Später, im Jahre 1931 habe ich den großen Reformer in Yalova aus der Nähe und aus der Ferne wieder gesehen und ich war jedes Mal tief von ihm beeindruckt.

Nachdem ich Atatürk so aus der Nähe hatte sehen können, begann ich mich stärker für seine historischen Thesen zu interessieren. Während ich mir auf dem Grammophon Schallplatten mit Werken von Mozart, Beethoven, Schubert und Chopin anhörte, las ich seine Veröffentlichungen in den Tageszeitungen und versuchte, in die tieferen Schichten der anatolischen Geschichte vorzudringen.

Studium an der Juristischen Fakultät
Am Ende meiner Gymnasialzeit verhinderte mein starker Wunsch, mich mit der Literatur und dem Schreiben zu befassen, dass ich mich für einen bestimmten Beruf entschied. Während ich bei der Berufswahl noch zögerte, schrieb ich mich "zunächst einmal" an der Juristischen Fakultät ein. Zu diesem Entschluss hatte auch mein lieber Klassenkamerad Recai Seçkin beigetragen und ich nahm dann mit ihm zusammen das Studium auf. Als ich mich schließlich näher mit dem Fach beschäftigte, empfand ich nach und nach größeres Interesse für die Rechtswissenschaft. Ich beteiligte mich an den Diskussionen im Seminar und fand besonders das Staatsrecht und die Geschichte des Rechts reizvoll. Mein Vater verfolgte meine Studien sehr genau und sagte, er wolle mich, wenn ich das Rechtsstudium in Istanbul mit einer Eins abschlösse, zur Promotion in die Schweiz schicken.

Historische Thesen von Atatürk
Neben meinen juristischen Studien beschäftigte ich mich auch sehr intensiv mit historischen Thesen von Atatürk. Das ganze Jahr 1931 hindurch veröffentlichten die Tageszeitungen ausführliche Artikel über die geschichtlichen Arbeiten von Atatürk, die auch ich mit größtem Interesse las. Dass ich Atatürk zufällig einmal aus der Nähe gesehen hatte, spielte wohl eine große Rolle dabei, dass ich mich so sehr für seine geschichtlichen Arbeiten begeisterte.

Ein Stipendium in Europa
Während ich noch versuchte, neben den juristischen Studien auch meine historischen Untersuchungen voran zu treiben, hielten mir eines Tages meine Freunde ein Exemplar der Tageszeitung "Cumhuriyet" unter die Nase. Dort waren drei junge Männer abgebildet und eines der Fotos zeigte mich. In dem dazugehörigen Artikel wurde mitgeteilt, dass drei Personen aus der Reihe der Schulabgänger des Istanbuler Jungen-Gymnasium der Jahrgänge 1930 und 1931 zur Teilnahme an einer Prüfung vorgeschlagen worden waren, bei deren Bestehen sie einen Studienplatz in Europa gewinnen konnten. Das ganze war für mich eine riesengroße Überraschung. Ich freute mich sehr und nahm an dem fraglichen Tag an der Prüfung teil. Die Prüflinge konnten, ihrem eigenen Wunsch entsprechend, zwei Wissenschaftsfächer auswählen. Ohne zu zögern beschloss ich, an den Prüfungen der Seminare für Geschichte und besonders der Archäologie teilzunehmen. Allerdings gab es für Archäologie nur einen Studienplatz, für Geschichte dagegen standen sechs Plätze zur Verfügung. Aus diesem Grund gab ich die Geschichte als meine erste, die Archäologie als meine zweite Wahl an. Ich hatte gute Kenntnisse auf den Gebieten der Literatur, der Geschichte, der Geographie und der Biologie — auch war mein Französisch sehr gut. Während der Prüfung war ich sehr motiviert. Was allerdings die historischen Thesen von Atatürk anging — da hatte ich quasi den Wissensstand eines Spezialisten. Und die Fragen zu diesem Thema beantwortete ich in wohlgesetztem Türkisch.

Nach der Prüfung wandte ich mich wieder meinen juristischen Studien zu. Ich war nun schon im zweiten Studienjahr und las Bücher zu vielen Themen. Außerdem bereitete ich mich auf die Promotion in Rechtsgeschichte vor, die ich in der Schweiz ablegen wollte.

Die Ergebnisse der Prüfung, die über einen Studienplatz in Europa entschied, lagen immer noch nicht vor. Eines Morgens jedoch, als ich beim Frühstück die Tageszeitung "Cumhuriyet" las, fiel mein Blick auf eine Bekanntmachung. Darin wurden in großer Schrift die Ergebnisse der Prüfung für Europa veröffentlicht. Ich schaute gleich unter "Geschichte" nach und war sehr betrübt, als ich meinen Namen dort nicht fand. Ich legte die Zeitung zur Seite und beendete das Frühstück. Ich konnte gar nicht verstehen, wie ich nicht hatte bestehen können, denn ich hatte die Fragen wirklich gut beantwortet. Während ich noch darüber nachdachte, nahm ich die Zeitung noch einmal zur Hand, um zu sehen, wer alles im Fach Geschichte bestanden hatte. Und als ich nun in der Abteilung Archäologie, für die nur eine Person in Frage kam, meinen Namen sah, schrie ich vor Freude laut auf und sprang in die Luft. Man hatte mir also nichts vorenthalten, sondern mir im Gegenteil das Stipendium für Archäologie gegeben, weil ich mich mit historischen Thesen von Atatürk so gut auskannte.

Der Gewinner des Stipendiums im Bereich Archäologie sollte nach Frankreich gehen und dort zunächst ein Jahr lang Französisch lernen. Dazu war vorgesehen, ihn in die Stadt Tours zu schicken, weil dort das beste Französisch gesprochen wird. Doch später wurde dieser Beschluss geändert und ich erfuhr, dass ich mit den Geschichtsstudenten im Herbst 1932 nach Deutschland geschickt werden sollte.

Recep Pekers Vortrag über den Laizismus

An der Stelle, an der heute das Gebäude der Naturwissenschaftlichen und der Literaturwissenschaftlichen Fakultät der Universität Istanbul steht, befand sich früher ein Kulturzentrum, das der Universität angeschlossen war und den Namen Zeynep Hanım Konağı trug. Die ersten fortschrittlichen Vorträge in der sich damals zu einem modernen Staat entwickelnden Türkei wurden im Saal dieses Gebäudes gehalten. Mit großem Gewinn und zu unserem großen Gefallen verfolgten wir dort Vorträge und Diskussionen zu philosophischen, historischen und literarischen Themen. Eine dieser Veranstaltungen war ein Vortrag im Jahre 1932, den Recep Peker, der 1950 Ministerpräsident wurde, über den Laizismus hielt. Der Saal war überfüllt und man hörte dem Vortragenden mit großem Interesse zu. Nach dem Vortrag wurde die Veranstaltung mit einer Diskussion fortgesetzt, an der jedermann teilnehmen konnte. In dem Gespräch fand Prof. Muslihittin Adil Gönensay, der an der Juristischen Fakultät lehrte, kritische Worte, die auf großes Interesse stießen. Er sagte: "Sie haben einen sehr schönen Vortrag gehalten, doch möchte ich noch auf einen Punkt eingehen. Warum gibt es bei uns noch ein Ministerium für Religiöse Angelegenheiten, wenn wir doch ein laizistischer Staat sind? Und warum kümmert sich der Staat um religiöse Fragen?" Da verzog Recep Peker ganz fürchterlich das Gesicht. Er schaute Gönensay mit einem Ausdruck von Gereiztheit ins Gesicht, als wollte er sagen: "Und wozu müssen Sie jetzt auch noch diese Frage stellen?" Er machte noch einige weitere Ausführungen, konnte Gönensay jedoch nicht zufrieden stellen. Ganz am Ende sagte Peker — als eine Art Zusammenfassung — nur noch: "Diese Frage werden wir später diskutieren!"

STUDIENJAHRE IN EUROPA (1932-1940)

Als Gruppe von neun Personen begaben wir uns Ende November 1932 vom Sirkeci-Bahnhof aus auf die Reise. Meine Mitreisenden waren Sedat Alp, Rüstem Duyuran, Suat Baydur, Necip Üçok, Cemil Cahit Cem, İhsan Ketin und Afif Erzen. Nach einer langen Zugfahrt empfing uns auf dem Bahnhof in Berlin der Zweite Botschaftssekretär Selim Sarper, der später Außenminister wurde. Noch am gleichen Tag wurden wir in Berlin in einer schönen Pension namens "Tempo" untergebracht, die sich auf dem prächtigen Kurfürstendamm befand. Diese Pension, die noch heute in Berlin besteht, war ein wunderbares Hotel, das von einem Aserbaidschaner geführt wurde. Man könnte auch sagen, es war das schönste Hotel, das ich bis zu diesem Tag gesehen hatte. Alleine der Kurfürstendamm hatte mich schon sehr beeindruckt. Als ich am nächsten Morgen aufstand, badete und rasierte ich mich. Und nach dem Frühstück spazierte ich zwei Stunden lang auf dem Kurfürstendamm auf und ab. Als wir zum Mittagessen gingen, bestellte ich mir einen guten Rotwein. Als er den Wein sah, sagte Sedat Alp: "Was ist denn das? Hast du zu Hause auch immer Wein getrunken?" Meine Antwort fiel kurz aus: "Dort waren wir in Istanbul, aber hier sind wir in Berlin. Es gibt keinen Grund sich nicht an die hiesigen Gepflogenheiten anzupassen." Und dabei goss ich auch ihm davon ein. "Nun komm, mein Lieber! Mache es so wie ich. Auf unsere Ehre, auf unsere Gesundheit und auf unseren Erfolg!", rief ich. "Du bist ein Teufelskerl", sagte er, hob sein Glas und nahm kleine Schlucke von dem Rotwein. Später kam der Kellner und fragte, was wir essen wollten. Ich hatte die Speisekarte schon durchgesehen und bestellte Wiener Schnitzel. Danach aß ich noch ein schönes Stück Kuchen und ruhte mich noch eine halbe Stunde aus.

Am nächsten Tag mussten wir uns beim Inspektor der Botschaft melden. Wir machten uns schon früh am Morgen auf den Weg und wurden von Cevat Dursunoğlu, unserem Inspektor, der uns schon erwartet hatte, sehr herzlich empfangen. In einem kurzen Gespräch gab er uns Anweisungen. Da es unsere erste Aufgabe war, Deutsch zu lernen, informierte er uns darüber, an welches Gymnasium in Deutschland wir jeweils zu zweit geschickt werden sollten. Ich hatte mir meinen Kameraden jedoch bereits ausgesucht. Ich wandte mich an Sedat Alp und fragte ihn: "Was meinst du, wollen wir nicht zusammen gehen?" Er blickte mich ein wenig von oben herab an, dachte einen Augenblick nach und sagte dann "Ja!", was aber mehr wie "Na schön!" klang. Er sah gut aus, zog sich schick an und sein Auftreten war maßvoll. Unsere enge Freundschaft, die vor 68 Jahren so begann, hält bis heute an. Es kam sogar so, dass wir zunächst in Berlin, wie auch später in Ankara zufällig fast in der gleichen Straße wohnten oder aber nur 500 bis 600 Meter voneinander entfernt. Wie ein Ehepaar stritten wir uns und führten trotzdem eine Freundschaft, die von tiefer Sympathie erfüllt war. Auch wenn wir ähnliche Charakterzüge hatten, so war unser Verhalten doch sehr verschieden. Doch am Ende vertrugen wir uns dann immer wieder.

Als es an die Aufteilung in Zweiergruppen ging, sah uns unser Inspektor Cevat Dursunoğlu beieinander stehen und sagte: "Und ihr beiden werdet zum Gymnasium Schulpforta in der Nähe von Naumburg fahren."

Ein Jahr als Schüler des berühmten Gymnasium Schulpforta

Dass der große Pädagoge Cevat Dursunoğlu, der in Deutschland als Inspektor seines Ministeriums eingesetzt war, Sedat Alp und mich auf das berühmte Gymnasium Schulpforta schickte, war für uns eine große Chance. Der Dichter Friedrich Gottlieb Klopstock (1724-1803), der Philosoph Friedrich Wilhelm Nietzsche (1844-1900) und der klassische Philologe Ulrich von Wilamowitz-Moellendorff (1848-1931) hatten das Gymnasium Schulpforta besucht. Während wir an der Schule waren, feierte man dort die Schulgründung vor 396 Jahren. Walter Kranz, der später an der Istanbuler Universität Philosophie unterrichtete, war zur Zeit unseres

Aufenthalts (1932-33) der Rektor der Schule. Vor uns hatten schon Şinasi Altundağ, Takiyettin Mengüoğlu, Sadettin Buluç und Halil Demircioğlu dieses Gymnasium besucht.

Das Gymnasium Schulpforta war ein Internat. Da wir schon älter waren als die sonstigen Schüler, hatte man uns in den Häusern der Lehrer untergebracht und wir lernten Deutsch im Haus des Lehrers, bei dem wir wohnten. Daneben nahmen wir aber auch am allgemeinen Unterricht teil. Jeden Monat mussten wir eine Prüfung ablegen. Im ersten Monat als wir am Unterricht in einer Klassenstufe teilnahmen, die unserer ersten Klasse der Mittelstufe entsprach, waren wir mit zwölfjährigen Schülern zusammen, die mir beim Anziehen in den Mantel halfen. Die letzten Monate besuchten wir die Oberprima, was der dritten Klasse des türkischen Gymnasium entsprach.

Ich wohnte mit im Haus des Musiklehrers Reinhold Lichey (1880-1957) und von seiner Frau lernte ich Deutsch. Herrn Licheys Rang war der eines "Königlichen Musikdirektors". Einige seiner Kompositionen wurden im Radio gesendet. Er besaß einen schönen Flügel und die Temperatur des Zimmers, in dem das Instrument stand, wurde mit großer Sorgfalt konstant auf 22 Grad gehalten. Dabei hatte Frau Lichey noch ein eigenes Piano und die Tochter Inge Lichey spielte Geige. Die Familie beschäftigte auch ein junges Hausmädchen.

In der Saale, die direkt am Gymnasium Schulpforta vorbei fließt, bin ich geschwommen. Als ich das erste Mal ins Wasser sprang, wunderten sich die Deutschen sehr, denn die Türken, die zuvor am Gymnasium Schulpforta gelernt hatten, konnten alle nicht schwimmen.

Bad Kösen, das ganz in der Nähe des Gymnasium Schulpforta gelegen ist, war ein bekannter Erholungsort, an dem man sich vergnügen konnte. Ich bin mit Sedat Alp und mit Halil Demircioğlu, der uns besucht hatte, zum Tanzen dorthin gegangen. In Naumburg dagegen gingen wir ins Kino. Dort besuchten İhsan Ketin, Suat Baydur und Necip Üçok das Stabila Gymnasium. In Naumburg kannten uns fast alle Leute und wenn wir in der Stadt waren, konnte jedermann darüber Auskunft geben, in welches Café oder Kino wir gegangen waren.

Das Theater besuchten wir in Jena und in die Oper nach Weimar fuhren wir oft zusammen mit den Schülern der letzten Klasse. Damals war Ernst Praetorius der Intendant der Weimarer Oper — später wirkte er viele Jahre als Intendant des Symphonieorchesters des Staatspräsidenten in Ankara.

Einführung in die deutsche Kultur

In der Türkei hatte ich mich mit Hilfe von tüchtigen Lehrern und durch eigene Anstrengung grundlegend mit der türkischen und der französischen Kultur vertraut gemacht. Am Gymnasium Schulpforta war ich in der glücklichen Lage, mir mit Hilfe meiner Privatlehrerin, Frau Paula Lichey, die Grundlagen der deutschen Kultur aneignen zu können. Frau Lichey war Romantikerin und sehr gebildet. Sie war Anthroposophin und hatte ein Buch mit dem Titel "... die den Gral gesucht" geschrieben. In der Lokalzeitung Naumburgs veröffentlichte sie gelegentlich ins Mystische abgleitende Artikel. Mit dem Mittelalter, der Renaissance und der Aufklärung kannte sie sich gut aus. Angefangen mit dem Arzt und Philosophen Paracelsus (1493-1541) stellte sie mir in kurzer Form alle deutschen Schriftsteller, Philosophen und Musiker vor.

Besonders auf dem Gebiet der Musik habe ich viel von ihr gelernt. Auf dem Klavier spielte sie für mich und die Schüler des Gymnasium die Leitmotive, Ouvertüren und interessanten Passagen der Opern vor, die wir besuchen wollten. Sie spielte dies so oft, bis ich verstanden hatte, um was es ging. Schon als ich noch in der Türkei war, mochte ich westliche Musik sehr gern. Am Gymnasium Vefa hatte der Musiklehrer Halil Bedii Yönetken den interessierten und sich für diese Musik begeisternden Schülern in der Schulkantine Schallplatten vorgespielt, die er von zu Hause mitgebracht hatte. Und zu der Musik hat er dann die passenden Erläuterungen gegeben. Diese privaten Musikstunden habe ich nie versäumt. Im Haus meines Vaters und meines Onkels spielte nur meine Mutter gelegentlich die Ud (Knickhalslaute) und mein Bruder

Fikri beschäftigte sich nur kurze Zeit mit seiner Gitarre. Ich selbst beherrschte kein Musikinstrument, hörte aber ständig Platten auf meinem Grammophon. Als Frau Lichey meine Begeisterung für die Musik bemerkte, unterstützte sie mich sehr. Daher konnte ich fortan die Musik, die meinen Geist mehr als alles andere beflügelte, noch bewusster genießen.

Erste Tränen
Als ich am ersten Abend in das Gymnasium Schulpforta gekommen war, das war zwei Wochen nach meiner Abreise aus der Türkei, hatte mich dort die Stille und die düstere Atmosphäre stark erschüttert. Auch in meinem Zimmer war es finster. Nach der Helligkeit in der Türkei bedrückte mich das Dunkel in Nordeuropa. Ich setzte mich nieder und weinte über meinen Heften. Doch dass wir in den ersten Monaten, die ich in diesem Zimmer verbrachte, beim Pferderennen den Mussolini-Pokal gewonnen und bei Pferderennen in Deutschland erste Plätze belegt hatten, machte mich wieder froh und heiter.

Vierzig Furunkel
Mein Körper, der nicht an deutsche Nahrungsmittel wie Wurst und Schinken gewöhnt war, rebellierte. Die Auswirkung war so schlimm, dass ich überall am Körper mehr als vierzig Furunkel bekam und das Bett hüten musste. In dieser Situation konnte ich erleben, wie stark bei einer europäischen Frau — wie bei Frau Lichey — die Liebe zu den Menschen ausgeprägt war. Dass sie wie eine Krankenschwester unverdrossen und ohne Ekel zu empfinden mehr als zwei Wochen lang meine Furunkel behandelte, bedeutete ein unglaubliches Opfer für sie. Daher fühle ich mich Frau Lichey noch immer in großer Bewunderung verbunden. Noch heute bin ich ihr für ihre Zuneigung dankbar und erinnere mich voller Sehnsucht an sie.

Eine Cocktail-Party zu meinen Ehren
Meine Lehrerin Frau Lichey, die mich im sprachlichen und kulturellen Bereich unterrichtete, war in mein Zimmer gekommen und hatte mich getröstet, als sie mich am ersten Abend weinen sah. Vermutlich wollte sie mir das Gefühl der Einsamkeit vertreiben und richtete deshalb eine Cocktail-Party für mich aus. Ihrer Einladung folgten etwa zwanzig Jungen und viele schöne Mädchen. Wir tranken Tee, Kaffee und Limonade, es wurde getanzt und man verabredete sich.

Erste Liebe im fremden Land
Auf der Cocktail-Party hatte besonders ein schönes Mädchen mit dunklem Teint mein Interesse geweckt — ihr Name war Lydia. Sie war eine außerordentliche Vertreterin des dunklen Typs, den man nicht häufig in Deutschland findet. Beim Tanzen verabredete ich mich mit ihr. Zwei Tage später trafen wir uns in der Villa ihres Vaters in Naumburg, in die sie mich eingeladen hatte. Wir aßen zusammen mit ihrem Vater, ihrer Mutter und ihrem Bruder, danach ging ich mit ihr spazieren. Zu diesen Spaziergängen trafen wir uns nun die nächsten zehn Tage regelmäßig. "Liebst du mich?", fragte mich Lydia später beim Flirten. Und ich antwortete: "Ja! Und wie!" Dann fuhr sie fort: "Willst du mich heiraten?" Diese Frage stürzte mich in große Verwunderung. Ich wusste nicht, was ich sagen sollte. Ich war schließlich nicht nach Deutschland gekommen, um zu heiraten, sondern um zu studieren. Das konnte ich dem Mädchen natürlich nicht erzählen, auch wenn ich sehr von ihr eingenommen war. Mit süßen Worten und liebevollen Gesten versuchte ich sie zu besänftigen. Doch damit war sie nicht zufrieden und so ging diese Beziehung ein oder zwei Wochen später zu Ende. Doch dass ich sie nun nie mehr wieder sehen sollte, stürzte mich in tiefe Trauer und am Abend dieses Tages weinte ich einige Zeit in der Dunkelheit meines Zimmers und versuchte wieder zu mir zu kommen. Lydia war schön, sie war süß und sie beeindruckte mich sehr, doch sie war in jeder Beziehung für mich unerreichbar.

In diesem Zusammenhang möchte ich auf einen weiteren, interessanten Zufall zu sprechen kommen. Lydia war auch der Name einer Zivilisation, die später Teil meiner Forschungen war. Und wann immer ich einen Artikel über Lydien las oder selbst schrieb, erinnerte ich mich an die schöne Lydia aus Naumburg.

Nachdem die Beziehung zu Lydia beendet war, habe ich eine Freundschaft mit einem blonden jungen Mädchen namens Gisela begonnen. Doch war dies mehr eine unverbindliche Freundschaft. Dennoch haben mich ihre Schönheit, ihr Interesse und ihre enge Verbundenheit sehr für sie eingenommen. Gisela und ich haben diese Freundschaft fortgeführt, solange ich im Gymnasium Schulpforta blieb.

Ein Geburtstag muss gefeiert werden

Es war an einem Donnerstag. Da ich nicht lernen musste und auch sonst nichts zu tun hatte, bin ich an diesem Tag spät aufgestanden. Da ich auch keine Lust hatte, mich zu rasieren, bin ich mit ein bis zwei Stunden Verspätung etwa um zehn Uhr zum Frühstück gegangen. Als ich in den Salon trat und Frau Lichey und Ingelein dort am Tisch sitzen sah, fragte ich sie: "Ach, Sie haben auch noch nicht gefrühstückt?" Da antworteten sie: "Nein! Denn wir haben auf Sie gewartet!" Ich habe ihr Verhalten nicht verstanden. Der Tisch war mit Blumen geschmückt. Und der Rand meines Stuhles war mit Blumen eingefasst. Ich wusste nicht, was hier vorging. Frau Lichey und ihre Tochter schauten mich an und lachten. Schließlich fragte ich: "Um Gottes Willen! Warum lachen Sie denn?" Da sagten sie: "Ja wissen Sie denn nicht, dass Sie heute Geburtstag haben?" Ich hatte das ganze Leben noch nie Geburtstag gefeiert. Ich war beschämt. So war ich gezwungen zu lügen und sagte: "Ich weiß gar nicht, ich muss es wohl vergessen haben." Dann habe ich einige Male im Geiste wiederholt, dass ich am 30. März geboren bin, damit ich es nicht vergesse und mich noch einmal lächerlich mache.

Die Berliner Universität

An der Berliner Universität habe ich zwischen 1933 und Ende 1940 acht Jahre lang bei dem berühmten Archäologen Gerhart Rodenwaldt (1886-1945) Klassische Archäologie studiert. Während dieser langen Studienzeit habe ich ohne Unterbrechung Griechische und Römische Archäologie, Alte Geschichte, Klassische Philologie, Byzantinische Kunst, Europäische Kunst, Islamische und Türkische Kunst und Geschichte der Philosophie studiert. Außerdem habe ich bei Hans Ehelolf (1881-1939) freiwillig über drei Semester versucht Hethitisch und Keilschrift zu lernen. Für das Hethitische habe ich parallel dazu auch noch die Übungen von Anton Moortgat (1897-1977) besucht. Weiterhin — und ebenfalls außerhalb des üblichen Studiums — habe ich bei Günther Klaffenbach (1890-1972) vier Semester Griechische Epigraphik gehört.

Von meinen Lehrern beeinflusste mich vor allen Rodenwaldt sehr. Er lud alle seine Studenten einmal im Semester zum Tee zu sich nach Hause ein. Und für einige von uns gab er einmal pro Semester ein Essen. Er kümmerte sich um jeden einzelnen Studenten. Mit mir unterhielt er sich vorzugsweise über Musik. Er hatte Dutzende von Schallplatten mit Musik von Mozart. Rodenwaldt unterrichtete viele ausländische Studenten, von denen die meisten Türken und Griechen waren. Und die meisten von ihnen waren studentische Hilfskräfte. Von ihnen waren Papadimitriou, Pelikanides und Mitzos am längsten an der Universität. Von den türkischen Studenten promovierten nur Jale İnan und ich selbst in Berlin.

Wilhelm Pinder, den Professor für Europäische Kunst, mochte ich besonders gern. Aus Hunderten von Studentinnen und Studenten wählte er 15 bis 20 junge Leute aus und lud sie in jedem Semester ein oder zwei Mal zu sich nach Hause ein. Bei diesen Einladungen spielte er klassische Stücke auf dem Klavier und mir trug er Gedichte von Hafız, Sadi und Hayyam vor. Und ich rezitierte bei jeder dieser Gelegenheiten einige Verse von Nedim, Fuzuli und Yunus.

Ein anderer Professor, der mir seine enge Verbundenheit zeigte, war der Professor für Islamische und Türkische Kunst Ernst Kühnel. Er war einer der Wissenschaftler, der die Besonderheiten der türkischen Kunst hervorhob und ihre Bedeutung innerhalb der islamischen Welt unterstrich. In jedem Semester bat er mich zu bestimmten Themen ein oder zwei Referate zu halten und lobte mich als die "Stütze des Seminars". Ich arbeitete im Semester zwei oder drei Themen aus und trug sie im Seminar vor. Katharina Otto-Dorn, die während meiner Studienzeit Assistentin am Seminar für Islamische Kunst war, wurde später als Professorin nach Ankara berufen.

Auch mein Lehrer für Hethitische Sprache Hans Ehelolf schenkte mir große Aufmerksamkeit. An seinen Übungen nahmen Sedat Alp, Heinrich Otten, Elmar Edel, Oliver Gurney, Halil Demircioğlu und ich selbst teil. Er gab mir jeden Monat ein Thema und sagte, er würde mich in der nächsten Stunde dazu befragen. Ich bereitete mich tagelang auf das Thema vor, doch er brachte mich zur Verzweiflung, denn er sagte jedes Mal: "Das war nicht gut. Das reicht noch nicht." Andererseits kümmerte er sich sehr um mich, denn ich war der einzige Student, den er zum Essen zu sich nach Hause einlud. Wie es hieß, war außer mir niemand zu diesem Essen eingeladen. Bevor wir abends zu ihm nach Hause gingen, trafen wir uns in der Universität. Als wir sein Haus betraten, nahm er in einem Sessel Platz. Da kam sofort seine Frau herbei, löste die Senkel seiner Halbschuhe und streifte ihm seine Pantoffeln über. Während dessen erschienen einige Katzen und sprangen ihm auf den Schoß oder begannen seine Schultern zu erklimmen. Als Essen wurden verschiedene Sandwichs gereicht und wir tranken einen guten Weißwein dazu. Der Professor berichtete mir von seinen Türkeireisen und von den Gesprächen, die er mit Halil Edhem geführt hatte. Doch obgleich mir der Professor so viel Interesse entgegenbrachte, musste ich meine Hethiter-Studien einstellen, denn dazu war ich nicht nach Deutschland gekommen. Mein Fach war die Archäologie. Als ich das Studium der Hethitologie im vierten Semester aufgab, hat Hans Ehelolf Gerhart Rodenwaldt angerufen und ihn gefragt, warum ich nicht mehr zu ihm komme. Dieser gab ihm die passende Antwort: "Weil er nicht ausreichend Zeit für die Archäologie findet!" Von diesem Telefongespräch berichtete mir mein bevorzugter Professor mit mildem Lächeln. Hans Ehelolf war ein großer Wissenschaftler und ich bin sehr glücklich, dass ich drei Semester bei ihm studieren durfte. Als ich später Bücher über die Kunst der Hethiter schrieb, hatte ich ihre Keilschrift vergessen, doch da ich mich zuvor bei den hethitischen Texten umgesehen hatte, fühlte ich mich der Kunst der Hethiter sehr nahe.

Mitwirkung an einer deutschen Grabung

Während meiner Studienzeit in Berlin habe ich in den Jahren 1934 und 1935 bei Landsberg an der Warthe an den Zantoch-Grabungen von Professor Wilhelm Unverzagt (1892-1971) teilgenommen. Dort habe ich die Handhabung eines Theodolits und die Grabungstechniken gelernt. Der berühmte Archäologe Theodor Wiegand, der auch in der Türkei große Grabungsvorhaben durchgeführt hatte, kam öfter nach Zantoch. Bei seinen Besuchen während der Grabung hat er auch mich — weil ich Türke war — regelmäßig zum Tee gebeten. Im Zuge der Zantoch-Grabungen hatte er Ruinen der Ostgoten ausgegraben. Im Wesentlichen handelte es sich hierbei um eine prähistorische Ansiedelung, die in das 6. oder 7. Jahrhundert n. Chr. datiert wurde. Die Funde waren sehr spärlich. Als wir das Bruchstück einer Vase fanden, das eine kleine Verzierung trug, waren wir ganz aufgeregt und am Abend dieses Tages tranken wir ein Glas Wein darauf. Dennoch spielte die Grabungstechnik eine große Rolle. Als ich begann, in der Türkei Grabungen durchzuführen, waren mir meine in Zantoch erworbenen Erfahrungen von großem Wert.

Die Bibliothek unseres Instituts war sehr reich ausgestattet. Nur ganz selten mussten wir uns an die nahe gelegene Staatsbibliothek wenden. Fast alle Studenten hatten in der Bibliothek feste Plätze, die nie getauscht wurden. Ich hatte einen Platz, auf dem ich Jale İnan gegenüber saß.

Im oberen Stockwerk unseres Instituts bewahrten wir Gipsabgüsse der wichtigsten antiken Statuen und Reliefs auf. Dort fand auch ein Teil unserer Seminarveranstaltungen statt.

Wer kann 30.000 Bücher lesen?

Im Dezember 1933 las ich ein Buch mit dem Titel "Einführung in die Archäologie", um meine Deutschkenntnisse und die Kenntnisse in meinem Studienfach zu erweitern. Das Buch hatte ich um zehn Uhr in die Hand genommen und um zwölf Uhr hatte ich erst fünf Seiten gelesen. Da ich mehrfach im Wörterbuch nachgeschlagen hatte, brauchte ich sehr viel Zeit, um die fünf Seiten durchzuarbeiten. Als ich mir das Buch ansah, stellte ich fest, dass es mehr als 500 Seiten umfasste. Ich hob den Kopf und ließ meinen Blick über die Regale der Bibliothek schweifen. Dort standen lauter dicke Bücher und man hatte mir gesagt, dass die Bibliothek aus dreißigtausend Bänden bestand. Ich überlegte mir, dass ich für fünf Seiten zwei Stunden gebraucht hatte. Das bedeutete: Wollte ich das ganze Buch lesen, so würde ich dazu zwanzig Tage brauchen, wenn ich mich täglich zehn Stunden damit beschäftigte. Dann überlegte ich mir, dass jeder der dreißigtausend Bände cirka 300 Seiten umfasste und versuchte auszurechnen, wie viele Jahre ich benötigte, alle Bücher zu lesen. Dabei kamen so hohe Zahlen heraus, dass keiner meiner schönen Träume in Erfüllung gehen würde. Ich rechnete das schreckliche Ergebnis gar nicht bis zum Ende, sondern schloss das Buch und ging nach draußen. Beim Essen dachte ich weiter darüber nach, wie lange es wohl dauern würde, alle Bücher durchzulesen. Mir wurde klar, dass dies eine endlos lange Zeit erfordern würde. Mich schauderte und um mich zu beruhigen, beschloss ich, ins Kino zu gehen. Als ich von dort nach Hause zurückkehrte, tröstete ich mich mit dem Gedanken, dass die anderen es ja auch schaffen würden — und so würde es auch mir gelingen.

Heute habe ich mehr als zehntausend Bücher zu Hause. Ich habe nicht alle diese Bände gelesen, doch waren sie mir von Nutzen. Das heißt also, ich habe es doch geschafft.

Ein erster Erfolg

An den Vorlesungen nahmen fast hundert Studenten teil, in den Seminaren waren wir etwa dreißig Studenten. In den Seminaren wurde stets diskutiert. Manchmal hielt ein Student ein Referat, das dann besprochen wurde. Ein anderes Mal analysierte der Professor ein Werk und stellte eine darauf bezügliche Frage, die die Studenten dann zu beantworten versuchten. Ich mochte diese Diskussionen sehr. Doch in den ersten Monaten meiner Teilnahme an den Seminaren hatte ich nicht den Mut mich daran zu beteiligen. Endlich — zu Beginn des Jahres 1934 — konnte ich einen erfolgreichen Auftritt verbuchen. Rodenwaldt hatte das Diapositiv eines schönen Kopfes einer Statue auf die Leinwand projiziert und stellte die erste Frage dazu: "An welche europäische Kunstrichtung erinnert dieser Kopf?", fragte er. Ich kannte die Antwort, hatte jedoch nicht den Mut, sie auszusprechen. Das Herz schlug mir bis zum Hals. Als ich sah, dass niemand einen Ton sagte, fasste ich plötzlich Mut und brachte ein einziges Wort über die Lippen. "Barock", sagte ich. Rodenwaldt wandte sich mit einem Blick voller Sympathie zu mir und sagte: "Ja! Barock!" Dies war der erste Erfolg, den ich in der Archäologie erringen konnte, und von diesem Tag an begann ich, mich an allen Diskussionen zu beteiligen. Doch war ich sehr maßvoll in meinem Verhalten. Wenn der Professor die gewünschte, die erwartete Antwort nicht erhielt, drehte er sich zu mir um und fragte mich, was ich wohl zu sagen hätte. Dies bedeutete für mich die höchste Anerkennung. Ich kann wohl sagen, dass es sich bei meiner Antwort "Barock" in meinem ganzen Leben um den ersten Funken der Liebe zur Wissenschaft handelte.

In Berlin beschäftigte ich mich neben meinem Archäologie-Studium auch mit Musik und trieb Sport. Viele Jahre lang spielte ich Tennis und ritt in einem Reitklub. Fast jede Woche ging ich in die der Universität gegenüberliegende Staatsoper und besuchte die Vorstellungen des Volkstheaters, das von Carl Ebert geleitet wurde, der später lange Jahre in Ankara wirkte. Bei meinen Opernbesuchen traf ich im Publikum häufig Saadet İkesus. Manchmal ging ich im Frack in die Oper und saß in der ersten oder zweiten Reihe im Parkett. Damals kostete der teuerste Platz etwa zwölf Mark. An anderen Abenden saß ich mit meinen deutschen Freunden auf Plätzen für sechzig Pfennige. Dort musste man sich etwas vorbeugen, um die Bühne sehen zu können. Auf diesen Plätzen saß ich meistens mit Bekannten, die Musik studierten. Sie hatten die Partitur dabei und lasen während der Aufführung die Noten mit.

Afet İnan in Berlin

Es war im Frühjahr 1934 als mich unser Botschafts-Inspektor zu sich rief. Er sagte mir: "In einer Woche wird Frau Professor Afet İnan kommen und zehn Tage in Berlin verweilen. Und Sie werden ihr die Berliner Museen zeigen." Sofort setzte ich mich in ein freies Zimmer und erstellte einen Plan, den ich dem Inspektor vorlegte. Ganz oben auf meinem Plan standen antike Werke, die aus der Türkei hierher gebracht worden waren, wie der Pergamon-Altar, sowie Exponate türkischer Kunst aus Zentralasien und aus seldschukischer und osmanischer Zeit. Cevat Dursunoğlu gefiel meine Aufstellung. Am folgenden Tag rief mich unser damaliger Botschafter Hamdi Pak zu sich und gab mir weitere Anweisungen. Der Botschafter wünschte auch an der Stunde teilzunehmen, zu der ich Afet İnan eingeladen hatte. Dazu fragte ich meinen Professor um Erlaubnis. Er stimmte gern zu "Selbstverständlich!" und sie nahmen zusammen mit cirka drei Dutzend Studenten an der Übungsstunde teil. Afet İnan besichtigte die Museen mit großem Interesse und kaufte eine Menge Ausstellungskataloge und Bücher, die sie durch die Botschaft an ihre Adresse in Istanbul schicken ließ. Afet İnan entsprach in ihrer Attraktivität dem Typ der schönen Frau, wie ihn der französische impressionistische Maler Renoir (1841-1919) auf seinen Bildern darstellte. Sie war eine elegante, bescheidene, maßvolle und höfliche Dame, die mich sehr beeindruckte.

Teilnahme an türkischen Grabungen im Sommer 1935

Vier oder fünf Monate nach Professor Afet İnans Besuch in Berlin erreichte uns die Aufforderung des Erziehungsministeriums, dass die Studenten, die in Europa Archäologie und Geschichte studierten, für zwei Monate an Grabungen in der Türkei teilnehmen sollten. Halil Demircioğlu und Sedat Alp aus Berlin und Halet Çambel aus Paris erhielten die Aufforderung, an den von Türken geleiteten Hethiter-Grabungen in Mittelanatolien teilzunehmen. Ich selbst sollte mich an den Arbeiten bei Grabungen zum Klassischen Altertum in Westanatolien beteiligen. Es zeigte sich, dass diese Einladung auf Betreiben von Afet İnan ausgesprochen worden war.

Ich hatte jetzt zum ersten Mal die Gelegenheit als Archäologie-Student zwei Monate lang ganz Westanatolien und die dortigen Museen zu besuchen. Für alle Orte meiner Reise war für mich eine Übernachtungsmöglichkeit vorbestellt. Für manche Strecken hatte man mir einen privaten Wagen organisiert. Diese Reise war für mich von großem Nutzen, denn sie gab mir die Möglichkeit, erste Gedanken für zukünftige Arbeiten zu entwickeln.

Ein Armbruch und ein Busunfall

Es ereignete sich gegen Ende meiner Reise, als ich aus Bergama (Pergamon) mit dem Bus nach İzmir zurückfuhr. Mein Platz war der Sitz hinter dem Fahrer. Irgendwann wurde der Bus angehalten und drei Soldaten, die vom Militär entlassen worden waren, versuchten noch in den Bus zu steigen. Auf den Hinweis, dass im Bus kein Platz frei sei, entgegneten sie, dass sie gleich in der Nähe in Foça wieder aussteigen wollten. Zwei von ihnen stellten sich in die vordere und hintere Tür, der Dritte klammerte sich außen vor meinem Fenster an den Wagen und so setzten wir die Fahrt fort. Dabei hatten sie sich ihre Waffen über die Schulter gehängt. Der Soldat, der sich außen vor meinem Fenster festhielt, war von der Freude erfüllt, bald nach Hause zurückkehren zu können, und wir führten ein nettes Gespräch miteinander. Mit einem Mal gab es eine Erschütterung — ein entgegenkommender Bus war gegen unseren Bus geprallt und der links von mir vor dem Fenster hängende Soldat war zu Boden gestürzt. Als ich bei dem Zusammenstoß mit dem linken Arm versuchte, meine mir von den Knien gerutschte Tasche hochzuheben, spürte ich, wie meine Hand verdreht wurde, doch konnte ich sie nicht sehen. Dann stellte sich heraus, dass mein Unterarm gebrochen war und wie abgerissen herunterhing. Dabei empfand ich jedoch keinen Schmerz. Ich untersuchte meinen linken Arm mit der rechten Hand und stellte den Bruch fest. Der Mann links von mir war gestorben, ich wurde von hilfsbereiten Leuten in das Staatskrankenhaus von İzmir eingeliefert. Da zu diesem Zeitpunkt kein Arzt im Krankenhaus anwesend war, gaben mir zwei Krankenpfleger eine Betäubung, gipsten meinen Arm ein und brachten mich zu Bett. Mitten in der Nacht wachte ich auf, denn ich bekam keine Luft mehr. Unter großen Mühen erhob ich mich und trat auf den Korridor hinaus. Mit lauter Stimme rief ich: “Ist denn niemand hier?” Da kam ein Arzt aus einem Zimmer und fragte mich, was ich wolle. Die beiden Krankenpfleger hatten meinen gebrochenen Arm zusammen mit meinem Oberkörper eingegipst, so dass der Arm wie beim Strammstehen steif neben dem Körper lag. “Sie sehen ja, wie es mir geht. Ich kann nur schwer atmen!”, sagte ich zu dem Arzt. Er entfernte daraufhin sofort den Gipsverband über meiner Brust und brachte mich wieder zu Bett. Am nächsten Tag machten sie mir im Staatskrankenhaus in İzmir einen neuen Verband, bei dem sie nur den Arm in Gips legten, und danach blieb ich noch drei bis vier Tage im Hospital. Doch da mir die Sache nicht ganz geheuer vorkam, beschloss ich, nach Istanbul zu fahren. Dort wandte ich mich an den berühmten Doktor Mim Kemal Öke. Trotz meines gebrochenen Arms war ich ein aktiver und lebhafter junger Mann. Ich erzählte dem Arzt in allen Einzelheiten, dass ich in Deutschland studiere und dass ich mir den Arm auf dem Weg von Bergama nach İzmir gebrochen hatte. Er lachte und sagte: “dann wollen wir mal sehen.” Schließlich wurde mein Arm zum dritten Mal eingegipst. Als ich das Geld für die Behandlung zahlen wollte, sagte er: “Ich nehme kein Geld von Studenten!” Geld hatte für mich keine Bedeutung, doch die Haltung eines türkischen Arztes, von Studenten kein Geld zu nehmen, hat mich sehr beeindruckt. Ich denke immer noch voller Verehrung an diesen Arzt. Mein linker Arm war am Ende wieder zusammen gewachsen, doch seine Behandlung ging beim Tennisspielen in Deutschland weiter. Denn mein Arm war schief und stand im Winkel von 45 Grad ab. Um ihn wieder gerade zu richten, spielte ich den Ball mit meinem Tennisschläger gegen die Wand. Und so nahm mein Arm nach zwei bis drei Monaten wieder seine alte Stellung ein.

1930: 2,50 Mark für eine Türkische Lira

In den früheren 1930er Jahren wurde die Türkische Lira nach offiziellem Kurs und auch auf dem Markt für 2,50 Mark getauscht. Nach 1935 erfand die Nazi-Regierung jedoch die “Registermark” und zahlte fortan für eine als Devise eingeführte Türkische Lira 6,50 Mark. Unser Studienstipendium betrug 96 Lira. Während die deutschen Studenten von 100 bis 150 Mark im Monat lebten, bekamen wir 650 Mark. Dieser Betrag reichte uns damals sehr gut aus. Und deshalb ging ich auch manchmal in berühmte Restaurants wie das Kempinski oder das Mampe. Ich zog mich gut an und ließ meine Anzüge bei einer Schneiderei Müller nähen, die sich in einer Seitenstraße des Kurfürstendamms befand. Neben meiner Alltags- und Sportkleidung und meiner Ausstattung für offizielle Anlässe besaß ich auch einen Frack und einen Smoking. Ich wurde von bekannten Familien nach Hause eingeladen. So veranstalteten der berühmte Augenarzt Krückmann, der die Augen von Tevfik Rüşdü Aras behandelt hatte, und der Generaldirektor der Museen Wilhelm Waetzoldt (1880-1945) in ihren Häusern schöne Partys. Zu solchen Einladungen ging ich ausnahmslos im Frack.

In Berlin habe ich stets in den besten Stadtteilen gewohnt. Acht Jahre lang habe ich auf dem Kurfürstendamm zwischen der Bleibtreustraße und Halensee oder in einer seiner Seitenstraßen logiert. Ich hatte ein Zimmer in einer der 8 bis 10-Zimmerwohungen, die sich nur reiche Familien leisten konnten. Diese Familien hatten meist wegen der Nationalsozialisten ihre Vermögen verloren und waren häufig jüdische Deutsche, die gezwungen waren, Untermieter bei sich aufzunehmen. Und diese Familien gaben häufig ausländischen Studenten den Vorzug.

Ein Konzert von Musikstudenten in Berlin

In der Wohnung der deutschen Familie jüdischer Herkunft, in der ich am Kurfürstendamm wohnte, gab es, so wie in allen anderen Wohnhäusern dieses prächtigen Boulevards, zwei prunkvolle Salons die ineinander übergingen. Außerdem gab es dort ein hervorragendes Klavier, auf dem das einzige Kind der Familie, ein junges schönes Mädchen spielte. Der Hausherr und seine Tochter brachten mir sehr viel Sympathie entgegen. Ich bedachte, dass es viele junge türkische Musiker in Berlin gab, die wie ich ein Praktikum absolvierten, und fragte deshalb beim Hausherrn an, ob wir ihnen nicht ein Konzert geben könnten. Die Hausleute nahmen den Vorschlag sehr positiv auf. Daraufhin fragte ich bei Jale İnans Schwester an, die eine Pianistin war, und bei einem jugendlichen Zwillingspaar, deren Namen ich vergessen habe und von denen der eine Kontrabass, der andere Cello spielte. Nachdem auch sie sich sehr für ein Konzert begeisterten, konnten wir ein schönes Programm aufstellen. So haben mehr als 30 türkische Studenten, unter denen einige auch eine militärische Ausbildung absolvierten, das Konzert mit Interesse und Freude angehört. Auch die Hausleute spendeten unseren Musikern begeistert Beifall. Nach der Aufführung diskutierten 30 türkische Studenten über kulturelle Fragen unseres Landes und darüber, dass man eine Basis schaffen sollte, auf der sich in der Türkei die westliche klassische Musik entwickeln kann.

Im Haus der Kommunistin Dr. Platschek

Die Inhaberin einer Wohnung am Kurfürstendamm, in der ich mich ein Jahr lang eingemietet hatte, war Frau Dr. Platschek, eine Kommunistin. In dieser Wohnung lebten ein junger Gefolgsmann der Nazis, dessen Name ich vergessen habe, und der der Autor[3] des Buches "Schippe, Hacke, Hoi!" war, außerdem ein liberaler Student namens Gebert, sowie ein Mann mittleren Alters, der Junggeselle war und unberechtigterweise einen Doktortitel führte. Dieser war geschmackvoll gekleidet und wie wir hörten, arbeitete er als Autoverkäufer. Weiterhin wohnten hier noch ein Chinese, zwei Amerikaner und ich selbst. Frau Platschek hatte nur einen Sohn. Das hieß also, wir waren die aus Kommunisten, Nationalsozialisten und Liberalen zusammen gewürfelten Bewohner der Pension. Sie wurde recht häufig von der Geheimpolizei durchsucht, doch die Zimmer der Liberalen wurden keinerlei Kontrolle unterzogen.

Ein türkischer Klub in Berlin

In Berlin hatten wir auch einen türkischen Klub, der in einer sehr großen Erdgeschoßwohnung in einem Haus an der Ecke Kurfürstendamm / Bleibtreustraße untergebracht war. Hier nahmen die Angehörigen der Botschaft und die Studenten an Vorträgen, Konzerten und verschiedenen sonstigen Veranstaltungen teil. Der Klub wurde von der Studentenvereinigung geführt, in deren Verwaltungsrat ich mich zeitweise als Vorstand und als stellvertretender Vorstand engagierte. Hier habe ich auch den Vater und den Großvater des Wirtschaftswissenschaftlers Prof. Dr.

3 Faber, Gustav: Schippe, Hacke, Hoi! : Erlebnisse, Gestalten, Bilder aus dem freiwilligen Arbeitsdienst. Mit 35 munteren Zeichnungen vom Verf. Berlin: Verl. f. Kulturpolitik 1934. 318 S.

Kenan Mortan kennen gelernt. Mitglied im Klub war eigentlich der Großvater, der damals im mittleren Alter war. Und der Vater Kenan Mortans war zu dieser Zeit noch ein Kind.

Konföderation der Vereinigung Internationaler Ausländischer Studenten
In Berlin bestand eine Konföderation der Vereinigung Internationaler Ausländischer Studenten. Einige Zeit waren Nejat Eczacıbaşı Vorstand und ich Generalsekretär der Konföderation. Zu einem Freundschaftsabend, den wir veranstalteten, erschienen neben ausländischen Botschaftern auch hohe Funktionäre der Nationalsozialisten mit Dr. Goebbels an ihrer Spitze. An diesem Abend, an dem alle Frack trugen, versammelte man sich zu Musik und Tanz. Die Besucher grüßten Dr. Goebbels, der in einer eigenen Loge saß, mit "Heil Hitler!" Vergnügt beobachteten wir, dass die polnischstämmige, berühmte Filmschauspielerin Pola Negri ihren rechten Arm zum Hitlergruß nicht nach vorne ausgestreckt hielt, sondern mit einer mehr horizontalen Bewegung ihrer Herablassung Ausdruck verlieh. Wie anders hätte der Hitlergruß einer liberal denkenden Frau auch ausfallen können?

Ein sumerischer König in Berlin
Der Nachname meines Vaters war "Dizdar" und in seinem Personalausweis war als Name "Dizdarzade, Salih Sabri" eingetragen. Als 1935 das Familiennamengesetz in Kraft trat, sagte er: "Da du ein Historiker bist, wollen wir uns einen sumerischen Namen aussuchen." Daraufhin habe ich vier sumerische Namen ausgewählt und meinem Vater erschien der Name "Akurgal" am passendsten. Denn dies war der Name eines sumerischen Königs, der zu Beginn des 3. Jahrtausends v.Chr. gelebt hatte. Der Name "Land des großen Wassers" setzte sich so zusammen: A = Wasser, kur = Land und gal = groß. Und so kam es, dass der Name Dizdar in Akurgal geändert wurde.

Im Herbst des Jahres 1935 traf ich in unserem Seminar Professor Eckhard Unger (1884-1966), der viele Jahre der Direktor des Archäologischen Museums in Istanbul war. Wir befanden uns im zweiten Stock der Bibliothek und unterhielten uns. In diesem Augenblick erschien der Fotograf des Seminars und rief mich von unten "Herr Akurgal!" Doch als er bemerkte, dass ich mit einem Professor sprach, sagte er: "Es ist nicht so wichtig, wir können später noch miteinander reden." Als der Professor für Sumerologie und Assyrologie den Namen "Akurgal" hörte, wunderte er sich: "Das ist ja ein lustiger Fotograf, was heißt denn Akurgal und woher kennt er dieses Wort?" Da klärte ich den Zusammenhang auf. Als ich erklärte, mein neuer Name laute Akurgal, lachte Prof. Unger laut auf und sagte: "So, Sie sind also jetzt ein sumerischer König?" Und er fügte noch hinzu: "Das haben Sie gut gemacht!"

Cevat Dursunoğlu und Avni Başman — Zwei große türkische Pädagogen
Dass ich mein Studium in Berlin erfolgreich durchführen konnte, verdanke ich in erster Linie Cevat Dursunoğlu und auch Avni Başman, der sein Nachfolger war. Beide waren sehr gebildete Pädagogen. Sie suchten unsere Professoren auf, informierten sich über uns und begleiteten unsere Arbeit. Sie mischten sich nicht in die Angelegenheiten von Studenten ein, über die sie positive Rückmeldung von den Professoren erhielten, sondern gaben ihnen die Möglichkeit, nach ihren eigenen Vorstellungen zu arbeiten. Cevat Dursunoğlu spielte auch eine große Rolle dabei, berühmte und geschätzte Wissenschaftler, die Deutschland verlassen mussten, für eine Tätigkeit in der Türkei zu gewinnen.

Diesen beiden großen Pädagogen verdanken wir, dass Hunderte von türkischen Studenten in Deutschland eine zeitgemäße Ausbildung erhielten. Daher kann man die beiden Pädagogen gar nicht genug loben. Für mich ist es selbstverständlich, dass ich mich voller Dankbarkeit und Ergebenheit an sie erinnere.

Die Vorlesungen von Professor Buschor

Mein Lehrer Professor Rodenwaldt und der an der Universität in München lehrende Ernst Buschor (1886-1961) waren damals die beiden großen Namen in der Archäologie. Sie waren Konkurrenten in der Frage, wer wohl der Berühmtere war. Die Artikel von Buschor habe ich mit großer Freude gelesen. Deshalb wollte ich an seinen Vorlesungen teilnehmen. Als ich meinem Lehrer Professor Rodenwaldt 1937 erklärte, ich wolle zwei Monate nach München gehen, sagte er in verständnisvollem Ton zu mir: "Sie wollen also Buschor hören." Ich ging dann nach München und besuchte zwei Monate lang seine Veranstaltungen. In seinen Übungen saß er selbst am Projektor und zeigte seine Diapositive. Wir saßen vor ihm, hatten aber den Kopf zu ihm nach hinten gewendet. Er hatte eine ganz persönliche Art zu sprechen und auch zu schreiben. So wie ich seine Schriften mit großer Begeisterung las, so hörte ich auch seinen Worten mit tiefstem Interesse zu.

Das "Delphi" — Ein Berliner Tanzpalast

In Berlin suchten sich deutsche und ausländische junge Männer ihre Freundinnen meist in einem Tanzlokal namens "Delphi" aus. Hier stand auf jedem der nummerierten Tische ein Telefon. Gefiel einem Mann ein Mädchen und wollte er es zum Tanz auffordern, so rief er bei ihrem Tisch an und sagte: "Ich sitze am Tisch Nummer soundso und möchte Sie auffordern. Wollen Sie mit mir tanzen?" Darauf schaute sich das Mädchen den jungen Mann an und wenn er ihr sympathisch war, antwortete sie: "Ich erwarte Sie hier!" Dann tanzten die beiden zusammen. Wenn sie häufiger miteinander tanzten, dann hieß dies, dass sich das Mädchen mit dem jungen Mann anfreunden möchte. In diesem Fall verabredeten sich die beiden zu einem Rendezvous. Neben Mädchen aus guten Familien gab es unter den Besucherinnen des Lokals auch solche, die es auf Abenteuer abgesehen hatten. Auch ich habe solche Orte besucht. Doch habe ich mich niemals mit einem der Mädchen verabredet. Die jungen Frauen, mit denen ich eng befreundet war, stammten alle aus guten Familien. Für mich gab es zwei Arten von Frauen: Mit den einen war ich gut befreundet und sie waren Lebensgefährtinnen mit gutem Charakter, die anderen waren schöne Frauen, die mir lediglich gefielen und die ich nur bewunderte. Es gab viele junge Mädchen und Frauen, mit denen ich mich befreundete, aber mit ihnen flirtete ich nicht einmal. Dennoch hatte ich immer eine enge Freundin. Doch in den acht Jahren meines Aufenthalts in Berlin waren es wohl nicht mehr als fünf Mädchen. Aber alle ausländischen jungen Männer hatten im Lauf eines Jahres meist mehrere Freundinnen. Ich erinnere mich, dass ich die Tochter des Besitzers einer Buchhandlung kennen gelernt hatte. Zu dieser Zeit hatte ich noch eine andere Freundin. Deshalb führte ich sie nur zum Essen aus, ging mit ihr ins Kino, ins Theater und in die Oper — ich flirtete jedoch nicht mit ihr. An einem Abend gingen wir wieder einmal zum Essen aus. Wir speisten im Eden Hotel in der Nähe des Zoos. Nach dem Essen schlug ich vor, in eines des umliegenden Kinos zu gehen. Darauf fragte mich das Mädchen in ärgerlichem Ton: "Mein Gott! Hast du denn keine Wohnung?" Da sind wir dann natürlich an diesem Abend zu mir nach Hause gegangen. Mit Dora — so hieß das Mädchen — war ich lange Zeit befreundet. Eines Tages öffnete sie ihre Handtasche und mein Blick fiel hinein. Ich sah darin eine Rosette in den Farben der schwedischen Flagge. Als ich sie danach fragte, erklärte sie mir ganz offen: "Das ist ein Geschenk eines alten Freundes." Sie hatten sich vor vielen Jahren kennen gelernt. Der Schwede kam meist einmal im Jahr nach Berlin und dann waren sie zusammen. Ich habe das für ganz natürlich gehalten, denn während ich mit Dora befreundet war, hatte auch ich noch andere Kontakte. Eine andere Freundin, mit der ich eine längere, enge Beziehung unterhielt, war ein Mädchen namens Olga.

Schleiermädchen

Die Studenten am Archäologischen Institut der Berliner Universität waren überwiegend junge Männer. Unter den Studenten waren nur wenige Mädchen, von denen die meisten zwar recht gut aussahen, jedoch nicht mit Schönheit gesegnet waren. Sie legten mehr Wert darauf, ihre Ausbildung abzuschließen. Den eleganten Mädchen aus reicher Familie ging es nicht um die Ausbildung — sie strebten nach kultivierter Entwicklung und zogen deshalb das Institut für Kunstgeschichte vor. An diesem Institut studierten fast 300 Studenten, von denen mehr als die Hälfte Studentinnen waren. Einige von ihnen waren "Schleiermädchen". Diese jungen Frauen richteten sich nach der Mode der Zeit und trugen Hüte mit getupften Tüllschleiern, die die Hälfte des Gesichts verdeckten. Jeder kannte auch den gut aussehenden jungen Mann, der am Unterricht von Wilhelm Pinder teilnahm. Er war schlank, groß gewachsen und zog die Aufmerksamkeit auf sich, denn er war das Modell von Georg Kolbe, der damals einer der berühmtesten Bildhauer war. Und da auch ich ein Student war, der sich gut anzog und sich gesittet benahm, und der von Wilhelm Pinder als "Der nette Türke" gerühmt wurde, genoss auch ich bei den Mädchen hohes Ansehen. Ich lud einige Mädchen aus reichen Familien zum Essen ein und unterhielt mich sehr gut mit ihnen. Unsere Beziehungen überschritten jedoch nicht die Grenzen einer kameradschaftlichen Freundschaft.

Eine Reise nach Paris

Zusammen mit Professor Rodenwaldt oder mit seinen Assistenten F.W. Goethert und Willy Zschietzschmann besichtigten wir sowohl innerhalb als auch außerhalb Deutschlands viele Städte und ihre Museen. Doch aus irgendeinem Grund waren wir bisher nicht nach Paris gereist. Da ich mich sehr danach sehnte, Paris zu sehen, ließ ich mich im Herbst 1937 von Professor Rodenwaldt beurlauben und ging für ein halbes Jahr nach Paris.

Dort studierte ich bei Charles Picard (1883-1965) und bei Raymond Lantier (1886-1980). Ort der Vorlesungen war meistens das Institut d'Art et d'Archéologie (Rue Michelet 3). Auch Halet Çambel studierte dort. Daneben besuchte ich auch die Übungen an der École du Louvre, die im Louvre-Museum untergebracht war. Hier betrieb auch Remzi Oğuz Arık seine Studien. Ich besuchte berühmte Persönlichkeiten wie Salomon Reinach, René Dussaud und Louis Delaporte (1874-1944), die mich zum Tee oder zum Essen einluden. Delaporte zeigte mir im Louvre seine hethitischen Werke und führte mich zum Dach hinauf, wo wir Paris von oben betrachteten.

In Paris habe ich über viele Monate alle Museen mehrfach besucht. Besonders die in der Galerie nationale du Jeu de Paume ausgestellten Werke der impressionistischen Maler habe ich sehr oft ganze Tage lang betrachtet. Überaus erfreut war ich auch über die osmanischen Stoffe, die im Musée de Cluny ausgestellt waren.

In dieser Zeit sah ich auch verschiedene Aufführungen in der Pariser Oper und in der Comédie Française. Natürlich habe ich auch Maurice Chevalier einige Male mit großer Begeisterung gesehen und gehört. Während meines Aufenthalts in Paris wohnte ich in einem billigen Hotel in der Rue de la Sorbonne. Ich aß meist direkt neben meinem Hotel in einem armenischen Restaurant oder in verschiedenen Cafés und Bistros im Quartier Latin. Ab und zu besuchte ich auch einmal ein Luxusrestaurant. Und ich versäumte es auch nicht, mich mit in Paris studierenden türkischen Studenten zu treffen und zu unterhalten, die in einem Café auf dem Boulevard Saint Germain in der Nähe der Sorbonne zusammenkamen. Den Namen dieses berühmten, im ersten Stock eines Gebäudes eingerichteten Cafés habe ich allerdings inzwischen vergessen.

"Chez Dupont tout est bon"

Als ich 1937 ein Semester in Paris an der Sorbonne studierte, gab es dort ein Lokal, in dem ich gelegentlich im Stehen ein Bier oder einen Kaffee trank. An der Tür des Lokals stand "Chez Dupont tout est bon". Tatsächlich jedoch war dieses Bistro gar nichts Besonderes, es lag nur an einer sehr verkehrsreichen Straße im Quartier Latin.

Mich interessierte an diesem Lokal, dass es ein hervorstechendes Beispiel für die Sauberkeit in Europa abgab. Im Dupont wurden die Gläser für alkoholische Getränke und die Kaffeetassen vor den Augen der Gäste in einem winzigen Becken auf der Theke gespült. Das Wasser floss aus dem Hahn in ein kleines Becken hinein und durch ein Loch im Boden des Beckens wieder ab. Die schmutzigen Gläser und Tassen wurden innen mit einer quastenförmigen Bürste aus Gummifäden gereinigt. Vom System her war diese Anwendung sehr gut, doch die praktische Ausführung war schlecht. Denn die Bodenöffnung des Beckens wurde nur sehr selten geöffnet und blieb so lange verschlossen, bis das Wasser durch das Ausspülen des Geschirrs rabenschwarz war. Für den Gast war es unangenehm zu sehen, wie sein Glas vor seinen Augen in diesem schmutzigen Wasser gespült wurde. Der obere Teil des Glases wurde ins Wasser getaucht, mit der Gummibürste gereinigt und ausgespült. Wenn das Glas dann herausgeholt wurde, konnte der Gast sehen, dass einige Tropfen des schmutzigen Wassers im Glas geblieben waren. Das war natürlich nicht erfreulich. Doch da ich häufig gesehen hatte, dass in türkischen Kaffeehäusern die Teegläser in einer kleinen Schüssel ohne Bodenöffnung mit den Fingern ausgewaschen wurden, fand ich die Vorgehensweise bei Dupont dennoch viel besser und bestätigte: "Chez Dupont tout est bon". Wenn ich dort etwas trinken wollte, schaute ich mir erst das Wasser in dem kleinen Becken auf der Theke an. War das Wasser noch nicht dunkel, bestellte ich mir einen Kaffee.

Wie ich erwartet hatte, gefiel mir Paris sehr gut. Doch dann war es Zeit, wieder nach Berlin zurückzukehren, und ich reiste wehmütig ab. Ich hatte das Glück, Paris später noch oft besuchen zu können.

Der Zweite Weltkrieg und die Rückkehr in die Türkei

Ich beendete im Juli 1939 meine Dissertation "Griechische Reliefs des VI. Jahrhunderts aus Lykien" und übergab sie meinem Lehrer Professor Rodenwaldt. Eine Woche später rief er mich zu sich nach Hause und sagte: "Es ist alles in Ordnung, Sie können die Arbeit beim Dekanat einreichen." Und ich erhielt von ihm noch die gute Nachricht, dass das Deutsche Archäologische Institut meine Dissertation drucken lassen wollte. Ich reichte die Arbeit ein, doch da die Semesterferien bevorstanden, sollten die mündlichen Prüfungen erst im Oktober stattfinden. Dies war für mich recht erfreulich, denn so hatte ich noch mindestens drei Monate Zeit, mich auf die Prüfungen vorzubereiten. Daher begann ich sofort, mich in die Fächer Archäologie, Alte Geschichte, Europäische Kunstgeschichte und Türkisch-Islamische Kunstgeschichte einzuarbeiten. Die Prüfungen für Latein und Altgriechisch hatte ich schon zuvor abgelegt. Mitte August schloss ich meine Vorbereitungen ab, denn in der letzten Woche im August sollte der Dritte Internationale Kongress für Klassische Archäologie beginnen. Ich hielt diesen Kongress, an dem ich als Hörer teilnahm, für sehr bedeutend. Und so wollte ich die Vorträge zu den Themen verfolgen, die mich interessierten. Doch bereits am ersten Tag des Kongresses verbreitete sich die Nachricht, Hitler wolle Polen besetzen. Daher verließen die Vertreter vieler Länder die Sitzungen bereits am zweiten und dritten Tag des Kongresses. Am vierten Tag erhielten wir einen Anruf vom Inspektor der türkischen Botschaft, in dem wir aufgefordert wurden, sofern wir über das Reisegeld verfügten, sofort in die Türkei zurückzukehren. Als ich Prof. Rodenwaldt diese Nachricht überbrachte, wurde er ganz bleich im Gesicht und sagte: "Das heißt also, auch Sie verlassen uns. Dann muss uns die Katastrophe ja direkt bevorstehen".

Wir bildeten eine erste Gruppe von fünfzehn Personen. Unter uns waren auch Macit Gökberk und Reşat İzbırak. Unsere Reise konnten wir jedoch erst am 2. September beginnen. Wir saßen am Radio, um zu hören, ob die Türkei in den Krieg eintreten würde, und wir versuchten so schnell wie möglich die deutsche Grenze zu überqueren.

Unterwegs mussten wir häufig den Zug verlassen, den an unserer Stelle dann Soldaten bestiegen. Nach drei Tagen überquerten wir die deutsche Grenze. In einer kleinen Tasche trug ich eine Kopie meiner Doktorarbeit bei mir. Meine weiteren Koffer hatte ich auf dem Bahnhof in München zurückgelassen. Als ich in Istanbul ankam, besaß ich nichts außer den Kleidern und der Wäsche, die ich trug.

Nachdem wir drei Monate in Istanbul und Ankara gewartet hatten, und als wir hörten, dass die Türkei nicht in den Krieg eintrete, wurden wir nach Berlin zurückgerufen. Bei der Rückkehr erhielt ich in München alle meine Koffer wieder zurück. Mir kam die Rückkehr nach Deutschland sehr gelegen. Ich habe sowohl die Prüfungen zum Abschluss meiner Promotion abgelegt, als auch meine Arbeit über das Harpyien-Monument abgeschlossen, die eine Fortsetzung meiner Dissertation darstellt. Damit hatte ich also den Grad eines Doktors erworben und meine Habilitation vorbereitet. Das bedeutete: Als ich im Dezember 1940 in die Türkei zurückkehrte, hatte ich mein Studienvorhaben innerhalb von acht Jahren abgeschlossen.

Ekrem Akurgal

Als Grundschüler der letzten Klasse im Alter von 12 Jahren (1923).

Zusammen mit meinem Onkel Hacı Alizade Muhammed Emin (1923)

Meine Schwester Nevzat, mein Bruder Fikri und meine Mutter (1923)

Als Schüler der Mittelschule (1925)

Meine Mutter, mein Vater und meine Schwester Nevzat (1927) (Mein Vater trug jetzt einen Hut).

Gymnasium Schulpforta (1932)

Schulpforta (1932)

Schulpforta: Privatlehrerin Paula Lichey und ihrer Tochter Inge (1932)

Mein Lehrer, der Archäologe Gerhart Rodenwaldt (1934)

Gerhart Rodenwald

Bei den Zantoch-Grabungen (1934-1935)

Bei den Zantoch-Grabungen (1934-1935)

Bilder aus Berlin

Ich, meine Mutter und meine Geschwister Fikri und Nevzat (1938)

Meine Tante, mein Vater, meine Mutter, ich und Nevzat (1941)

Wehrdienst 1941-1944

Mit Fikri und seiner Frau Halet Akurgal

Hochzeit mit Lemis Baykan (Meine Schwiegermutter Belkıs Baykan, meine Mutter, meine Schwester Nevzat und enge Freunde der Familie 1944)

Meine Tante [väterlicherseits], meine Frau, meine Mutter und Nevzat

WEHRDIENST UND ERSTE JAHRE ALS UNIVERSITÄTSLEHRER

Im Dezember 1940 bin ich in die Türkei zurückgekehrt und wurde sofort zum 1. Januar 1941 als Assistent an der Philosophischen Fakultät (DTC)[4] in Ankara angestellt. Der Inhaber des Lehrstuhls war Professor Remzi Oğuz Arık. Meine in Berlin erstellte Arbeit über das Harpyien-Monument habe ich als Habilitationsschrift eingereicht, worauf ich im Juni 1941 den Rang eines Dozenten erwarb. Bis zu diesem Zeitpunkt hatte man keine schriftliche Arbeit als Voraussetzung für die Dozentur verlangt. Ich war der erste Wissenschaftler, der an der Universität Ankara und in der Türkei seine Dozentur aufgrund einer schriftlichen Arbeit erhielt. Ab Februar 1941 habe ich zu unterrichten begonnen.

32 Monate Wehrdienst

Nachdem ich Dozent geworden war, das heißt, nachdem ich eine feste Stelle hatte, habe ich mich bei den zuständigen Behörden gemeldet, um — verspätet — meine Wehrpflicht abzuleisten. So wurde ich 1941 im September als Artillerist eingezogen. Nachdem ich sechs Monate lang die Reserveoffiziersschule in Ankara besucht hatte, diente ich zunächst bei einer Einheit der bespannten Artillerie, später bei der Einheit der motorisierten Artillerie am Standort Örcünlü in der Nähe des Dorfes Hadımköy in Thrakien. Später wurde ich in eine Einheit für Verteidigungsaufgaben versetzt, die Bunker gegen zukünftige Angriffe der Nazis baute.

Als der Direktor des Archäologischen Museums in Ankara, Professor Remzi Oğuz Arık, seine Funktion an der Universität aufgab, damit er seine Arbeiten im Museum nicht aussetzen musste, wurde ich auf Antrag des Dekans Şevket Aziz Kansu an das Verteidigungsministerium versetzt. So konnte ich einerseits meinen Wehrdienst weiter ableisten, gleichzeitig aber auch in der Uniform eines Offiziersanwärters an der Fakultät die Archäologie-Vorlesungen halten. Als ich meinen Wehrdienst nach 32 Monaten beendete, konnte ich auf eine Menge sehr schöner Erinnerungen zurückblicken. Als ich noch in Örcünlü Dienst tat, wurde mir einmal die Aufsicht über alle Pferde des Regiments übertragen. Da rief ich meine Freunde im Regiment zusammen und ritt mit ihnen einmal in der Woche als Kavallerie-Abteilung viele Stunden durch Berg und Tal. Mein ganzes Leben lang war mir das Reiten die größte Freude. Die Pferde, die sich im Stall langweilten, waren energiegeladen und galoppierten bis sie genug hatten. Und wie die Pferde erregte und begeisterte ich mich mehr und mehr während des schnellen Ritts. An diese Tage erinnere ich mich voll tiefer Sympathie zurück.

Mehr Akademie als Kompanie

Beim Wehrdienst habe ich sehr vieles gelernt und mein Leben als Soldat war mir in vielen Dingen hilfreich. Die Mehrzahl der Studenten an der Reserveoffiziersschule waren im Jahr 1941 Absolventen von europäischen und amerikanischen Universitäten.

Eines Tages fragte sich der Bataillonskommandeur, welche Art von jungen Männern es in unserer Kompanie von 120 Personen gab. Er fragte nach den einzelnen Ländern, in denen wir studiert hatten. Es stellte sich heraus, dass die Hälfte der 120 Soldaten in unserem Artillerieregiment in Europa oder in Amerika studiert hatte. Da rief der Kommandeur scherzend: "Ja, das ist also kein Artillerieregiment sondern eine Akademie."

Bekannte Persönlichkeiten in der Kompanie

4 DTC Fakültesi. Wörtlich: Dil ve Tarih-Coğrafya Fakültesi / Fakultät für Sprache, Geschichte und Geographie. Hinfort: Philosophische Fakultät.

In unserer Kompanie dienten Personen, die später großen Ruhm erwarben. Einer dieser Männer war Osman Bölükbaşı. Noch während er in unserer Kompanie seinen Dienst versah, erwarb er sich einen Ruf. Er pflegte nette, witzige und etwas zotige Geschichten zu erzählen, bis alle vor Lachen fast erstickten. Der berühmteste unter uns war jedoch Orhan Veli [Kanık], der auch damals schon sehr bekannt war. Wir waren drei Vertreter der Altertumswissenschaften, die hier zufällig in der gleichen Einheit dienten. Der eine war der Hethitologe Sedat Alp, der zweite der Anthropologe Muzaffer Şenyürek und ich, der Archäologe Ekrem Akurgal, der diese Zeilen schrieb, war der dritte.

Wehrdienst als Lehre

Nachdem ich etwa einen Monat lang die Reserveoffiziersschule besucht hatte, trat eine Gruppe von 20 Personen neu in unsere Einheit ein. Der Hauptmann, der uns bis dahin unterrichtet hatte, rief uns zusammen und sagte: "Heute sind zwanzig neue Teilnehmer gekommen. Wer von euch glaubt, dass er ihnen vermitteln kann, was ihr bis heute gelernt habt?" Natürlich meldete sich niemand. Der Hauptmann stellte seine Frage noch einmal. Wieder kam von keinem von uns ein einziges Wort. Da fiel der Blick des Hauptmanns auf mich. "Du bist doch Dozent. Dann zeige mal, dass du unterrichten kannst und bring ihnen bei, was wir bisher durchgenommen haben", befahl mir der Offizier. Der Befehl kam von ganz oben. Nolens volens befolgte ich ihn. Der Hauptmann hatte also zufällig genau den Mann gefunden, den er brauchte. Ich glaube, er hatte sich gedacht, dass ich ja Mitglied des Lehrkörpers war, und hatte mir deshalb diese Aufgabe zugewiesen. Und tatsächlich war ich zufällig ein Spezialist für die Vermittlung der fraglichen Unterrichtsinhalte, denn während meiner Teilnahme an den deutschen Grabungen in den Jahren 1934/35 hatte ich gelernt, mit einem Theodolit umzugehen und konnte die Maße der Seiten- und Höhenwinkel sehr gut bestimmen.

Ich begann mit dem Unterricht und hatte schon nach einer Stunde den Beweis für meine Fähigkeiten erbracht. Der Hauptmann fragte mich verwundert: "Ja, was bist du denn für ein Teufelskerl?" Da erzählte ich ihm die wahren Zusammenhänge und sagte: "Das gehört doch zu meinem Beruf!" Darauf meinte der Offizier: "Ich habe dich ausgewählt, weil du Dozent bist, aber nun scheint es, dass ich die richtige Wahl getroffen habe."

Befehl ist Befehl!

Als ich Reserveoffizier war, gehörte es zu unseren wichtigsten Aufgaben, mit einer Last von 30 Kilo auf dem Rücken zu exerzieren und fünf bis sechs Kilometer zu marschieren. An einem Tag im Winter unternahmen wir wieder einmal einen solchen Marsch. Während wir auf den Çankaya-Hügel schritten, hörten wir mit einem Mal die laute Stimme des Oberstleutnants. Er rief: "Alle hinlegen!" Ich schaute mich um und sah, dass der Boden nass war, weshalb ich einen Augenblick zögerte. Da rief er wütend: "He du! Hinlegen!" Auf diesen scharfen Befehl hin, ließ ich mich in den Matsch fallen. Nachdem wir ein paar Minuten so dagelegen hatten, kam der Befehl: "Aufstehen!" Ich erhob mich, schüttelte den Schlamm ab und lief weiter. Währenddessen dachte ich bei mir: "Wenn ich heute nicht krank werde, dann bin ich wohl sehr widerstandfähig." Denn immerhin war ich verschwitzt und hatte im Schlamm gelegen. Nun, wir kehrten zur Reserveoffiziersschule zurück, zogen uns aus, wuschen uns und legten uns ins Bett. Als wir am nächsten Tag aufstanden, fühlten wir uns bärenstark. Und ich sagte mir: "Damit habe ich also bewiesen, dass ich ein guter Soldat bin."

Ein Wolfsrudel auf der Flucht

An den Wochenenden erhielten wir Urlaub und fuhren nach Hause. Ich fuhr nach Istanbul ins Haus meiner Eltern. Um den Zug zu erreichen, musste ich jeweils fünf bis sechs Kilometer laufen. An einem Wintertag machten wir uns als eine Gruppe von 10 Personen auf den Weg zur Eisenbahn. Dabei hatten wir unsere Gewehre umgehängt. An diesem Tag lag der Schnee kniehoch. Nach einiger Zeit tauchten vor uns drei Hunde auf, die uns zu begrüßen schienen indem sie sich uns an die Fersen hefteten. Wir verstanden nicht, was dieses Verhalten der Hunde zu bedeuten hatte, doch kurz darauf wurde uns ihr Benehmen verständlich. Nachdem wir die halbe Strecke zurückgelegt hatten, erschien vor uns plötzlich ein Rudel Wölfe. Wir entsicherten unsere Gewehre und hängten sie uns wieder über die Schulter. Mit langsamen Schritten gingen wir weiter und ließen das Rudel nicht aus den Augen. Ohne sich zu verabschieden verschwanden die Hunde nach einiger Zeit wieder. Sie hatten mit unserer Hilfe ihren Kopf gerettet. Wir unterhielten uns, ließen dabei aber nie die Wölfe aus dem Auge. Beim Abfeuern eines Schusses würden die Wölfe sicher sofort flüchten, daher fürchteten wir uns nicht vor ihnen. Andererseits galt es auf alles vorbereitet zu sein. Wir waren fast bei der Eisenbahn angelangt und das Wolfsrudel trollte sich, war nicht mehr zu sehen. Ganz entspannt bestiegen wir den Zug und erreichten schließlich gesund und wohlbehalten unser Ziel.

Verteidigungsbunker gegen die Nazis

An einem Tag in den letzten Monaten, die ich in Örcünlü verbrachte, rief mich ein Oberst zu sich und fragte mich: “Sie sind doch Archäologe, nicht wahr?” Als ich bejahte, fuhr er fort: “Sie verstehen also etwas von Erdarbeiten?” Wiederum gab ich ihm eine positive Antwort. “Nun, dann werden wir Sie an der Verteidigungslinie einsetzen”, erklärte mir der Oberst. Zur damaligen Zeit, das heißt in den Jahren 1942/43, wurde darüber geredet, dass die Nazis die Türkei überfallen könnten und deshalb wurden Bunker gebaut, in denen Angriffs- und Verteidigungswaffen stationiert waren. Da ich nicht sagen wollte, dass ich nichts von derartigen Arbeiten verstünde, beteiligte ich mich daran. Da ich es für nützlich hielt, teilte ich dem Oberst mit, dass westlich von dieser Verteidigungslinie der byzantinische Imperator Anastasius I. (476-491) eine Verteidigungslinie hatte errichten lassen. Doch auf meine Mitteilung erhielt ich lange Zeit keine Antwort. Schließlich fragte ich noch einmal nach. Dann kam die Nachricht, der General lasse mich rufen und ich begab mich zu dem berühmten Kommandanten. Der General fragte mich in liebenswürdigem Ton: “Nun erklären Sie mal, was es damit auf sich hat. Wie ich höre, sind Sie Archäologe und haben behauptet, es gäbe hier in der Nähe eine Verteidigungslinie aus byzantinischer Zeit. Sind Sie selbst schon einmal dort gewesen?” Ich verneinte, denn ich kannte diese Linie nur aus der Literatur, und erläuterte ihm dann, was ich darüber wusste. “Das ist ja sehr interessant”, bemerkte der General und fuhr fort: “Irgendwann werde ich einmal mit Ihnen zusammen dorthin fahren.” Doch nach diesem Gespräch hörte ich nichts mehr von ihm, denn gleich darauf kam der Versetzungsbefehl ans Verteidigungsministerium und ich kehrte nach Ankara zurück.

Lehren aus dem Wehrdienst

Die wertvollste Erkenntnis, die ich in meinem 32 Monate währenden Wehrdienst gewonnen habe, besteht darin, dass ich begriffen habe, dass man beim Treffen einer Entscheidung sorgfältig vorgehen muss. Mir ist auch bewusst geworden, dass man vor einem endgültigen Beschluss das Problem bis in alle Einzelheiten untersuchen muss. Niemals habe ich Entscheidungen auf der Stelle getroffen. Ich habe zu Entscheidungen gefunden, doch habe ich — ihrer Wichtigkeit entsprechend — zunächst zwei bis drei Tage nachgedacht und habe mir alles noch einmal durch den Kopf gehen lassen. Dies ist eine sehr wichtige Methode, denn der spontane Beschluss kann emotional begründet sein, und man kann leicht einige Aspekte des Problems aus dem Blick verlieren. Daher habe ich, wenn ich wissenschaftliche oder kulturbezogene Bücher und Artikel verfasste, diese Schriften der Situation entsprechend ein bis zwei Tage, Wochen oder Monate später noch einmal durchgelesen und eine letzte Fassung festgelegt. Auch das zweite Prinzip, das ich mir zueigen gemacht habe, ist bedeutsam. Wenn ich im

Wehrdienst jemandem eine Waffe übergab, sagte ich: "Vorsicht, sie ist geladen!" Schloss ich die Tür eines Autos, dann sagte ich zu den im Wagen Sitzenden jedes Mal: "Vorsicht, ich schließe die Tür!" Sagen Sie das nicht, dann kann sich jemand, der Ihnen sympathisch ist, die Finger einklemmen oder gar abreißen. Ich denke es ist ein sehr korrektes Verhalten, wenn Sie bei vielen Tätigkeiten die Menschen in der Nähe warnen. Als drittes Prinzip habe ich gelernt, dass man gegebenenfalls Befehlen folgen muss. Wer denkt, er sei ein freier Mann und müsse niemandem gehorchen, der irrt. Natürlich ist der einzelne Mensch frei, doch es gibt Augenblicke und Situationen, in denen es für die Aufrechterhaltung der Freiheit und der Demokratie nützlich ist, wenn man der Aufforderung des Vaters, der Mutter, des Lehrers oder des Kommandanten folgt.

Heirat mit 33 Jahren
Nachdem ich fest angestellt war und auch meinen Wehrdienst abgeleistet hatte, dachte ich, es stünde mir nun zu, mich zu verheiraten. Doch was das Heiraten anging, stellte ich einige Bedingungen. Ich fand es nicht wichtig, ob meine Frau reich oder arm, hässlich oder sehr schön war, für mich war von besonderer Bedeutung, dass sie Bildung hatte, dass sie eine intellektuelle Frau war, die Fremdsprachen beherrschte. Ich war nicht willens, bei diesen Bedingungen Abstriche zu machen. In den Jahren 1941-44 flirtete ich — wie schon in Deutschland — mit den Frauen und mit einigen von ihnen ging ich enge Beziehungen ein. Doch beschränkte ich mich nicht wie zuvor in Deutschland darauf, mit ausgewählten Mädchen aus intellektuellen Kreisen Freundschaften einzugehen, wie ich sie mit meinen männlichen Freunden pflegte.

Eine ausgewählte Gruppe von Studenten, die an unserer Fakultät Englische und Klassische Philologie, Philosophie und Archäologie studierten, machte fast jede Woche einen Ausflug in das damals unbewohnte und brachliegende Gelände von Kavaklıdere und auf den Hügel und in die Umgebung von Çankaya. An diesen Wanderungen nahmen von den Universitätslehrern Orhan Burian und İrfan Şahinbaş von der Englischen Philologie, Samim und Suat Sinanoğlu von der Klassischen Philologie, ich selbst von der Archäologie und manchmal weitere, intellektuellen Kreisen zuzurechnende Professoren teil. Bei diesen Zusammenkünften wanderte man, und legte man eine Pause ein, drehte sich das Gespräch um Fragen der Kultur, der Musik und der Literatur. Unter den mitwandernden Studenten waren Nilüfer Bayar, die Tochter Celal Bayars, sowie die später berühmten Journalisten und Schriftsteller Müşerref Hekimoğlu und Nezihe Araz. Die Gruppe bestand weiterhin aus vielen schönen und gebildeten jungen Mädchen und aus intellektuellen jungen Männern, an deren Namen ich mich heute nicht mehr erinnern kann. Unter den Studenten waren auch die Frauen, die İrfan Şahinbaş und Suat Sinanoğlu später geheiratet haben. Unter den Ausflüglern war auch eine schöne, junge Dame namens Lemis Baykan. Sie hatte blaue Augen, sprach wenig und war zurückhaltend. Unsere Gruppe fand sich auch regelmäßig bei den Gesprächen über Kultur ein, die im Raum 333 der Philosophischen Fakultät (DTC) abgehalten wurden. Viele Teilnehmer der Wandergruppe — auch ich selbst — gingen zu den wöchentlichen Konzerten des Konservatoriums in Cebeci. Auch der Staatspräsident İsmet İnönü und der englische Botschafter waren regelmäßig unter den Zuhörern. Bei beiden Anlässen — den Gesprächen über Kultur und den Konzerten — sah ich immer wieder auch Lemis Baykan. Wir hegten wohl Interesse aneinander, doch grüßten wir uns immer nur aus der Ferne. Ich spürte, dass sie sich für mich interessierte, doch zeigte ich meine Gefühle nicht offen. Ich wartete darauf, dass sie mir ein deutliches Zeichen gab, an dem ich ihr Interesse erkennen konnte. Diese Beziehung, die darin bestand, dass wir einander aus der Ferne Zeichen des Interesses sendeten, dauerte einige Monate. Eines Tages saßen wir unter den Zuhörern bei einem Gespräch, das der Erziehungsminister Hasan Âli Yücel im Foyer der Fakultät führte. Wir Zuschauer hatten in drei hintereinander liegenden Stuhlreihen Platz genommen. Lemis Baykan und ich saßen in derselben Reihe — zwischen uns fünf bis sechs Personen. Gemeinsam lachten wir über die geistreichen Scherze Hasan Âli Yücels. Jedes Mal, wenn wir lachen mussten, sah ich, wie Lemis Baykan ihren Körper nach vorn bog und nach mir schaute. Und da ich dies als ein Zeichen von größter Zuneigung gewertet hatte, schlug ich ihr nach dem Vortrag vor, noch ein paar Schritte mit mir zu gehen. Sie stimmte meinem Vorschlag zu und zum ersten Mal gingen wir nebeneinander und unterhielten uns über die Musik, die Kunst und die Literatur. Ich brachte sie nach Hause. Als ich am nächsten Tag, in der Hoffnung, ihr zu begegnen, über den Atatürk-Boulevard spazierte, traf ich sie tatsächlich und wir unterhielten uns. Als wir uns voneinander verabschiedeten, lud sie mich zu sich nach Hause ein. Im Erdgeschoss stellte sie mir ihre Mutter vor und spielte dann auf dem Klavier Stücke von Chopin für mich. Dies war unsere erste nähere Bekanntschaft — danach waren wir oft tagelang auf Spaziergängen zusammen. Wenn ihre Mutter und Großmutter zu Hause waren, führten wir Gespräche über Musik und Kunst. Am Ende haben wir uns dann verlobt.

Der Vater von Lemis war der Direktor der Osmanlı Bankası, ihre Mutter Belkıs Baykan, die zuvor als Biologielehrerin am Mädchenlyzeum in Ankara gearbeitet hatte, war damals Abgeordnete von Ankara in der Großen Nationalversammlung. Lemis Baykan war genau die Frau, die ich gesucht hatte, denn ihre Familie war gebildet und vermögend — jedoch nicht wirklich reich. Die Töchter waren hübsche Mädchen, die sich gut zu benehmen wussten. Lemis sprach ein flüssiges Englisch, und sie war ein junges Mädchen, das Klavier spielte und die Musik liebte. Kurz gesagt, sie entsprach genau meinen Bedingungen. Wir haben schließlich am 17. Juni 1944 geheiratet. Der Trauzeuge meiner Frau war der Vorsitzende der Großen Nationalversammlung Abdülhak Renda, mein Trauzeuge der Regierungspräsident von Ankara Nevzat Tandoğan. Meine Frau und ich trafen 35 Jahre lang in den gebildeten Kreisen Ankaras immer auf großes Entgegenkommen und auf Sympathie. Wir waren eines der zehn bis fünfzehn Ehepaare, die von ausländischen Botschaftern besucht und eingeladen wurden.

Meine Frau hatte an unserer Fakultät das Studium der Englischen Sprach- und Literaturwissenschaft abgeschlossen und anschließend ein Jahr am Londoner Courtauld Institute of Art verbracht. Danach arbeitete sie als Englischlehrerin am Mädchen-Gymnasium in Ankara, später war sie Lektorin für die Englische Sprache an der Fakultät für Sozialwissenschaften. Im Bereich der Familienplanung hat sie viele Jahre ehrenamtlich gearbeitet. Fast jedes Wochenende ist sie mit Ärzten und Krankenschwestern zusammen aufs Land gefahren und hat den Bäuerinnen im Kaffeehaus Vorträge zur Familienplanung gehalten. Die mitreisenden Ärzte haben den Frauen dann empfängnisverhütende Spiralen eingesetzt. In manchen Dörfern ist sie auf das Minarett gestiegen und hat von dort aus die Dörfler über Lautsprecher zur Versammlung eingeladen. Die Frauen aus dem Dorf kamen voller Aufregung zum Kaffeehaus und begrüßten sie freundlich. Einige küssten den Saum ihres Kleides und sagten: “Ach, Sie retten uns davor, zu Gebärmaschinen zu werden.” Die Männer des Dorfes gingen derweil vor dem Kaffeehaus auf und ab und beobachteten mit grimmigen Blicken, was drinnen vorging. Damals war die Familienplanung kein Thema, für das sich unsere Politiker begeistern konnten. Der Ministerpräsident der damaligen Zeit ermahnte sie lediglich und sagte: “Na schön! Setzen Sie Ihre Arbeit fort, aber machen Sie nicht viel Aufhebens davon.” Denn die Mehrheit lehnte die modernen und vernünftigen Aktionen der Familienplaner ab.

Lemis Akurgal war auf dem Feld der Familienplanung auch international tätig. In den 1960ger und 1970ger Jahren war sie zu Kongressen in den USA, in Kanada, in Schweden, in den Niederlanden und in einigen fernöstlichen Ländern eingeladen, wobei ihr die Reise- und Unterkunftskosten erstattet wurden. Für die Teilnahme an diesen Veranstaltungen hielt sie sich fast jedes Jahr zwei bis drei Monate im Ausland auf.

Meine liebe Frau ist nach vierjähriger Alzheimer Krankheit am 15. April 1985 im Alter von 65 Jahren gestorben. Zur Erinnerung an ihre erfolgreiche und mustergültige Arbeit wurde ein Projekt der Familienplanung nach ihr benannt.

Zwei eigene Kinder
Mit meiner verstorbenen Frau habe ich zwei Kinder: Ali und Murat. Ali hat an der Orta Doğu Teknik Üniversitesi studiert und ist Elektronik-Ingenieur geworden. Er hat zweieinhalb Jahre mit Unterbrechungen in der Forschung der Firma Brown Boveri in der Schweiz gearbeitet und ist ein Spezialist auf dem Gebiet des elektronisch-militärischen Nachrichtenaustauschs. Ali war viele Jahre am Marmara-Institut der Türkischen Gesellschaft für wissenschaftlich-technische Untersuchungen [TÜBİTAK] tätig und hatte bedeutenden Anteil an der Entwicklung von Patenten zur Produktion elektronischer Geräte, die heute auch ins Ausland verkauft werden. Gegenwärtig führt er in der Firma Netaş Forschungen zu Schwachstrom-Projekten durch. In der Wissenschafts- und Technik-Beilage der Tageszeitung Cumhuriyet veröffentlicht er Artikel. Ali hat sich mit Ayşim Alkaya, die Wirtschaftswissenschaften studiert hat, verheiratet. Aus ihrer Ehe ging mein Enkelsohn Seçkin hervor.

Mein Sohn Murat schloss das Studium an der Abteilung für Klassische Archäologie an der Philosophischen Fakultät (DTC) in Ankara ab. Er hat an meinen und an den Grabungen von Çoskun Özgünel in Gülpınar (Smintheion) erfolgreich mitgearbeitet. Später jedoch hat er es vorgezogen, frei zu arbeiten und die Archäologie nur noch als Hobby zu betreiben.

Fikri Akurgal
Mein Bruder Fikri Akurgal hat Wirtschaftswissenschaften studiert. Er war ein gebildeter Mensch und ein angenehmer Plauderer, der in seinem Kreis sehr beliebt war. Er mochte es, witzige Geschichten zu erzählen und schrieb Gedichte, die er jedoch nur im Freundeskreis vortrug. Zu seinen poetischen Werken gehörte auch der Liedtext "Gönül senden vazgeçer mi?" (Kann mein Herz denn von dir lassen?), den Alaettin Yavaşça vertonte. Sein Lied "Kadir Mevlam sen bilirsin bu canı" (Großer Gott, nur du kennst diese Seele) hat Avni Anıl vertont. Mein Bruder wirkte als Generaldirektor des Roten Halbmonds, später war er Mitglied in der Hürriyet Partisi. Leider ist er schon im Jahr 1974 verstorben.

Meine Schwester und ihre Kinder
Meine Schwester Nevzat Lakşe hat ein Philosophiestudium abgeschlossen. In den letzten Jahren hat sie in ihrer Freizeit gemalt und ihre Bilder, die großes Interesse gefunden haben, in Gemeinschafts- oder Einzelausstellungen gezeigt. Ihr Ehemann ist der Architekt Rauf Lakşe, der viele alte Gebäude restauriert hat. Ihr Sohn, der Architekt Ahmet Lakşe, ist mit Nazan Lakşe verheiratet, die denselben Beruf wie ihr Mann ausübt. Ahmet und Nazan Lakşe restaurieren alte türkische Häuser und hauchen ihnen wieder neues Leben ein. Ayşe, die ältere Tochter meiner Schwester, hat sich mit dem Hamburger Professor der Wirtschaftswissenschaften Gökhan Bahşi verheiratet, der ein deutsch-türkisches Sprichwörterlexikon verfasst hat. Ihre jüngere Tochter Cana hat den Istanbuler Unternehmer Sedat Sialom geheiratet. Cana Sialom engagiert sich ehrenamtlich in verschiedenen Kulturinitiativen.

DIE BEGRÜNDUNG DER ARCHÄOLOGIE ALS WISSENSCHAFT IN DER TÜRKEI

Als ich meine Arbeit an der Fakultät im Jahr 1941 aufnahm, besaßen die benachbarten Institute für Sumerologie, für Hethitologie und für Klassische Philologie bereits ideal zu nennende Bibliotheken. Landsberger, Güterbock und Rohde hatten wirklich reichhaltige Bibliotheken aufgebaut. Am Institut für Archäologie hingegen gab es nur einen Bestand von etwa 600 Büchern. Daher habe ich mich zuerst darum gekümmert, eine ausreichende Bibliothek einzurichten. Innerhalb von zehn Jahren entstand so eine Bibliothek von fünf- bis sechstausend Bänden, wobei der anfängliche Bestand eingerechnet ist. Für ein Wissensgebiet ist eigentlich ein Buchbestand von 20.000 – 30.000 Bänden erforderlich. Ich jedoch habe als ersten Schritt besonders auf anatolische Themen Wert gelegt und das allgemeine Sammelgebiet eingeengt. Dennoch habe ich darauf geachtet, dass die unbedingt erforderlichen Bücher auf jeden Fall vorhanden waren.

Nachdem ich das Bibliotheksproblem gelöst hatte, veranlasste ich, dass für unser Institut ein Fotograf und ein technischer Zeichner eingestellt wurden. Letzterer sollte bei unseren Forschungen auf dem Gebiet der Architektur mitarbeiten. Daneben gehörte auch ein Architekt zu unseren Mitarbeitern, der sein Gehalt von der Türkischen Historischen Gesellschaft (TTK) bezog.

Die Zeitschrift "Anatolia"

Nachdem wir für die Archäologie eine tatkräftige Gruppe von Mitarbeitern zusammengestellt hatten, gründete ich die Zeitschrift "Anatolia", um ein internationales Forum zu haben, auf dem ich die Arbeitergebnisse der Kollegen vorstellen konnte. Ich arbeitete eng mit Cevdet Bayburtluoğlu zusammen und es gelang uns, pünktlich jedes Jahr eine Nummer der Zeitschrift zu veröffentlichen. Gegen die "Anatolia" tauschten wir Zeitschriften von weltweit 273 Institutionen ein. Auf diese Weise konnten wir alle Fachzeitschriften und weitere archäologische Veröffentlichungen im Tausch für unsere Zeitschrift kostenlos erhalten. In der Zeitschrift erschienen die Originalartikel türkischer und ausländischer Wissenschaftler zu ihren Forschungen auf dem Gebiet der Archäologie, der Türkischen Kunstgeschichte und der Hethitologie. Ich achtete darauf, in jeder Ausgabe den Beitrag eines bekannten ausländischen Wissenschaftlers zu veröffentlichen.

Epigraphische Arbeiten

Ein weiteres Fach, das ich an der Fakultät vermisste, war die Klassische Epigraphik. Doch für dieses Gebiet konnte ich meine Wünsche nicht durchsetzen. Schließlich gelang es mir, eines der Stipendien, das zum Studium der Klassischen Archäologie in Europa dienen sollte, für die Klassische Epigraphik zu reservieren. Nachdem Sencer Şahin, dem dieses Stipendium gewährt worden war, an der Kölner Universität viele Jahre als Professor auf diesem Gebiet gearbeitet und die Zeitschrift "Epigraphica Anatolica" herausgegeben hatte, führt er heute seine erfolgreiche Arbeit an der Akdeniz Üniversitesi in Antalya fort. Ebenfalls für das Studium der Klassischen Epigraphik konnte ich Bülent İplikçioğlu, der eigentlich an unserer Fakultät Frühgeschichte studierte, ein Stipendium zum Studium der Klassischen Epigraphik in Österreich besorgen. Damit habe ich sichergestellt, dass er ein achtjähriges Studium in Wien absolvieren konnte. İplikçioğlu unterrichtet heute an der Marmara Üniversitesi Griechische Epigraphik und veröffentlicht erfolgreiche Arbeiten in diesem Fach. Fünfzehn Jahre lang habe ich Ender Varinlioğlu, der das Altgriechische gut beherrscht, vorgeschlagen, das Fach Griechische Epigraphik zu studieren. Doch er stimmte nie zu. Aber eines Tages war er dann doch einverstanden. Ich besorgte ihm ein Stipendium für Deutschland und später hielt dieser Wissenschaftler, nachdem wir ihm eine passende Planstelle besorgt hatten, im Institut für Klassische Archäologie Vorlesungen zur Epigraphik. Heute veröffentlicht er erfolgreich in seinem Fach an der Akdeniz Üniversitesi in Antalya.

Die türkische Kunstgeschichte
Nachdem das Fach Archäologie ordentlich eingerichtet war, strebte ich die Einrichtung eines Lehrstuhls für Türkische Kunstgeschichte an, den ich schon lange schmerzlich an der Fakultät vermisst hatte. Katharina Otto-Dorn, die während meines Studiums in Berlin Assistentin war und die zu meinen guten Bekannten zählte, war inzwischen in Heidelberg Professorin geworden. Sie hatte in Deutschland begonnen, viele interessante Untersuchungen — insbesondere zur Türkischen Kunstgeschichte — zu veröffentlichen. Ich schrieb ihr und fragte sie, ob sie sich vorstellen könne, nach Ankara zu kommen. Schon nach kurzer Zeit erhielt ich eine positive Antwort von ihr. Daraufhin habe ich sie Sedat Alp, der damals Dekan war, schriftlich vorgeschlagen. Sedat Alp freute sich sehr darüber und sagte: "Ich habe sie schon vor dir eingeladen!" Er brachte den Vorschlag in die entsprechenden Gremien ein und veranlasste, dass eine passende Entscheidung getroffen wurde. So kam es 1956 zur Gründung unseres Lehrstuhls für Türkische Kunstgeschichte.

Die Statue Sinans
Der Architekt Ali Saim Ülgen, der in den 1940er und 1950er Jahren Restaurierungsprojekte der Direktion für die Altertümer, der Generaldirektion für Monumente und Museen und der Generaldirektion für die Stiftungen durchgeführt hat, war einer meiner engen Freunde. Ich bewunderte ihn sehr wegen seiner Arbeiten und seiner Erfolge. Eines Tages im Jahr 1958 kam er zu mir und sagte: "Ich habe Hüseyin Anka eine Statue Sinans anfertigen lassen, doch jetzt finde ich keinen Ort, an dem ich sie aufstellen kann." Zu diesem Zeitpunkt war ich Dekan der Fakultät. Freudig erregt antwortete ich ihm sofort: "Wir stellen sie einfach vor unserer Fakultät auf!" Daher wurde die Statue, die man heute vor dem Gebäude der Philosophischen Fakultät (DTC) sieht, dort aufgestellt und gleichzeitig war damit der Befehl von Atatürk, eine Statue Sinans herstellen zu lassen, ausgeführt.

Die Grabung in Zile (Zela)
Wegen der Artikel, die ich in Zeitungen über türkische Kunst geschrieben hatte, hat mich der Vorstandsvorsitzende Şemsettin Günaltay, der mich 1943 in die Türkische Historische Gesellschaft hat aufnehmen lassen, im Jahr 1945 zu sich gerufen und mir mitgeteilt, dass man in Zile (Zela) eine Tontafel gefunden habe. Er trug mir auf, zusammen mit Tahsin Özgüç nach Zile zu fahren und dort zu graben. Eigentlich war ich von diesem Auftrag nicht begeistert, denn als klassischer Archäologe wollte ich lieber in Westanatolien graben. Doch da der Befehl von ganz oben gekommen war, wäre die Ablehnung eines solchen Auftrags auch unter Kollegen falsch verstanden worden. Daher habe ich zusammen mit Tahsin und Nimet Özgüç gemeinsam in Zile zu graben begonnen. Nachdem wir einen Sommer lang danach gesucht hatten und melden mussten, dass wir keine Tafeln finden konnten, wurden die Arbeiten eingestellt. Doch möchte ich im Zusammenhang mit Zile zwei Vorfälle schildern, an die ich mich erinnere.

Ein Gast für drei Tage
Als der Bezirksvorsteher erfuhr, dass in Zile gegraben werden sollte, erschien er zu unserer Begrüßung und holte mich und meine Frau Lemis mit der Kutsche vom Bahnhof ab, wohin wir per Schlafwagen gereist waren. Auch die Bewohner der Gegend kümmerten sich um uns. Vom ersten Tag an versorgten sie uns mit Essen und Trinken und stellten uns Spaten, Pickel und Handwagen zur Verfügung. Doch alle ihre Hilfsleistungen fanden am dritten Tag ein Ende. Wir

waren sehr erstaunt und schilderten dem Bezirksvorsteher die Lage. "Nun", sagte er: "Gast ist man nur für drei Tage!" Wir wandten ein, dass wir die Werkzeuge behalten und auch bezahlen wollten, damit wir weiterarbeiten könnten. Doch die Ortsvorsteher und die Vertreter der Bevölkerung entgegneten, sie brauchten die Spaten, die Pickel und die Handwagen selbst und könnten sie uns auch für Geld nicht überlassen. So mussten die Arbeiten für einige Tage eingestellt werden. Mit Hilfe des verständnisvollen Bezirksvorstehers gelang es uns schließlich doch, die erforderlichen Werkzeuge aus den umliegenden Dörfern zu bekommen. Meine verstorbene Frau Lemis Akurgal nahm auch an den Arbeiten in Zile teil und erlebte die Freuden des Landlebens, die sie noch nicht gekannt hatte. Auf dem Dreschplatz bestieg sie den Dreschschlitten und half die Spreu vom Weizen zu trennen.

Auch die zweite Geschichte, an die ich mich erinnere, ist es wert, erzählt zu werden:

"Veni, vidi, vici."
Bevor wir die Grabungen in Zile (Zela) aufgenommen haben, sah ich die Veröffentlichungen über diese Gegend durch und traf dabei auf eine interessante Geschichte: In den Jahren vor dem Ersten Weltkrieg wollte ein englischer Archäologe, der durch Anatolien reiste, die Stadt Zile besichtigen. Wie allgemein bekannt, hat in der Nähe der kleinen Stadt im Jahr 47 v.Chr. Caesar den Pontischen König Pharnakes II. besiegt und von hier die berühmte Nachricht "Veni, vidi, vici!" an den römischen Senat gesandt. Der englische Wissenschaftler, der den Kampfplatz untersuchen wollte, verbrachte die Nacht in einer Herberge des Bezirks. Der fremde, schon etwas ältere Archäologe war nicht an Ungeziefer wie Stechmücken und Wanzen gewöhnt, so dass er die ganze Nacht nicht schlafen konnte. Deshalb reiste er — ohne den Ort der Schlacht gesehen zu haben — am folgenden Morgen völlig übermüdet ab. Doch konnte er es nicht lassen, vor seiner Abreise an der Wand der Herberge eine kleine Inschrift zu hinterlassen: "Veni, vidi, fugi."[5]

Die Grabungen
Nach der außerplanmäßigen Grabung in Zile begann ich mit den Vorbereitungen für die Grabungen, die ich schon in meiner Studienzeit in Berlin geplant hatte. Nachdem ich die erforderlichen Bedingungen für diese wissenschaftlichen Untersuchungen geschaffen hatte, nahm ich die Grabungsarbeiten im Jahr 1948 auf. Wie in allen Wissenschaftsgebieten müssen auch die archäologischen Arbeiten in der Form des "team-work" durchgeführt werden. In kurzer Zeit wählte ich aus den Studenten diejenigen aus, die mir tüchtig erschienen, und stellte eine tatkräftige Gruppe von Mitarbeitern zusammen. Die Reihenfolge der Grabungen war nicht willkürlich, sondern folgte einem bestimmten Plan und einem festen Programm. Die Erforschung der östlichen griechischen Städte stellte ich zurück. In einer Zeitspanne von mehr als 40 Jahren habe ich die Ausgrabungen von Alt-Smyrna, Phokaia (Foça), Sinope, Daskyleion, Pitane (Çandarlı) und Erythrai durchgeführt.

Die Archäologische Forschungsstation in Izmir
Im Jahr 1947 begab ich mich mit einer Delegation, die von Aziz Ogan geleitet wurde, und der außer mir noch Arif Müfid Mansel, Remzi Oğuz Arık und Enver Ziya Karal angehörten, zu den Feiern anlässlich des hundertsten Gründungstags des Französischen Archäologischen Instituts in Athen nach Griechenland. Enver Ziya Karal, der zu dieser Zeit Dekan unserer Fakultät war, hat die Arbeiten des Französischen Archäologischen Instituts sehr unterstützt. Er fragte mich: "Ekrem! Können wir nicht auch ein Archäologisches Institut gründen?" Daraufhin legte ich ihm,

5 Franz Cumont et Eugéne Cumont, *Studia Pontika II, Voyage d'exploration archéologique dans le Pont.* Bruxelles 1906.188.

kaum dass wir nach Ankara zurückgekehrt waren, das Projekt einer "Archäologischen Forschungsstation" vor. Zu der damaligen Zeit, also im Jahr 1948, hatte ich gerade die Ausgrabungen in Izmir begonnen. Und so wurde diese Forschungsstation — wenn auch in einem bescheidenen Rahmen — im Jahr 1948 gegründet und hat in den 30 Jahren, die ich in der Ägäis gearbeitet habe, für eine angenehme Arbeitsatmosphäre gesorgt. Die Forschungsstation wurde später durch das große Engagement des Rektors Celal Saraç und auch durch mein Zutun in das Archäologische Institut der Ege Üniversitesi umgewandelt und durch Mükerrem (Usman) Anabolu und Güven Bakır mit Leben erfüllt. Und in der Folge war ich auch Vermittler und Pionier bei der späteren Gründung des Instituts für Türkische Kunstgeschichte an der Ege Üniversitesi.

Die Ausbildung der Studenten

In den vierzig Jahren als Universitätslehrer habe ich meine Studenten immer gesiezt. Betraten Studenten mein Zimmer, erhob ich mich zu ihrer Begrüßung; verließen sie den Raum, begleitete ich sie bis zur Tür. Denn der Ältere muss dem Jüngeren seine Sympathie zeigen, ihn aber auch respektvoll behandeln.

Wenn wir sowohl Jüngeren wie Älteren hilfreich zur Seite stehen, dann bringt uns dieses Verhalten größte innerliche Befriedigung. Ich bin ein Mensch, der grenzenlose Freude daran hatte, sein ganzes Leben lang die Menschen in seinem Umfeld zu unterstützen. Es war mein Prinzip, jene Studenten, die ich für fähig und tüchtig hielt, mit Aufgaben zu betrauen. Auch legte ich großen Wert darauf, dass viele meiner Studenten ihre Studien in Europa ergänzten. Dass ich diese Unterstützung auch Menschen zukommen lassen konnte, die nicht im Bereich der Archäologie tätig waren, macht mich froh. Denn es gehört zu den vornehmsten Aufgaben, Jugendlichen und Studenten zu helfen. Ich wünsche allen meinen Landsleuten von ganzem Herzen, dass auch sie die Freude dieser Erfahrungen erleben dürfen.

Als ich im Jahr 1941 meine Tätigkeit als Universitätslehrer aufnahm, traf ich — obgleich ich schon 30 Jahre alt war — auf Studenten, die älter als ich waren. Denn als die Philosophische Fakultät (DTC) gegründet wurde, fürchtete man, nicht ausreichend viele Studenten zu finden. Daher erlaubte man Grundschullehrern und Personen, die berufsorientierte Gymnasien besucht hatten, sich — ohne Altersbegrenzung — als Studenten einzuschreiben. Wie ich schon ausführte, waren einige der Studenten älter als ich und verfügten nicht über ausreichende Vorkenntnisse, um ein Studium der Archäologie aufnehmen zu können. So hatten sie überhaupt keine Fremdsprachenkenntnisse. Aus diesen Gründen war es erforderlich, bei der Auswahl der Archäologie-Studenten gewisse Vorbedingungen zu beachten. So fragte ich die Studenten: "Warum haben Sie sich für die Archäologie entschieden?" Darauf erhielt ich meist diese Antwort: "Weil mir die Archäologie gut gefällt." Ein Student, der so über die Archäologie sprach, gab damit gleichzeitig auch ausreichende Informationen über sich selbst preis. Aber ich fragte noch weiter: "Zu welcher Zeit hat der Architekt Sinan gelebt? Wer war Alexander der Große? Können Sie mir den Namen eines hethitischen Königs nennen?" Die Antworten der Studenten waren überwiegend unzureichend. Konnte ein Student die Fragen gut oder einigermaßen zutreffend beantworten, fragte ich ihn nach seinen Fremdsprachenkenntnissen und legte ihm sogleich ein Buch in jener Sprache vor, die er genannt hatte. Hier war die Reaktion meist: "Meine Sprachkenntnisse reichen nicht aus, um zu verstehen, was ich hier gelesen habe."

In dieser Situation empfahl ich dem angehenden von mir als nicht ausreichend eingestuften Studenten ganz offen, von einem Studium der Archäologie abzusehen. Ich riet dem Studenten: "Suchen Sie sich besser ein Fach im Bereich Medizin, Architektur oder in den Naturwissenschaften aus. Die Archäologie ist ein sehr schwieriges Fach und als Archäologe verdienen Sie nichts! Ich möchte nicht die Verantwortung dafür übernehmen, Sie für das Studium der Archäologie aufzunehmen." Was die sozialwissenschaftlichen Fächer angeht, so hielt ich es für angemessen, dass sich für diese Studien Kinder aus reichen Familien einschrieben. Denn für die sozialwissenschaftlichen Fächer, also für die Philosophie, die Geschichte, die Pädagogik und die Archäologie musste man eine, besser sogar zwei oder drei Fremdsprachen beherrschen. Diese umfangreichen Sprachkenntnisse konnten nur Kinder aus reichen Familien erwerben. Aufgrund der oben geschilderten Auswahlkriterien konnte ich jedes Jahr nur fünf bis sechs neue Studenten aufnehmen. Doch da die Absolventen der Gymnasien ab den 1950er Jahren immer reifer wurden, konnte ich in späteren Jahren 40 bis 50 neue qualifizierte Studenten finden. Doch wenn das Testverfahren durchgeführt wurde, das sich in der Archäologie nach dem Motto "Als das Gewehr erfunden wurde, ging der Mut verloren" richtete, erlitten die unfähigen Studenten Schiffbruch. Doch um dem vorzubeugen, bestand ich darauf, dass die angehenden Archäologie-Studenten den Fremdsprachentest in der Universitätsaufnahmeprüfung bestehen mussten. Auf diese Weise fand ich einen Weg, qualifizierte Studienanfänger zu finden. Hinzu kam auch, dass die Schüler, die nach 1960 von den Gymnasien abgingen, über bessere Kenntnisse verfügten. Damit hatten wir unser Ziel erreicht und konnten für die Archäologie die gewünschte Anzahl von qualifizierten Bewerbern finden.

Auswahl der Studierenden

Ich wurde kritisiert, weil ich als Studenten schöne Mädchen und gut aussehende junge Männer ausgewählt habe. Darauf möchte ich erwidern: Wenn wir einen Laden eröffnen und die Mitarbeiter auswählen, die die Kunden bedienen sollen, wählen wir dann hässliche, unordentlich gekleidete Personen aus oder entscheiden wir uns für gut aussehende Männer und schöne Frauen? Um Erfolg zu haben, wählen wir ganz gewiss liebenswürdige und charismatische Personen aus. Ich habe das auch so gehalten. Da Kunstgeschichte an unseren Mittelschulen und Gymnasien nicht unterrichtet wird, haben gebildete Türken in den Bereichen Literatur, Geschichte und Naturwissenschaften recht gute Kenntnisse. Doch wenn es um Architektur, Bildhauerei, Malerei und verwandte Gebiete geht, so fehlen ihnen häufig allgemeine Kenntnisse. Aus diesem Grund ist es erforderlich, Wissensgebiete wie Archäologie und Kunstgeschichte auszuweiten und ihre Akzeptanz zu steigern. Ich habe immer besonderen Wert darauf gelegt, dass sich unter den Absolventen der Kunstgeschichte und der Archäologie schöne Frauen befanden, die den reichen Bevölkerungsschichten angehörten. Daher habe ich mit meinen Assistenten und Mitarbeitern entsprechende Vorkehrungen getroffen und wir bemühten uns, schlampig gekleidete und schlecht aussehende Studenten vom Studium der Archäologie fern zu halten. Wenn wir auf nicht gut aussehende Studienbewerber trafen, versuchten die Assistenten und die Studenten alles, um ihnen die Archäologie auszureden. Daher waren die Studienbewerber, die zu mir kamen, bereits ausgewählte junge Leute. Gut auszusehen war die erste Bedingung. Doch gab es weitere Voraussetzungen dafür, dass jemand in der Archäologie aufgenommen wurde. Nur gut auszusehen, reichte jedoch nicht, noch wichtiger war es, über allgemeines Wissen in künstlerischen Dingen zu verfügen und eine Fremdsprache zu beherrschen.

Einmal kam ein hübsches Mädchen zu mir und ich prüfte ihre Fremdsprachenkenntnisse. Als ich feststellte, dass sie keine Fremdsprache beherrschte, empfahl ich ihr, ein anderes Studienfach zu wählen. Doch sie beharrte auf ihrem Vorhaben. Ich fragte sie, warum sie denn Archäologie studieren wolle. Darauf erklärte sie mir, dass die zum Studium der Archäologie Aufgenommenen sogleich geheiratet würden. Die Antwort, die ich diesem jungen Mädchen gab, war sehr kurz: "Ich kann nicht verantworten, Sie für das Archäologie-Studium anzunehmen. Suchen Sie sich lieber ein anderes Studienfach."

Der Nutzen meines Beharrens, dass Studentinnen hübsch sein sollten, zeigte sich schon bald. Schon in den 1970er und 1980er Jahren gab es Studentinnen, die mit Botschaftern, Generälen,

Rektoren und reichen Unternehmern verheiratet waren. Und bei diesen Frauen handelte es sich nicht um Damen, die bei Gesellschaften Bridge oder Konken[6] spielten. Nein, sie waren gebildete Frauen, die ihre Ansichten und Bewertungen zu Fragen der Architektur, der Bildhauerei und der Keramik äußerten. Wenn sie die Bedeutung eines Bildes oder einer Statue erläuterten, sprachen sie nicht davon, wie viele Millionen oder Milliarden das Objekt wert war, sondern sie erklärten mit überzeugenden Worten, warum sie das Kunstwerk für bedeutend hielten. Das zeigt, dass wir eine Möglichkeit gefunden hatten, gebildete Frauen auszubilden, die sich gut ausdrücken konnten.

In dieser Zeit konnten wir feststellen, dass aufgrund unserer Ansichten die Archäologie zusammen mit der Englischen Philologie zu den beliebtesten Fächern unserer Fakultät gehörte. Die Zahl der Archäologie-Studenten und der Studenten, die Archäologie als Nebenfach studierten, war zeitweise so angestiegen, dass bei den Vorlesungen im Hâmit-Auditorium, einem der größten Hörsäle der Fakultät, der auch noch über einen Balkon verfügte, drangvolle Enge herrschte und alle Plätze besetzt waren. Und bei diesen Veranstaltungen musste ich mich eines Mikrophons bedienen.

Warum wurden aus Studentinnen keine Assistentinnen?

Weil sie so hübsch waren, dass sie sofort geheiratet haben. Doch als wesentlicher Grund hierfür zeigte sich, dass sie sich nicht näher für die Grabungsarbeiten des Faches Archäologie interessierten. Wenn wir damals Grabungen durchführten, wohnten wir in Zelten und arbeiteten unter sehr schwierigen Bedingungen. Auch hielt man es in diesen Zeiten nicht für schicklich, wenn Studentinnen solche Lebensbedingungen teilten. Der zweite Grund lag darin, dass Studenten und Studentinnen, die in sehr jungem Alter zusammenkamen, sich schnell verheirateten. Doch zu heiraten ohne den Militärdienst abgeleistet, ohne eine Ausbildung abgeschlossen zu haben, erwies sich sowohl für den jungen Mann als auch für seine Frau als nachteilig. Ich persönlich habe erst geheiratet, nachdem ich meinen Militärdienst abgeleistet und eine Arbeitstelle gefunden hatte. Dies war meine prinzipielle Haltung und damit bin ich gut gefahren. Das gleiche Verhalten habe ich auch meinen Assistenten nahe gelegt, doch keiner von ihnen hat sich an diesen Rat gehalten. Alle haben bereits im Alter von 20 oder 21 Jahren geheiratet. Zwar gab es unter ihnen keine Scheidungen, doch haben sie sicher schon in jungen Jahren entbehrungsreiche Zeiten erlebt, weil sie ihren Militärdienst nicht abgeschlossen hatten und auch nicht über eine abgeschlossene Berufsausbildung verfügten.

Entgegen meinem Wunsch konnte ich meine Assistenten nicht dazu bewegen, meinem Prinzip zu folgen und erst spät zu heiraten. Ja, ich lieferte ihnen unbewusst sogar noch einen Grund dafür, sich in jungen Jahren zu binden. Und das hing damit zusammen, dass wir bei unseren Grabungen einen achtsitzigen Landrover benutzten. Neben der Verwendung des Wagens bei den Grabungsarbeiten diente er uns auch als Transportmittel bei unseren archäologischen Exkursionen. Doch in den Wagen mit acht Plätzen stopften wir bis zu 12 oder 14 Mädchen und Jungen. Deshalb war ich als ihr Professor daran schuld, dass unter ihnen schon nach kurzer Zeit die Zahl der Eheschließungen zunahm. So kam es, dass die Zahl der Studentenhochzeiten, bei denen ich Trauzeuge war, schon bald ein Dutzend überstieg.

Ich schenkte den schönen Mädchen Beachtung, doch war ich strikt dagegen, sie ihrer Schönheit wegen zu bevorzugen. Eines Tages zeichnete ich im Hâmit-Auditorium die Anwesenheitshefte der Studenten ab. Wenigstens 300 Personen befanden sich im Saal und warteten in einer langen Schlange darauf, von mir eine Unterschrift zu bekommen. Da ich beim Abzeichnen häufig auch Fragen an die Studenten richtete, zog sich die ganze Angelegenheit etwas länger hin. Da drängte sich kokett eine Studentin aus Adana zu mir vor, die für ihre Schönheit bekannt

6 Ein Spiel, das auf das spanische Kartenspiel Conquian zurückgeht.

war. Sie hielt ihr Heft in der Hand und sagte: "Herr Professor, ich habe so viel zu tun. Würden Sie bitte unterschreiben?" Sie glaubte mich durch ihren Charme und ihre Schönheit beeindrucken zu können. Da sagte ich in ernstem Ton zu ihr: "Wie können Sie so etwas verlangen? Sie werden die letzte in diesem Saal sein, deren Heft ich abzeichne." Und so geschah es. Seit damals waren viele Jahre vergangen, als ich eines Tages zufällig einen jungen Mann traf, der eine meiner Studentinnen geheiratet hatte. Er sagte mir, er bewundere mich. Als ich ihn nach dem Grund dafür fragte, erzählte er mir, er habe im Saal neben dem Studenten gesessen, der mit dem Mädchen aus Adana verlobt war, dem ich seine Grenzen gezeigt hatte. Mein damaliges Verhalten habe ihn sehr beeindruckt.

"Sie, Mademoiselle!" "Sie, Monsieur!"
Wie ich schon oben ausführte, war die Zahl der Nebenfachstudenten in meinen Vorlesungen der Archäologie so sehr angestiegen, dass es unmöglich war, die Namen aller Studenten zu kennen. So habe ich statt "Herr Turgut" oder "Frau Deniz" halb der Phantasie entsprungen, halb im Ernst "Sie, Mademoiselle!" oder "Sie, Monsieur!" als Anrede verwendet. Mein phantasievolles Verhalten schien niemanden zu stören — die meisten fanden es eher interessant.

Der Stil meiner Vorlesungen
Studenten, die ihr Studium der Archäologie aufnahmen, hielten es, wie die Studenten der anderen Fächer auch, für wichtig, die Ausführungen der Dozenten und Professoren aufzuschreiben und auswendig zu lernen. Und so kam es, dass ich bei einem Vortrag über die Athener Akropolis plötzlich von Sokrates berichtete und über seine Philosophie und das Verhalten von Perikles zu sprechen begann. Da legte ein Student seinen Stift zur Seite und blickte mich an, als wollte er sagen: "Was meinen Sie eigentlich?" Doch um Phidias und Polyklet verstehen zu können, muss man auch über die Bedeutung ihrer Zeitgenossen, über Sokrates, seinen Lehrer Anaxagoras aus Klazomenai (Urla) sowie über Protagoras aus Thrakien berichten. Tatsächlich sind Kenntnisse seiner Philosophie der Revolution und der sozialen Fragen sehr hilfreich. Doch unsere Studenten fragten sich, wozu das dienen sollte — und ich konnte den Protest in ihren Blicken lesen. Da mir dies bewusst war, wechselte ich ab und zu das Thema und sprach über die Bedeutung dieser Zusammenhänge. Die Studenten konnten dies jedoch erst in ihrem zweiten oder dritten Studienjahr akzeptieren. Ich sagte ihnen: "Mehr als Wissen zu vermitteln, versuche ich Ihnen klar zu machen, wie Sie forschen müssen und welche Gedanken Sie weiterbringen." Ich teilte ihnen mit, welches Buch sie lesen sollten, damit sie meine nächste Vorlesung verstehen könnten, und ich betonte, dass ich während meiner ganzen Ausbildung so verfahren war. Tatsächlich hatte ich in meiner Studienzeit in Berlin und in Paris Bücher zu den Themen gelesen, die meine Lehrer erläuterten, und habe mich auf diese Weise kundig gemacht. Dadurch war ich in der Lage, die Ausführungen meiner Professoren zu verstehen und einzuordnen. Wenn ich ein solches Buch an anderer Stelle erwähnte, stellte ich, nachdem ich fünf oder zehn Minuten lang den Inhalt referiert hatte, den Anwesenden Fragen dazu. "Wer möchte auf meine Frage antworten?" Als keine Reaktion kam, entschied ich: "Dann werde ich selbst die Antwort geben." Nur sehr selten wandte ich mich an irgendeinen Zuhörer und forderte ihn auf: "Nun, Mademoiselle? Nun, Monsieur, was sagen Sie dazu?" Doch wenn die Angesprochen nicht sofort antworteten, gab ich selbst die Erklärung, um die Befragten nicht zu beschämen. Doch trotz aller Mühe gelang es mir nicht, mehr als nur einen kleinen Teil meiner Studenten an die Formen von Diskussion und Abwägung der Gedanken zu gewöhnen.

Meine Unterrichtsmethode, die durch die Diskussion von Frage und Antwort belebt wird, setzte ich auch ein, als ich in Princeton (1961/62), in Berlin (1971/72) und in Wien (1980/81) Vorlesungen hielt und erhielt dafür von den Studenten Beifall und Zustimmung.

Von mir ausgebildete Wissenschaftler
Als ich nach vierzigjähriger Dienstzeit im Jahr 1981 emeritiert wurde, unterrichteten an türkischen Universitäten 23 Archäologen, die bei mir studiert hatten, als Professoren oder Dozenten Klassische Archäologie. Deshalb nannte man mich auch den "Professor der Professoren". Dass ich zu diesen Ehren gekommen bin, verdanke ich zum einen der mustergültigen achtjährigen Ausbildung in Europa, die mir durch die Unterstützung des Staates ermöglicht wurde. Zweitens verdanke ich dies auch der Unterstützung, die ich während der ersten dreißig Jahre meiner Lehrtätigkeit durch die Universität und durch die Türkische Historische Gesellschaft erfahren habe, die es ermöglichten, dass ich alle erforderlichen Bücher für die Bibliothek der Fakultät erwerben konnte. Als dritten Grund dafür, dass mir diese Ehren zuteil wurden, möchte ich anführen, dass mir die Möglichkeit gegeben wurde, dort zu graben, wo ich es für geboten hielt. Und viertens wurde ich geehrt, weil ich Gelegenheit hatte, ohne Unterbrechung mit Leidenschaft zu arbeiten, das heißt, dass ich jede nur erdenkliche Hilfe vom Staat erhielt, so dass ich mein Leben als Experte ganz meinen Arbeiten widmen konnte.

Die Erforschung der anatolischen Archäologie nach festgelegtem Plan
Ich habe alle Themen der Dissertationen unserer Promotionsstudenten einem bestimmten Plan entsprechend festgelegt und sie im Bereich der Forschung zur griechischen Kunst in Anatolien angesiedelt. Der Chronologie nach sieht der Plan so aus: Die mykenische, protogeometrische und geometrische Periode habe ich Baki Öğün zugeteilt, weil er sich bei seinen Arbeiten in Izmir erfolgreich bewährt hat. Er hat zu diesem Thema zwei gute Arbeiten vorgelegt. Später hat er sich allerdings für die Kunst von Urartu interessiert, wobei ich diese Thematik schon für Coşkun Özgünel reserviert hatte. Und dieser hat schließlich auf diesem Gebiet zwei mustergültige, für die Wissenschaft sehr nützliche Bücher veröffentlicht.

Die Arbeiten zur archaischen Periode habe ich Cevdet Bayburtluoğlu und Ümit Serdaroğlu anvertraut. Beide waren während der Grabungen meine engsten Mitarbeiter und haben mich als stellvertretende Vorsitzende vertreten. Bayburtluoğlu hat bedeutende und hoch gelobte Forschungen zur Stadt Erythrai und zu archaischen Statuen betrieben und auf diesem Gebiet auch sehr geschätzte Werke herausgebracht. Serdaroğlu, der zur archaischen Periode glänzende Arbeiten angefertigt hat, setzt seine Tätigkeiten nun erfolgreich in einem breiteren Rahmen fort.

Für die Bearbeitung von Themen zur Keramik von Attika und Korinth, die in der archaischen Periode an erster Stelle stehen, und die wichtige Themenkreise der Klassischen Archäologie darstellen, habe ich Güven Bakır und Tomris Bakır ausgewählt. Güven Bakır ist heute ein internationaler Fachmann für die Werke von Sophilos und für attische Keramik, und hat sich viel Anerkennung erworben. Tomris Bakır zählt mit den beiden wertvollen Werken, die sie über korinthische Keramik geschrieben hat, zu den hervorragenden Spezialisten für dieses Thema in unserem Land. Sie arbeitet derzeit an bedeutenden Vorhaben zur archaischen Kunst.

Meral Manyas habe ich das Thema "Orientalisierende Teller" gestellt, eine Arbeit, die in den Orientalisierenden Stil einführt, der die bedeutendste und kreativste Neuerung in der ionischen Kunst in Anatolien war. Manyas fertigte ihr Werk unter der Aufsicht von Professor Baki Öğün an und führt heute ihre Arbeit über alle orientalisierenden Kunstgegenstände fort, die ich bei meinen Grabungen in West-Anatolien zu Tage gefördert habe. Dies betrifft besonders Gegenstände aus Bayraklı, Erythrai und Pitane. Zur Vorbereitung dieser Arbeiten hat sie zunächst über korinthische Keramik geforscht und hierüber ein Handbuch geschrieben.

Anatolien war für die klassische und hellenistische Periode in einer hervorgehobenen Position. In vielen Ruinen aus dieser Zeit wurden bedeutende Grabungen durchgeführt. Deshalb habe ich einem großen Teil meiner Studenten Aufgaben zur Erforschung der klassischen und hellenistischen Kunst übertragen und daher bearbeiteten Yusuf Boysal die korinthischen Kapitelle, Cevat Erder die Architektur-Adaptionen, Orhan Bingöl die ionischen Kapitelle,

Abdullah Yaylalı den Fries des Tempels von Magnesia, Sevim Buluç das Mausoleum von Belevi, Erol Atalay Grabreliefs, Ömer Özyiğit Terrakotta-Statuetten aus Myrina. Über diese Themen verfassten sie Arbeiten, für die sie viel Lob ernteten. Da die römische Kunst von den Archäologen der Istanbuler Universität bearbeitet wurde, habe ich diese Periode nicht in den Themenkreis unserer Arbeit aufgenommen. Als einzige Ausnahme vergab ich einen Arbeitsauftrag über die römisch-korinthischen Kapitelle an Vedat İdil, der dazu eine gute Arbeit vorlegte.

Außerhalb des Gebietes der ionischen Städte habe ich auf Bitten des Rektors der Orta Doğu Üniversitesi Kemal Kurdaş zusammen mit meiner Studentin Sevim Buluç den Tumulus von Ankara geöffnet. Die Ausgrabung der Gegenstände wurde erfolgreich von Sevim Buluç durchgeführt.

Archäologen aus Ankara mit Praktikum oder Promotion im Ausland

Die ersten meiner Studenten, denen ich ein Praktikum im Ausland verschafft habe, waren Cevdet Bayburtluoğlu und Ümit Serdaroğlu. Diese beiden Wissenschaftler haben später aufgrund ihrer erfolgreichen Arbeiten selbst Stipendien aus dem Ausland erhalten und hatten somit mehrfach die Möglichkeit in Europa wissenschaftliche Forschungen zu betreiben.

Coşkun Özgünel, Vedat İdil und Ömer Özyiğit, die zu einer etwas jüngeren Generation gehören, hielten sich — zunächst durch meine Vermittlung später auf ihre eigene Initiative hin — zu wissenschaftlichen Arbeiten in Europa auf. Sevim Buluç und Mustafa Uz erhielten ihre Praktikumsplätze an der Bryn Mawr University aufgrund der Gutachten, die ich an Professor M. Mellink sandte. Abdullah Yaylalı, Güven Bakır, Tomris Bakır und Orhan Bingöl bestanden die Prüfung des Erziehungsministeriums und konnten aufgrund des Kontingents, das ich für die Archäologie ausgehandelt hatte, nach Deutschland gehen und dort promovieren. Ich habe festgelegt, bei welchem Professor und an welcher Universität in Deutschland diese vier Klassischen Archäologen ihre Doktorarbeit schreiben sollten.

Dass Erol Atalay, Recep Meriç und Bülent İplikçioğlu ihren Doktor an der Universität in Wien machen konnten, habe ich zusammen mit Professor Herrmann Vetters abgesprochen.

Es war mir nicht vergönnt, an Fahri Işık und an Ramazan Özgan ein Dissertationsthema zu vergeben. Dennoch bin ich glücklich, dass diese beiden bedeutenden Archäologen meine Schüler waren.

Levent Zoroğlu, Cengiz Işık, Seyhan Doruk und Ahmet Tırpan, die zur Generation meiner Enkel gehören, haben ihren Doktor bei Professoren gemacht, die meine Schüler waren. Auch darauf bin ich stolz.

Ich habe die Namen der Experten, auf die ich stolz sein darf, und die Orte, an denen die Wissenschaftler Grabungen durchführten, unten aufgelistet[7].

Klassische Archäologen aus anderen Universitäten

Als Klassische Archäologen, die der türkischen Archäologie große Dienste erwiesen haben, sind zuerst Aşkıdil Akarca, Mükerrem Usman Anabolu, Nuşin Asgari und Haluk Abbasoğlu zu nennen, die alle aus dem Archäologischen Institut an der Philosophischen Fakultät der Universität Istanbul kommen. Auch Numan Tuna, die an der Orta Doğu Teknik Üniversitesi [ODTÜ] Architektur studiert hat, nimmt einen hervorragenden Rang ein.

An der Ege Universitesi wurden erfolgreiche Kollegen wie Ersin Doğer, Nuran Şahin und Turhan Özkan ausgebildet.

7 Abdullah Yaylalı (Kyzikos), Tomris Bakır (Daskyleion), Ümit Serdaroğlu (Assos), Coşkun Özgünel (Smintheion, Alexandria Troas), Ömer Özyiğit (Phokaia), Meral Akurgal (Smyrna), Güven Bakır (Klazomenai), Recep Meriç (Metropolis), Orhan Bingöl (Magnesia ad Meandrum), Vedat İdil (Nysa), Ahmet Tırpan (Lagina), Yusuf Boysal (Stratonikeia), Ramazan Özgan (Knidos), Baki Öğün und Cengiz Işık (Kaunos), Cevdet Bayburtluoğlu (Arykanda), Fahri Işık und Havva Işık (Patara), Levent Zoroğlu (Kelenderis).

Die Archäologen, die ich oben aufgezählt habe und die in Ankara, in Istanbul und in der Ägäis ausgebildet wurden, sind Experten, die meist älter als 50 Jahre sind. Da ich die jüngeren Kollegen nicht kenne, habe ich ihre Namen nicht anführen können. Doch möchte ich betonen, dass ich davon überzeugt bin, dass unter den in jüngerer Zeit ausgebildeten Archäologen auch solche Kollegen sind, die sich weltweit einen guten Ruf erwerben werden. Darauf bin ich stolz.

Die Wissenschaftler, die Kunstwerke aus der prähistorischen, der protohistorischen, der byzantinischen, der seldschukischen und der osmanischen Periode untersuchen, erfüllen auch archäologische Aufgaben. Da sie Grabungen vornehmen, entspricht ihre Tätigkeit der Arbeit eines Archäologen. Um meine Grenzen nicht zu überschreiten, habe ich diese Kollegen unerwähnt gelassen.

Das Fach, das der Archäologie am nächsten steht und von dem die Archäologie am meisten profitiert, wird von den Spezialisten für griechische und römische Inschriften vertreten. Die folgenden Sprachwissenschaftler von internationalem Rang in unserem Land möchte ich ihrem Dienstalter nach aufzählen: Sencer Şahin, Ender Varinlioğlu, Hasan Malay und Bülent İplikçioğlu. Hinzufügen möchte ich noch die Namen von Güler Çelgin und Vedat Çelgin, weil sie über die griechische Literatur arbeiten.

Einer der wichtigsten Bereiche in der Archäologie ist die Numismatik. Auf diesem Gebiet arbeiten gegenwärtig in unserem Land Oğuz Tekin, Melih Arslan, Pınar Aydemir und Müge Özsaygılı.

Klassische Archäologen in türkischen Museen

Ein Teil unserer Archäologen, die für unseren guten Ruf verantwortlich sind, arbeiten in Museen. Ich möchte hier unsere Museen und ihre Direktoren erwähnen, die Erfolge auf internationaler Ebene verzeichnen können.

Für das Archäologische Museum in Istanbul: Aziz Ogan, Rüstem Duyuran, Nezih Fıratlı, Nuşin Asgari, Alpay Pasinli. Für das Museum in Ankara: Hamit Zübeyr Koşay, Raci Temizer, İnci Bayburtloğlu, İlhan Temizsoy. Für das Museum in Izmir: Aziz Ogan, Rüstem Duyuran, Hakkı Gültekin, Turhan Özkan. Für das Museum in Ephesos: Sabahattin Türkoğlu, Selahattin Erdemgil. Für das Museum in Antalya: Kayhan Dörtlük, Metin Pehlivaner. Für das Museum in Afyon: Hasan Uçankuş. Für das Museum in Bodrum: Oğuz Alpözen. Für das Museum in Uşak: Kazım Akbıyıkoğlu. Für das Museum in Manisa: Kemal Dedeoğlu. Für das Sadberk Hanım Museum und das Koç Kunstmuseum: Çetin und Tanju Anlağan.

Das Museum von Istanbul, das Museum der Anatolischen Kulturen in Ankara, das Museum von Antalya, das Sualtı Museum in Bodrum und das Koç Kunstmuseum wurden alle von internationalen Institutionen mit Preisen ausgezeichnet. Die Direktoren dieser Museen haben gute und der Wissenschaft dienliche Werke veröffentlicht. Ich möchte besonders Jale Dedeoğlus Buch über das Archäologische Museum in Izmir und Suzan Özyiğits Arbeit über Foça hervorheben.

Die Generaldirektoren für Monumente und Museen und ihre Beiträge zur Archäologie

Für die Entwicklung der Archäologie in der Türkei waren vor allem die Beiträge der Generaldirektoren für Monumente und Museen von großer Bedeutung. In diesem Zusammenhang möchte ich den folgenden Experten danken, die sich große Verdienste erworben haben: Hayrullah Örs, Hikmet Gürçay, Kamil Su, Rüstem Duyuran, Mehmet Önder, Nurettin Yardımcı, Altan Akat, Akif Işık, Engin Özgen, Ender Varinlioğlu und Kenan Yurttagül. Die größten Erfolge, die die Generaldirektoren für Monumente und Museen verzeichnen konnten, haben sie durch die Veröffentlichung von Werken errungen, die internationalen Standards und Qualitätskriterien entsprachen. Tatsächlich können die Werke "Antalya Müzesi" und "The Lydian Treasure" von İlknur Özgen und die in englischer und türkischer Sprache erschienene Arbeit von Işık Bingöl über die im Museum der Anatolischen Kulturen ausgestellten Schmuckstücke mit den von europäischen und amerikanischen Museen herausgegebenen Veröffentlichungen Schritt halten.

Besonders zu erwähnen ist an dieser Stelle auch, dass Nurettin Yardımcı, einer der Generaldirektoren, im Gebäude der II. Meclis, das bis 1960 von der Nationalversammlung genutzt wurde, Dienstäume für die Generaldirektion gefunden hat, und dass er den Archäologen große finanzielle Zuschläge gesichert hat, indem er sie in den Rang der technischen Dienste hat einstufen lassen. Auch hat er Ausstellungen organisiert, die in Amerika und Europa auf großes Interesse stießen und für die die Museen neue Besucher gewannen. Weiterhin hat er den archäologischen Kongressen eine größere Dimension verliehen.

In den letzten 20 bis 25 Jahren haben die Kultur-Staatssekretäre Adnan Ötüken, Mehmet Önder, Murat Katoğlu, Kemal Gökçe, Acar Okan und Emre Kongar die Archäologie in großem Maße unterstützt.

Die Bedeutung der türkischen Archäologen

An unseren Universitäten und Museen sind fast 50 Praehistoriker, Historiker, Archäologen und Philologen beschäftigt, die unsere große Anerkennung verdienen, denn fast alle von ihnen haben in der Türkei oder in den westlichen Ländern eine Ausbildung erhalten, die ihnen vom Staat oder von ausländischen wissenschaftlichen Institutionen ermöglicht wurde. Daneben haben sie für ihre Forschungen leichten Zugang zu den Bibliotheken der Deutschen, Englischen, Französischen, Amerikanischen und Niederländischen Archäologischen Institute in der Türkei. Fast alle diese Wissenschaftler haben Bücher und Artikel vorgelegt, die in einer Fremdsprache geschrieben sind. Ich werde oft gefragt, welche türkischen Archäologen ich am meisten schätze. Ich gebe jenen Experten den Vorzug, die die meisten Veröffentlichungen in einer Fremdsprache vorgelegt haben. Keine wissenschaftliche Disziplin in der Türkei bietet so vorteilhafte Möglichkeiten wie die Archäologie. Sie nimmt daher in der wissenschaftlichen Welt der 75 Jahre bestehenden Republik Türkei eine hervorragende Stellung ein.

Engste Arbeitskollegen

Die zwei Dutzend Archäologen, deren Namen ich oben aufgeführt habe, sind seit 40 Jahren meine angesehenen Arbeitskollegen. Mein erfolgreiches Arbeiten verdanke ich zu großen Teilen auch ihnen. Daher erinnere ich mich besonders und mit großer Sympathie an Cevdet Bayburtluoğlu und an Ümit Serdaroğlu, die über viele Jahre meine Kollegen waren und als meine Assistenten und Stellvertreter mit mir zusammengearbeitet haben.

Für mich ist es auch eine angenehme Pflicht, darauf hinzuweisen, dass meine Frau Meral Akurgal meine engste Kollegin ist. Meine Frau, damals noch unter ihrem Namen Meral Manyas, war ab 1965 meine Studentin, von 1976 bis heute ist sie meine Assistentin bei der Türkischen Sprachgesellschaft. Von 1980 an war sie 19 Jahre lang meine engste Mitarbeiterin. Ihr verdanke ich zu einem großen Teil, dass mein in der Türkei erschienenes Buch "Das alte Izmir" und mein Buch "Griechische und Römische Kunst in der Türkei", das 1987 in München verlegt wurde, veröffentlicht werden konnten. Besonders bei der Bearbeitung von architektonischen Werken, die aus Tausenden von Fragmenten bestanden, hat sie 16 pilzförmige Kapitelle und 21 Kapitelle mit vertikalen Voluten (aiolische Kapitelle) wieder zusammengesetzt. An diesen Arbeiten wirkten zwar auch Murat Erdim und Orhan Bingöl mit, doch die wichtigsten Ergebnisse legte Meral Manyas mit den von ihr gezeichneten Skizzen vor. Ich lobe sie vor allem für ihre Einschätzungen und Erkenntnisse bezüglich der in den beiden Büchern bearbeiteten Keramik und der Statuetten. Unser kollegiales Zusammenarbeiten wandelte sich schließlich in Liebe und wir heirateten im Jahr 1991. Meine seit dieser Zeit auf Türkisch erschienenen Bücher mit den Titeln "Die Ägäis und Izmir im Altertum", "Die Kulturen der Hattier und der Hethiter", "Eine

Kulturgeschichte Anatoliens" und "Kulturprobleme der Türkei" entstanden unter Mithilfe meiner Frau. Meral Akurgal hat die Texte dieser Bücher mehrfach durchgesehen und zahlreiche Fehler korrigiert.

Die Dissertation meiner Frau mit dem Thema "Die orientalisierenden Teller", deren Thema ihr Professor Baki Öğün gegeben hat, war die erste wissenschaftliche Arbeit, die sie alleine durchführte. Meral Akurgal hat ihren Artikel "Die Oinochoe von Erythrai", den sie 1992 in deutscher Sprache in den Istanbuler Mitteilungen veröffentlicht hatte, um ihre Arbeiten über Keramik erweitert und 1997 als bedeutendes Werk unter dem Titel "Die Keramik von Korinth" auf Türkisch herausgebracht. Mit dem erwähnten Buch, für das sie die gesamte zu diesem Thema veröffentlichte Literatur durchgesehen hatte, legte sie ein detailliertes und umfassendes Handbuch vor. In dem Buch werden die Erkenntnisse von Experten referiert, die bereits zuvor erfolgreiche Werke zum korinthischen Stil herausgebracht hatten. Doch hat Meral Akurgal an vielen Stellen ihre eigenen Eindrücke und Ansichten vorgestellt und damit der Wissenschaft dienliche weitere Beiträge geliefert. Besonders mit dem Abschnitt, in dem sie die Vasen im protokorinthischen Stil beschreibt, und mit einem Beitrag, in dem sie eine in Erythrai gefundene Oinochoe näher beleuchtet, gelangt sie zu Einschätzungen, die es ihr ermöglichen, eine mustergültige und lobenswerte Forschungsarbeit vorzulegen.

Ich habe 1992 meine engste Mitarbeiterin Meral Akurgal — indem ich mir ihre erfolgreichen Arbeitsergebnisse vor Augen hielt — der Generaldirektion für Monumente und Museen als Direktorin für die ab 1993 durchzuführenden Grabungen in Bayraklı vorgeschlagen. Ich arbeitete im Team der Grabung in Bayraklı mit, die von Meral Akurgal seit 1993 als Direktorin geleitet wird.

Durch ihre realistische Haltung hat Meral Akurgal bei den Grabungen, die sie seit sechs Jahren in Bayraklı durchführt, gute Ergebnisse erzielt. Sie ist mit ihrem 1996 in den Istanbuler Mitteilungen auf Deutsch vorgelegten Artikel mit dem Titel "Ein früharchaisches Brunnenhaus in Alt-Smyrna" auf großes Interesse gestoßen und hat mit den von ihr 1997 zu Tage geförderten Sarkophagen einen kleinen aus goldenen Objekten bestehenden Schatz gefunden, der aus der archaischen Periode des Alten Izmir stammt. Diese Gegenstände, die den Grabungen in Bayraklı ein Gesicht gaben, wurden in der Zeitschrift TÜBA-AR II vorgestellt. Meral Akurgal, die die archaische ionische und aiolische Architektur sehr genau kennt und diese durch ihre Zeichnungen zum Leben erweckt, die sehr gut mit der korinthischen Keramik vertraut ist, die gegenwärtig ein großes Buch über die orientalisierende Keramik vorbereitet, ist für die Grabung in Bayraklı wie geschaffen. Ich bin ganz sicher, dass sie auch in Zukunft mit ihren Arbeiten sehr erfolgreich sein wird.

Vorbilder

Mein ganzes Leben habe ich darauf geachtet, mich Älteren und Höherrangigen gegenüber angemessen, distanziert und ehrerbietig zu verhalten. Ich habe die Nützlichkeit dieses Verhaltens eingesehen und die Sympathie vieler Älterer gewonnen, die mich in unterschiedlicher Weise unterstützten. Ich erinnere mich voller Hochachtung und Zuneigung an einige sehr geschätzte Ältere, die mich in meinen Arbeiten förderten.

Der erste Anthropologie-Professor an unserer Fakultät Şevket Aziz Kansu hat mich bei jeder Gelegenheit unterstützt. Während seiner Zeit als Dekan und Rektor hat er mir bei der Veröffentlichung meiner ersten Bücher in der Türkei geholfen. Er hat mich bei seinen Reisen zu der Woche der Universität in Hatay (Antakya) und in Izmir mitgenommen. Und bei den Bemühungen, der Türkischen Historischen Gesellschaft eine neue Form zu geben, hat er seine Hilfe nicht versagt.

Enver Ziya Karal, ein Historiker der Neuzeit und einer der Dekane und Rektoren unserer Fakultät, hat mich bei der Herausgabe meiner ersten Bücher, bei der Neuordnung der Türkischen

Historischen Gesellschaft und bei der Gründung einer archäologischen Station unserer Fakultät in der Ägäis sehr gefördert. Er hat dazu beigetragen, dass diese Station später als Basis zur Gründung des Archäologischen Instituts der Ege Üniversitesi gedient hat. Die Bibliothek der Station mit einigen Tausend Bänden bildete schließlich den Kern der Archäologischen und Kunstgeschichtlichen Bibliothek der Ege Üniversitesi.

Suud Kemal Yetkin, der anfangs an der Philosophischen Fakultät Vorlesungen zur Ästhetik hielt und in den 1940er und 1950er Jahren die Kulturseiten der Zeitungen Ulus und Zafer sowie einiger Zeitschriften betreute, hat mich zum Verfassen von populärwissenschaftlichen Artikeln angeregt. Es ist von großer Bedeutung, dass ein Wissenschaftler neben der Veröffentlichung von wissenschaftlichen Forschungen auch auf anderen Gebieten Artikel schreibt, die von gebildeten Menschen verstanden werden, denn dies eröffnet eine neue Dimension auf der kulturellen Ebene des Landes. Suud Kemal Yetkin ist ein Wissenschaftler, der viel zur Entwicklung der Theologischen Fakultät in Ankara und zur Vermittlung der Türkischen Kunstgeschichte beigetragen hat. In den 1940er und 1950er Jahren gab es an der Universität in Ankara nicht einmal Vorlesungen zur Kunstgeschichte. Daher hat Suud Kemal Yetkin für die Durchführung von Symposien zur Türkischen Kunstgeschichte auf die Archäologen — so auch auf mich — zurückgegriffen. In seiner Zeit als Parlamentarier hat er mich 1956 bei der Gründung des Kunstgeschichtlichen Instituts an der Philosophischen Fakultät (DTC) der Universität Ankara unterstützt. Nachdem er kein Abgeordneter mehr war, sondern als Dekan der Theologischen Fakultät wirkte, haben wir unsere Arbeiten unter seiner Leitung weitergeführt.

Munis Faik Ozansoy war mir ein großes Vorbild — an ihn erinnere ich mich ganz besonders gern. In den Jahren 1958 bis 1960 war er Generalsekretär des Ministerpräsidenten Süleyman Demirel. Zu dieser Zeit hat er viele Aktivitäten auf kulturellem Gebiet durchgeführt und mich zu seinem Mitarbeiter gemacht. In den Jahren, in denen er Vorsitzender des Französischen Kulturzentrums war, wurde ich zum Zweiten Vorsitzenden gewählt. Ozansoy hat damals einen Kunst- und Kulturverein in Ankara gegründet, zu dessen Vorsitzendem er gewählt wurde. Er wählte mich als seinen Mitarbeiter und ich wurde zum zweiten Vorsitzenden des Vereins. Er spornte die gebildeten Kreise Ankaras an, sich auf den Gebieten der Literatur, des Theaters und der Musik zu betätigen.

Neben meinen türkischen Vorbildern gab es auch einige ausländische Professoren, die ich bewunderte. Der Österreichische Architekt Clemens Holzmeister, der auch das Gebäude der Großen Nationalversammlung in Ankara entworfen hat, war sehr an der Archäologie interessiert und hat Aquarelle von vielen Stätten des Altertums gemalt. Wir besuchten gemeinsam historische Stätten in der Umgebung von Ankara und trafen uns wenigstens einmal im Monat, um uns zu unterhalten. Der deutsche Professor Paul Bonatz, der in Ankara die Saracoğlu-Häuser erbaut hat und der — wiederum in Ankara — das Ausstellungsgebäude einer Handelsorganisation zum Opernhaus umgebaut hat, pflegte einen Kreis von Architekturstudenten um sich zu versammeln, zu dem neben Orhan Alsaç, Mithat Yenen und Kemali Söylemezoğlu auch ich gehörte. Wir trafen uns ein oder zwei Mal im Monat zum gemeinsamen Gespräch. Bei den abendlichen Zusammenkünften im Haus von Mithat Yenen unterhielten wir uns über kulturelle Themen. Im privaten Rahmen kamen wir mit Benno Landsberger, dem Professor für Sumerologie und Assyriologie an unserer Fakultät, mit Hans Gustav Güterbock, dem Professor für Hethitologie, und mit Georg Rohde, der die Professur für Klassische Philologie innehatte, zusammen und sprachen über wissenschaftliche und kulturelle Fragen. Bei diesen Gelegenheiten habe ich von meinen ausländischen Kollegen, die mir Vorbild waren, viel gelernt.

Auch Suat Yurtkoru aus Izmir war mir ein Vorbild. Er wirkte als Assistent des Oberbürgermeisters Behçet Uz und vertrat für einige Zeit die Provinz Kütahya als Abgeordneter. Yurtkoru war ein gebildeter, optimistischer und sich aufopfernder Mensch, der noch dazu Charisma besaß. Er war ein Förderer von Sportmannschaften, aber ebenso ein machtvoller Beschützer der antiken

Monumente. So gründete er in Izmir einen Verein der Freunde der Antiken Werke. Als Vorsitzender dieser Vereinigung, in der überwiegend levantinische Bewohner Izmirs Mitglied waren, unterstützte er die Grabungen in Bayraklı. Beim Abtransport des Bodens und bei der Versorgung mit Strom und Wasser sorgte er für bedeutende Erleichterungen durch die Stadtverwaltung und den Provinzgouverneur. Doch sein größtes Verdienst war es, die Bewohner von Izmir für die antiken Werke zu begeistern. Er schrieb ein Buch über Alexander den Großen und verfasste Artikel für die Presse, in denen er kulturelle Themen behandelte. Ich kannte ihn als eine bedeutende Persönlichkeit aus Izmir sehr gut und wurde sein Freund und Bewunderer.

Zur damaligen Zeit, das heißt in den 1940er und 1950er Jahren, war das Wasser in der Bucht von Izmir glasklar und blau. Ich konnte gar nicht genug davon bekommen, die farbigen Felsbarben in fünf bis sechs Metern Tiefe zu beobachten. Als ich Suat Yurtkoru davon erzählte, lud er mich zum Angeln ein. Ein paar Mal sind wir morgens noch bei Dunkelheit mit dem Boot in die Bucht hinaus gefahren und haben jedes Mal ein paar Dutzend große und kleine Meerbarben gefangen. An diese Zeiten erinnere ich mich — wie alle Leute aus Izmir — voller Sehnsucht.

Die wissenschaftlichen Pioniere der Klassischen Archäologie in der Türkei

An erster Stelle ist hier der bekannte Maler Osman Hamdi Eldem zu nennen, der sich auf dem Felde der Klassischen Periode der Archäologie Anatoliens große Verdienste erworben hat. Obgleich er kein Fachmann im archäologischen Bereich war, hat er mit seiner Tätigkeit weltweit Wertschätzung erfahren und das Ansehen der Türkei gemehrt. Auch sein älterer Bruder Halil Edhem Eldem folgte seinem Beispiel und hat der Wissenschaft erfolgreiche und wertvolle Dienste geleistet. Auch Aziz Ogan, der Direktor des Archäologischen Museums in Istanbul, der eigentlich auch Maler war, führte die Tradition Osman Hamdis weiter und er ist einer unserer Kollegen, dem wir ein lobendes Andenken als Wissenschaftler bewahren.

Arif Müfid Mansel

Ich halte es für meine Aufgabe, diesen hervorragenden Wissenschaftler, der der erste wirkliche Historiker des Altertums in der Türkei und der erste Archäologe des Landes war, hier vorzustellen.

Arif Müfid Mansel war ein international anerkannter Wissenschaftler, ein vorbildlicher Universitätslehrer, ein geschätzter Museumsleiter, ein umfassend gebildeter Intellektueller und eine Persönlichkeit mit außergewöhnlichem Charakter.

Schon als Kind hatte er in der Schule Deutsch und Französisch gelernt und während seines fünfjährigen Universitätsstudiums in Deutschland erwarb er gute Kenntnisse des Lateinischen und Altgriechischen. Später hat er noch Englisch gelernt. Als er seine Arbeit aufnahm, verfügte er über alle für einen Wissenschaftler unabdingbaren Fähigkeiten. Auch die starke Verbundenheit zu seinem Beruf und die Liebe und das Interesse am Lesen und Forschen bildeten die Grundlage, auf der er sich zu einem internationalen Wissenschaftler entwickelte.

In den Jahren, in denen Arif Müfid Mansel als Assistent des Direktors am Istanbuler Archäologischen Museum wirkte, hat er gleichzeitig an der Istanbuler Universität Alte Geschichte gelehrt, denn es gab damals dort noch keinen Lehrstuhl für Archäologie. 1944 wurde er Professor, 1946 gründete er das Institut für Klassische Archäologie in Istanbul. Dass Mansel zunächst Geschichte unterrichtet hatte, war für die Ausbildung der Studenten sehr vorteilhaft. Daher hat er auch die Archäologie nicht als eine verschlafene und schlichte Wissenschaft begriffen, sondern in ihr eine lebendige und umfassende Aufgabe gesehen. Wer Mansels (auf Türkisch erschienenes) Werk "Die ägäische und die griechische Geschichte" gelesen hat, kann erahnen was für einen tiefen und bedeutungsvollen Beruf dieses Fach darstellte. Er ist ein Wissenschaftler mit einem Blick für übergreifende Zusammenhänge, für das Ganze, und er beschäftigte sich mit den Kulturen des ägäischen Raums — von der mykenischen Kultur bis zum Ende des Byzantinischen Reichs. Dies ist eine Periode, die sich über dreitausend Jahre erstreckt hat. Als Archäologe hat er die Vergangenheit nicht als eine einzelne Phase gesehen, sondern als ein Ganzes. Und diese Sicht schlug sich auch in seinen Werken nieder. Die weit reichenden Kenntnisse, die er sich auf seinem umfassenden Gebiet und den verwandten Fächern erworben hatte, erweiterten seinen Horizont, befähigten ihn zu Werturteilen und verliehen ihm die besondere Fähigkeit, sich angemessen zu verhalten. Mansel war es auch, der in der Türkei die erste Feldforschung im Bereich der Klassischen Archäologie durchführte. Die ersten systematischen und methodischen Feldforschungen, die Mansel im Bereich der Klassischen Archäologie vornahm, bestanden in der Erforschung der Tumuli in Lüleburgaz, Kırklareli und Vize, waren also in erster Linie Grabungen in Thrakien, umfassten aber auch Arbeiten in Yalova, die von Afet İnan, der stellvertretenden Vorsitzenden der Türkischen Historischen Gesellschaft, unterstützt wurden. Atatürk selbst hatte diese Arbeiten angeregt und verfolgte sie mit großem Interesse. Die bei diesen Gelegenheiten zu Tage geförderten Werke zählen noch heute zu den wertvollsten Funden des Archäologischen Museums in Istanbul.

Doch dies war erst der Anfang, denn seine weiteren Grabungen nahmen immer größere Dimensionen an. Arif Müfid Mansel leitete über 30 Jahre die Grabungen in Side und Perge und wurde damit zum erfolgreichsten Klassischen Archäologen der Türkei. Er durfte sich darüber freuen, zu den bedeutendsten Grabungs-Archäologen der Welt gezählt zu werden.

Zusätzlich zu den von mir aufgezählten Höhepunkten seiner Karriere möchte ich noch anmerken, dass er sich auch im Bereich der Lehre große Verdienste erworben hat. Er war wirklich ein sehr begabter Professor, ein Universitätslehrer, der seine Vorlesungstätigkeit über die Maßen liebte. Damit erwarb er sich die Bewunderung seiner Hörer.

Im Leben von Arif Müfid Mansel spielte die Liebe zur Musik und zu Büchern eine große Rolle. Er schätzte gut geschriebene und sorgfältig edierte Bücher. Zu seinen liebsten Beschäftigungen gehörte es, sich Fach- und Kunstbücher zu beschaffen und zu lesen.

Mansel war dem Leben sehr verbunden und liebte die Menschen seiner Umgebung. Er hatte häufig das Verlangen alleine zu sein, doch hegte er auch ein großes Bedürfnis nach Gesprächen. Seine Freunde schätzte und liebte er. Auch achtete er darauf, niemanden durch ein harsches Wort zu verletzen, weshalb er seine Ermahnungen und seine Kritik in verbindlichen Worten vorbrachte und mit eingestreuten Scherzen verband.

Unser berühmter Archäologe war europäischem Gedankengut verbunden, doch in seinem Privatleben war er ein osmanischer Bey. Er hatte ein schönes Haus in Şişli, besaß eine prächtige Ufervilla in Paşabahçe und verfügte über eine kleine Yacht. Zuhause umsorgten ihn Diener und Hausmädchen. Beim Essen wurde er — ob er nun Gäste bewirtete oder alleine speiste — von einer Angestellten bedient, die mit gefalteten Händen dastand und auf seine Anordnungen wartete. Beim Essen, das nach türkischer Sitte ablief, hörte er auf dem Grammophon westliche Musik. Er verfügte über eine reichhaltige Sammlung von Schallplatten mit Musik aus Oper und Konzertsaal. In seinem Esszimmer befand sich eine Waschgelegenheit, an der man sich vor und nach dem Essen die Hände wusch.

Mansel war gerne auf Reisen und liebte es, immer neue Orte und Länder kennen zu lernen. 1972 fuhr ich mit ihm und meiner verstorbenen Frau Lemis mit unserem Wagen nach Sofia. An diese einwöchige Reise erinnerten wir uns oft und mit den besten Gefühlen. Mansel war während der ganzen Reise immer glücklich und fröhlich. Er war sein ganzes Leben über ein froher und zufriedener Mensch. Obgleich er nicht geheiratet hatte, war er nie einsam. Immer war er im Kreis seiner Kollegen anzutreffen, die ihn mochten und achteten, und er war mit Freunden und Studenten zusammen. Als er seine Augen schloss, war er glücklich — ganz so wie es zu seinem Leben passte. Als er sich an einem Samstag nach dem Mittagessen zu einer

Siesta auf der Chaiselongue ausstreckte, verließ er uns in aller Stille, wie ein Gentleman — das war seine Art.

Arif Müfid Mansel war ein Mensch, der von seiner Umgebung wegen seiner ausgeglichenen Haltung, die nicht vielen Menschen vergönnt ist, geschätzt wurde. 1973 war er Vorsitzender des X. Internationalen Kongresses für Klassische Archäologie und hatte das Glück, noch bei Lebzeiten die ihm gewidmete, dreibändige Festschrift mit Beiträgen von 18 türkischen und 64 ausländischen Kollegen entgegennehmen zu können. An ihn werden sich in seinem Heimatland und auch in anderen Teilen der Welt stets viele Menschen mit großer Sympathie und Achtung erinnern.

Kenan Erim

Kenan Erim ist ein berühmter und international erfolgreicher Vertreter der türkischen Archäologie. Sein Studium hat er in New York am Institut für Klassische Archäologie abgeschlossen und danach eine Aufgabe an der Indiana University übernommen. Zum Professor wurde er an die New Yorker Universität berufen. Er nahm an den Grabungen auf Sizilien teil, die von der Princeton University durchgeführt wurden. Aufgrund der vorgefundenen Münzen fand er heraus, dass der Name der ausgegrabenen Stadt "Morgantina" lautete, was wir als seinen ersten großen Erfolg bezeichnen können.

Als ich 1961 in Princeton Gastprofessor war, habe ich ihn kennen gelernt. Er kam aus New York häufig zu uns nach Lawrenceville und war auch manchmal für eine Nacht unser Gast. Er war ein eleganter, höflicher, umfassend gebildeter und aufgeschlossener Gentleman. Da sein Vater für internationale diplomatische Organisationen arbeitete, wuchs er in der Schweiz und in London auf und sprach deshalb sehr gut Englisch und Französisch. Vielleicht kam es auch daher, dass er im Türkischen einen leichten Akzent hatte. Wenn er bei uns über Nacht geblieben war, zog er am Morgen sein Bettzeug ab und faltete er ordentlich zusammen. Das erregte die Aufmerksamkeit meiner verstorbenen Frau und dieses Verhalten gefiel ihr gut. Wie ein echter amerikanischer Gentleman versäumte er es niemals, das Geschirr abzutrocknen, das meine Frau spülte, wofür sie ihn auch sehr bewunderte.

Als er 1962 zu Grabungen in die Türkei kam, besprach er sich mit mir, denn er wollte wissen, was ich von dem geplanten Ort der Grabung hielt. Ich riet ihm: "Wenn Sie Geld haben, dann graben Sie in Aphrodisias". Er war meiner Meinung und nahm die Arbeit auf. Kenan Erim war ein distinguierter Gentleman und eine charismatische, intellektuelle Persönlichkeit. Diese Eigenschaften halfen ihm, das notwendige Geld in kurzer Zeit aufzutreiben. Die größte Hilfe kam von dem National Geographic Magazin, das Hunderttausende von Lesern hatte. Außerdem erhielt er von der amerikanischen Regierung einen Betrag von 5000 Dollar. Das war zwar kein bedeutender Betrag, doch war diese Spende der Würdigung wert, denn niemand sonst hatte jemals einen solchen Betrag von der Amerikanischen Regierung erhalten. Kenan Erim, der ein ausgezeichneter Intellektueller war, erregte vor allem die Aufmerksamkeit der "High Society" und sammelte mit den Hilfsorganisationen, die sich "Freunde von Aphrodisias" nannten und die er zusammen mit berühmten und hoch angesehenen Persönlichkeiten in New York, London, Paris und Istanbul gegründet hatte, so viele Hilfsgelder ein, dass seine Grabung mit den meisten Mitteln ausgestattet war. An den Grabungen beteiligten sich jedes Jahr 2 bis 3 Dutzend Archäologen aus unterschiedlichen Ländern. Besonders gut erinnere ich mich an die amerikanische Archäologin Martha Sharp Joukowsky, die wie viele ihrer Kollegen im Gebiet von Aphrodisias arbeitete und darüber veröffentlichte. Gebildete Amerikaner und Europäer, die sich für Archäologie interessierten, glaubten, dass man Aphrodisias unbedingt gesehen haben müsse. Nachdem sie die dort aufgefundenen schönen Gegenstände angeschaut hatten, sind sie glücklich und froh nach Hause zurückgekehrt. Kenan Erim war musikbegeistert und ließ außerhalb der Arbeitszeiten in seinem Haus und in seinem Garten bei der Grabung klassische Musik spielen.

Es war ein besonderer Genuss, in den Ruinen des Altertums Haydn, Mozart, Beethoven, Tschaikowsky und Borodin zu hören. Er war ein ganz und gar westlicher Intellektueller, der in seinem Privatleben — ebenso wie Arif Müfid Mansel — das Leben eines osmanischen Bey führte. Wenn sich beim Essen häufig mehr als 30 Personen an seinem Tisch einfanden, füllte er jedem einzelnen den Teller, der dann dem Gast von zwei Kellnern serviert wurde. Diese gemeinsamen Mahlzeiten orientierten sich an den osmanischen Sitten und Gebräuchen. Die Essenseinladungen und die Speisen, die nach den Regeln der türkischen Küche zubereitet wurden, erregten die Aufmerksamkeit der amerikanischen und europäischen Experten und fanden allseits großen Anklang. Kenan Erim hat mit seinen Ausgrabungen in Aphrodisias sowohl der Archäologie in der Türkei und der ganzen Welt als auch dem Tourismus einen großen Dienst erwiesen. Kenan Erim weilt heute nicht mehr unter uns, doch seine Grabstätte in Aphrodisias, wo er die ewige Ruhe fand, wie auch die wertvollen Funde, die er ausgegraben hat, werden die Erinnerung an diesen berühmten Archäologen immer am Leben erhalten.

Wir erinnern uns voller Zuneigung und Verehrung an Kenan Erim und werden ihn nie vergessen. Der Archäologe R.R.R. Smith, der ein Mitglied der Grabungskommission von Aphrodisias ist, führt die Arbeiten heute mit großer Sorgfalt und Genauigkeit weiter. Auch ihm wünschen wir alles Gute.

Jale İnan

Jale İnan ist eine weitere türkische Archäologin, die einen hervorragenden Platz in der archäologischen Literatur einnimmt. Sie ist zwar fünf Jahre jünger als ich, dennoch haben wir in Berlin über einen Zeitraum von mehr als fünf Jahren gemeinsam studiert. Jale İnan war eine in Berlin sehr beliebte, geschätzte und erfolgreiche Studentin. In den wissenschaftlichen Forschungen, die sie nach ihrer Rückkehr in die Heimat unternahm, hat sie der türkischen Archäologie auf internationalen Foren zu Ruhm und Ehre verholfen. Die von ihr in Deutschland, in der Schweiz und in England in verschiedenen Sprachen veröffentlichten Bücher und Artikel über römische Kunst stießen auf großes Interesse und fanden vielfältige Beachtung.

Zwei umfangreiche Bücher über römische und frühbyzantinische Portraits in Anatolien, die sie gemeinsam mit Elisabeth Alföldi-Rosenbaum in Form von jeweils getrennten Teilen verfasst hat, von denen einer in England, der zweite in Deutschland veröffentlicht wurde, werden zu den Standardwerken der Klassischen Archäologie gezählt. Für ihre großen Erfolge, die sie beim Zusammenfügen von Skulpturen hatte, deren Teile sich in verschiedenen Museen befanden, erntete sie große Bewunderung von ihren Fachkollegen.

Auch in ihrem Werk mit dem Titel "Roman Sculpture in Side", das 1975 von der Türkischen Historischen Kommission in türkischer und englischer Sprache veröffentlicht wurde, gelangte sie zu bedeutenden Ergebnissen. Durch ihre in diesem Werk beschriebene Forschung über die in Side entstandenen Werke, die Kopien griechischer Statuen waren, konnte sie viele Probleme im Zusammenhang mit den Originalstatuen klären. Bei den Grabungen in Side und in Perge unterstützte sie Arif Müfid Mansel umfassend. Nach Mansels Tod setzte sie ihre Forschungen über diese beiden bedeutenden antiken Städte fort.

Dass sie ihre Cousine Selma Devres, die sich sehr für Archäologie interessierte, und deren Mann zur Unterstützung Sides aufrief, erwies sich als sehr vorteilhaft. Jale İnan war die treibende Kraft, die mit finanzieller Hilfe der Familie Devres das Gebäude des römischen Bads in Side restaurieren ließ und gleichzeitig ein beispielhaftes Museum errichtete.

Durch eine Notgrabung in Kremna und in Seleukia (Pamphylien) rettete sie zwei bedeutende Ruinenfelder vor der Plünderung durch Raubgräber. Während dieser beiden Grabungen hat sie auch den Apollotempel in Side in Form eines "M" wieder errichten lassen und hat durch diese Anastylose den Tempel in vorbildlicher Weise wieder erlebbar gemacht.

Nach der Emeritierung hat sie ihre Forschungen mit der gleichen Intensität wie zuvor fortgeführt. Als jemand, der sich länger als jeder andere ihr Kollege nennen durfte, ist es mein größter Wunsch, dass sie ihre beispielhafte Arbeit noch viele Jahre bei bester Gesundheit fortsetzen kann.

Die Arbeiten in Side und Perge, die von Arif Müfid Mansel begonnen und von Jale İnan weitergeführt wurden, werden nun mit gleichem Erfolg von Haluk Abbasoğlu vorangetrieben. Somit wird die Region, in der bedeutende Kulturzentren des Altertums liegen, weiterhin ohne zeitliche Unterbrechung erforscht.

Azra Erhat

Azra Erhat war eine meiner Kolleginnen an der Fakultät für die ich besondere Sympathie empfand und die ich außerordentlich verehrte. Da sie ihre Gymnasialzeit in Belgien verbracht hatte, verfügte sie über eine westliche Sicht auf die Welt. Ihr Verhalten als Mensch war mustergültig. Sie hatte sich einer linken politischen Strömung angeschlossen, doch setzte sie ihre politische Überzeugung nie in wissenschaftlichen Fragen ein. Gemeinsam folgten wir Einladungen in ausländische Botschaften und gemeinsam nahmen wir an wissenschaftlichen Zusammenkünften teil. Bei Vergnügungen und festlichen Banketts tanzten wir miteinander. Wir waren einander in enger Freundschaft verbunden. Eines Tages sagte sie zu mir: "Ekrem Bey, ich möchte Sie etwas fragen" und dann machte sie mir eine interessante Mitteilung. "Prof. Albert Gabriel hat um meine Hand angehalten. Was sagen Sie dazu? Soll ich seinen Antrag annehmen?" Albert Gabriel war der Direktor des Französischen Archäologischen Instituts in Istanbul und ein ausgezeichneter Wissenschaftler und Intellektueller, der der Türkischen Kunstgeschichte mit seinen Büchern über historische Monumente große Dienste erwiesen hatte. Mich hat er immer mit aufrichtigstem Interesse unterstützt. Ich antwortete Azra Erhat: "Sie beide sind Persönlichkeiten die einander würdig sind. Nicht wegen Albert Gabriels fortgeschrittenem Alter, sondern weil er viele Jahre als Junggeselle gelebt hat, halte ich eine derartige Verbindung für nicht passend. Denn Sie beide könnten vielleicht nur schwer Verständnis füreinander zeigen. Und Sie beide brauchen Ihre Unabhängigkeit. Aber natürlich liegt die Entscheidung bei Ihnen!" Ich weiß nicht, ob Azra Erhat auch Halikarnas Balıkçısı[8] und Sabahattin Eyüboğlu über diese Neuigkeit informiert hat. Nun, nachdem Azra Erhat unsere Fakultät verlassen und sich in Istanbul angesiedelt hatte, war unsere Beziehung leider für einige Zeit unterbrochen. So traf und verabredete ich mich nur gelegentlich mit ihr und ihrem ungarischen Lebensgefährten Sabo. Nachdem Jahre vergangen waren, konfrontierte sie mich eines Tages wieder mit einer Frage: "Da der deutsche Faschismus nun zu Ende ist, will Sabo nach Ungarn zurückkehren und mich dorthin mitnehmen. Was sagen Sie dazu?" Meine Antwort an sie war: "Azra Hanım, wir brauchen Sie hier. Ich fände es nicht richtig, wenn Sie fortgehen. Aber die Entscheidung liegt bei Ihnen!" Als ich schließlich hörte, dass Sabo, der ein großer Freund der Türken war, alleine nach Ungarn zurückkehrte, empfand ich berechtigten Stolz. Danach bestand die enge wissenschaftliche und geistige Verbindung zwischen Azra Erhat und mir fort, wenn wir uns auch nur noch gelegentlich trafen.

Azra Erhat, diese sehr geschätzte Wissenschaftlerin, starb in jungen Jahren und lebt nur noch durch ihre Bücher mit uns zusammen.

Hasan Âli Yücel — Ein türkischer Aufklärer

Ich halte es für meine Pflicht, an dieser Stelle an den Pädagogen Hasan Âli zu erinnern, der die Basis für die Archäologie in der Türkei gelegt hat.

8 Der Fischer von Halikarnassos, d.i.: Cevat Şakir Kabaağaçlı

Hasan Âli Yücel, dessen die UNESCO 1997 ehrenvoll gedachte, kommt im türkischen kulturellen Leben ein bedeutender Rang zu. Und tatsächlich ergab sich die Möglichkeit, die Perioden der Renaissance und der Aufklärung, wie sie in Europa stattgefunden hatten, auf dem von Atatürk vorgezeichneten Weg während der Regierungszeit von İsmet İnönü als Ministerpräsident und von Hasan Âli Yücel als Kulturminister zu verwirklichen. Wie ich schon an anderer Stelle in diesem Buch ausführte, wurde die Basis, die für eine Annäherung der Türkei an den Westen erforderlich war, in jener Zeitpanne gelegt, in der Yücel Bildungsminister war. Die Initiatoren dieses wichtigen kulturellen Aufbruchs waren İsmet İnönü und Hasan Âli Yücel. İsmet İnönü hielt die politische Taktik, sich Russland anzunähern, ebenso wie der amerikanische Präsident Roosevelt, für erforderlich, um den Nationalsozialismus und den Faschismus abzuwehren. Durch dieses Verhalten wollte er auch die Freundschaft Russlands gewinnen. Er sah es als eine politische Notwendigkeit an, statt sich gegen den Kommunismus zu wenden, eine Atmosphäre zu schaffen, die den Eindruck erweckte, als betrachte er ihn mit Wohlgefallen. Auch Hasan Âli Yücel war kein radikaler Linker. Doch er hielt das Verhalten von Roosevelt und von İnönü für angemessen. Möglicherweise waren sowohl İnönü als auch Yücel zu diesen Gedanken von Atatürk inspiriert. Wie allgemein bekannt, zog es unser großer Reformer Atatürk - obgleich er dem Kommunismus ablehnend gegenüber stand - zunächst vor, ihm Respekt zu zollen. In der von Yücel errichteten Übersetzungsagentur (türkisch: Tercüme Bürosu) wurden aufgrund ihres Rangs in der Weltliteratur auch die Werke russischer Philosophen und Schriftsteller ins Türkische übersetzt. Yücel persönlich war ein großer Bewunderer der türkischen Literatur und auch einer ihrer erfolgreichen Vertreter. Zur damaligen Zeit hatte John Garstang die Gründung des Englischen Archäologischen Instituts in Angriff genommen. Dieser ausgezeichnete Wissenschaftler, der sich mir besonders verbunden fühlte, bat auch mich um Unterstützung bei seinen Arbeiten und ich hielt mich deshalb einige Tage in der Woche bei ihm auf. Nachdem Hasan Âli Yücel im Jahre 1946 das Amt des Bildungsministers niedergelegt hatte, kam er — wenn es seine Zeit erlaubte — häufig dort im Institut vorbei und zeigte mir seine enge Verbundenheit. Er vertraute mir so sehr, dass er mir, als ich eine Reise nach Paris unternahm, ein Paket mit Gewürzen für seine damals in Paris lebende Tochter Canan mitgab. Voller Stolz darüber, dass er mir gegenüber eine so enge Verbundenheit zeigte, brachte ich das mir anvertraute Paket an seinen Bestimmungsort.

In den Gesprächen mit Hasan Âli Yücel, an denen auch Garstang teilnahm, diskutierten wir gelegentlich über linke und rechte Ansichten. Voller Bewunderung folgte ich den geistreichen Ausführungen dieses Literaturwissenschaftlers und Pädagogen.

Hasan Âli Yücel verbrachte den Sommer in seinem Haus in Dragos. Da auch ich und meine Frau Lemis Akurgal jeden Sommer wenigstens einige Wochen im Haus meiner Schwiegermutter Belkıs Baykan, die Abgeordnete für den Wahlkreis Ankara war, zu verbringen pflegten, begegneten wir — wenn auch selten — dem großen Pädagogen und erfreuten uns seiner liebenswürdigen Beachtung.

Hasan Âli Yücel liebte es damals sehr, auf dem baumlosen, unbegrünten und nackten Dragos-Hügel zu sitzen. Denn vor ihm erstreckte sich das schöne blaue Meer und ihm gegenüber waren die Inseln Büyük Ada und Heybeli Ada zu sehen, die ganz mit grünen Pflanzen bewachsen waren.

“Wir bemitleiden Sie, weil Sie auf einem nackten Hügel sitzen”, sagten seine Freunde aus Büyük Ada zu ihm. Doch mit einer passenden Antwort, die von Nasrettin Hoca hätte stammen können, bewies er sein humoristisches Talent: “Eigentlich bemitleide ich euch. Denn ich sitze auf einem nackten Hügel, sehe dabei aber auf das üppige Grün von Büyük Ada. Ihr dagegen blickt nur auf die nackte Erde des Dragos-Hügels!”

Pioniere holen entwendete antike Werke zurück

Jale İnan und Kemal Erim waren die ersten Archäologen, die — entsprechend der UNESCO-Charta von Venedig — die Rückführung der nach 1923 aus der Türkei heraus geschmuggelten antiken Werke forderten. Özgen Acar, ein Kolumnenschreiber der Tageszeitung Cumhuriyet, hat als Journalist und Autor durch seine Veröffentlichungen und Gespräche im Ausland die Basis für diese Forderung gelegt. Als Mesut Yılmaz Kultur- und Tourismusminister war, hat er mit dem Gerichtsverfahren, das er in Amerika anstrengte, diese Aktivitäten konsequent weiter verfolgt. Die Kulturminister Namık Kemal Zeybek und Fikri Sağlar haben bei diesen Bemühungen ihre Kulturstaatssekretäre Acar Okan und Emre Kongar, den Journalisten Özgen Acar, den Generaldirektor der Museumsverwaltung Engin Özgen, die Archäologen Güven Bakır, Burhan Tezcan, Kazım Akbıyıkoğlu und den Schreiber dieser Zeilen mit allem Nachdruck unterstützt und haben damit die Rückführung des Schatzes von Uşak erreicht.

Dieser Schatz, der überaus wertvolle Objekte enthielt, wurde von den Archäologen İlknur Özgen und Jean Öztürk in mustergültiger Weise beschrieben und 1996 in Istanbul einer breiten Öffentlichkeit unter dem Titel “The Lydian Treasure” vorgestellt.

In dem Dokumentarfilm “Die Entwendung der Antiken Werke”, der von dem Filmproduzenten Yusuf Kurçenli gedreht wurde und in dem Tarık Akan die Hauptrolle spielte, werden die Bemühungen um Rückführung der antiken Werke sehr anschaulich dargestellt. Zusätzlich haben der Kulturminister İstemihan Talay und der Journalist und Autor Özgen Acar entsprechende Schritte mit dem Ziel der Rückführung der nach Amerika geschmuggelten Münzen aus Elmalı unternommen. Sie konnten ihr Vorhaben erfolgreich abschließen.

Mit unseren Kindern Murat und Ali

Ali Akurgal, sein Vater und seine Mutter und Ayşim

Ayşim, Ali und ihr Sohn Seçkin — mein einziger Enkel

Ekrem und Lemis Akurgal

Der Soziologe Hans Freyer, Gastprofessor an den DTCF, mit seiner Gattin und seinen Töchtern (li.) Barbara (Freyer-Stowasser), Brigitte (Freyer-Schauenburg) und (re.) Ursula (Hauck) in traditioneller türkischer Kleidung in Bademli (1955).

Ekrem und Meral Akurgal in Erythrai

Mit Brigitte Freyer-Schauenburg, die zur Grabungsmannschaft von Çandarlı gehörte

Mit Archäologie-Studenten der Universität Ankara im Jahr 1965. Von links nach rechts: Orhan Bingöl, Vedat İdil, Meral Güngör Mossmann, Tomris Bakır, Neşe Özgünel, Güven Bakır, Coşkun Özgünel, Baki Öğün, Mehmet Ali Döğenci.

Nach einem Vortrag bei der Türkischen Historischen Gesellschaft (1993). Von links nach rechts: Erol Atalay, Uğur Silistreli, Ramazan Özgan, Abdullah Yaylalı, Meral Manyas, Hayat Erkanal, Ekrem Akurgal, Fahri Işık und seine Tochter, Cengiz Işık, Mustafa Uz.

Tomris Bakır, Melahat Behlil, Ekrem Akurgal, İnci Bayburtluoğlu, Ümit Serdaroğlu und Cevdet Bayburtluoğlu (1965)

Ein Ausflug mit der Yacht. Jean Mac Leod, Meral Manyas, Nathalie Parker (1976)

Meral Manyas, Nathalie Parker

Mit Myriame Morel, der Direktorin des Museums von Marseille, in Foça (1991)

Ein in Bayraklı gefundenes Musikinstrument — eine Trommel — aus dem 16. Jahrhundert v. Chr.

Als Leiter der Ausgrabungen von Bayraklı (1968)

Grabungen in Bayraklı (1993-1999)

Kybele (Machteld Mellink) und Attis (Ekrem Akurgal) am heiligen Denkmal in Phrygien (1993)

Feier zur Verleihung der Würde des Ehrendoktors an Machteld Mellink und Ekrem Akurgal an der Anadolu Universität in Eskişehir (1993)

Eric Roulleau, der französische Botschafter in Ankara, übergibt mir den Orden der „Légion d'Honneur" im Offiziersrang, den mir der französische Staatspräsident Mitterand verliehen hat.

Feier zur Verleihung des deutschen „Großen Verdienstkreuzes mit Stern am Bande" an Sedat Alp und Ekrem Akurgal. Vordere Reihe: Mehpare u. Levent Meriç, Heidi Eickhoff, Güler Mumcu, Erdal İnönü, Ahmet Mumcu. Hintere Reihe: Ferzan Alp, Nuri Saryal, Wolf Koenigs, Gertraud Stoop, Sedat Alp, Ingeborg Sonsuz, Ekrem Akurgal, Ekkehard Eickhoff und Meral Akurgal (1991)

STAATSMÄNNER UND UNTERNEHMER ALS FÖRDERER TÜRKISCHER KULTURSCHÄTZE

Wie schon an mehreren Stellen in diesem Buch erwähnt, verdanken wir Atatürk die Begründung und Entwicklung der Alten Geschichte und der Archäologie als Wissenschaft in der Türkei. Der Weg und die Vorgaben des großen Reformers wurden in der Ära İnönü, in den Jahren 1938 bis 1946, in denen Hasan Âli Yücel das Erziehungsministerium leitete, ergänzt und vollendet. Besonders durch die Übersetzung der Klassiker der Weltliteratur ins Türkische — wozu auch Werke aus griechischer und römischer Zeit zählten — wurde die Basis für eine Annäherung an westliches Gedankengut gelegt. Die Ilias des Homer, die Verse der lyrischen Dichter, die Naturphilosophen und Sokrates, Kenntnisse über Platon und Aristoteles, historische Werke von Autoren wie Herodot und Thukydides und auch die Dramen von Aischylos, Sophokles und Euripides, alles grundlegende Werke der westlichen Zivilisation, wurden in dieser Zeit erstmals durch das Übersetzungsagentur (türkisch: Tercüme Bürosu) von sachverständigen Wissenschaftlern veröffentlicht.

Besonders Azra Erhat, Halikarnas Balıkçısı (Der Fischer von Halikarnassos, d.i.: Cevat Şakir Kabaağaçlı) und Sabahattin Eyüboğlu leisteten bei der Vermittlung von Kenntnissen über die griechische Kultur in der Türkei Pionierarbeit. Es ist mir ein Bedürfnis in diesem Zusammenhang voller Achtung und Zuneigung auch Übersetzern wie Nurullah Ataç und Sabahattin Batu zu gedenken. Auf diese Weise entfalteten jene Perioden, die in Europa als Renaissance und Aufklärung bezeichnet werden, auch in der Türkei ihre Wirkung. Dies geschah — wie Atatürk es vorgegeben hatte — während der Regierungszeit von İsmet İnönü als Staatspräsident und unter Hasan Âli Yücel als Erziehungsminister.

Im Rahmen dieser Aktivitäten wurden in Ankara auch die griechischen Dramen von griechischen Regisseuren auf die Bühne gebracht. Im Gegenzug haben türkische Theaterleute klassische griechische Dramen aufgeführt, wofür sie von den griechischen Zuschauern großen Beifall erhielten. Heute denken wir voller Sehnsucht an diese Tage zurück. In diesem Zusammenhang muss das Engagement der Tageszeitung Cumhuriyet sehr gelobt werden, da sie die damaligen Veröffentlichungen des Erziehungsministeriums nachdruckt.

Die türkischen Staatspräsidenten und ihre Ansichten zur Archäologie und zur Geschichte

Wie bekannt, verdanken wir die Begründung der Archäologie als Wissenschaft in unserem Land Atatürk. Der große Reformer hat die Türkische Historische Gesellschaft (TTK) und die Türkische Sprachgesellschaft (TDK) gegründet, er hat Ausgrabungen veranlasst und damit die Vergangenheit Anatoliens für alle sichtbar gemacht.

Diese von Atatürk begonnenen Arbeiten wurden während der Regierungszeit von İsmet İnönü mit gleichem Nachdruck fortgesetzt. Auch unser dritter Staatspräsident Celal Bayar hat mit seiner Kulturpolitik, die dem Weg von Atatürk folgte, bedeutende Anstrengungen zur Förderung der Archäologie unternommen. Der fünfte Staatspräsident Cevdet Sunay hat den archäologischen Arbeiten großes Interesse entgegengebracht. Der sechste Staatspräsident Fahri Korutürk hat sichergestellt, dass der X. Internationale Archäologenkongress abgehalten werden konnte. Während der Zeit des siebenten Staatspräsidenten Kenan Evren kam es zu einer Periode des Stillstands der wissenschaftlichen Arbeit auf den Gebieten der Geschichte und der Archäologie, da in seiner Amtszeit die von Atatürk gegründete Türkische Historische Gesellschaft (TTK) verstaatlicht wurde. Der achte Staatspräsident Turgut Özal fand, da er sich auf vielen weiteren Gebieten erfolgreich engagierte, nicht die Zeit, sich archäologischen und historischen Themen zu widmen.

Der gegenwärtige Staatspräsident Süleyman Demirel misst kulturellen Fragen und den Grundsätzen von Atatürk große Bedeutung bei. Daher hegen wir die Hoffnung, dass die

Türkische Historische Gesellschaft (TTK) wieder in den Zustand versetzt wird, in dem sie sich vor dem Jahr 1983 befand.

Das Interesse türkischer Politiker an der Archäologie

In den Jahren 1923 bis 1983 haben sich alle Ministerpräsidenten — Bülent Ulusu eingeschlossen — sehr für die Archäologie interessiert. Doch seit dem Jahr 1983 haben die Ministerpräsidenten wissenschaftlichen Themen keine Zeit mehr gewidmet, so dass sie keine Möglichkeit fanden, der Archäologie und der Geschichtswissenschaft ihre Aufmerksamkeit zu schenken.

Von 1923 bis 1983 haben alle Außenminister der Archäologie gegenüber — unter Beachtung der Prinzipien von Atatürk — eine aufgeschlossene Haltung eingenommen. Von 1983 bis heute haben vor allem Vahit Halefoğlu, Mesut Yılmaz, Murat Karayalçın und İsmail Cem die Archäologie gefördert.

In der Zeitspanne von 1923 bis 1983 haben die für kulturelle Fragen zuständigen Minister für Erziehung und Tourismus der Archäologie und der Geschichtswissenschaft viel Aufmerksamkeit gezollt und sie in sehr vorteilhafter Weise unterstützt. In diesem Zusammenhang möchte ich an die beiden letzten Minister für Tourismus und Kultur Necmettin Cevheri und İlhan Evliyaoğlu erinnern. Als Kulturminister während der letzen 15 Jahre haben vor allem Cihat Baban, Mükerrem Taşçıoğlu, Nermin Neftçi, Talat Halman, Mesut Yılmaz, Namık Kemal Zeybek und Fikri Sağlar sich sehr für archäologische und historische Fragen interessiert und bedeutende Beiträge zur Förderung dieser Wissenschaften geleistet.

Die Unternehmer und die Archäologie: Die Sammlungen von Kocabaş, Sadberk Hanım und Rahmi Koç

Die erste Sammlung antiker Werke in der Türkei, die nicht unrechtmäßig erworben wurden, hat Hüseyin Kocabaş, ein Unternehmer und Tuchhändler aus Bursa, zusammengestellt. Kocabaş traf ich zum ersten Mal in den 1940er Jahren am Archäologischen Museum in Istanbul, als ich meinen Schüler, den Archäologen Nezih Fıratlı besuchte. Am Tag unseres Kennenlernens sind wir zu dritt zu seinem Stoffladen gegangen, der damals links gegenüber dem Galatasaray Gymnasium lag. Vor dort brachen wir gemeinsam zu dem Gebäude auf, in dem er seine Sammlung ausstellte. Die Kollektion, die Werke aus allen Perioden anatolischer Geschichte umfasste, hat mich sehr beeindruckt. Zur damaligen Zeit verkauften die Dorfbewohner antike Fundstücke, die ihnen durch Raubgrabungen oder durch Zufall bei der Feldarbeit in die Hände fielen, für wenig Geld. Ich selbst kaufte für wenig Geld in Acemhöyük, wo in späteren Jahren Nimet Özgüç grub, fünf oder sechs sehr schöne Vasen der frühen hethitischen Periode (2000-1750 v.Chr.) und schenkte sie dem Archäologischen Museum in Ankara, das heute Museum der Anatolischen Kulturen heißt. Da Hüseyin Kocabaş gestohlene oder zufällig aufgefundene Werke, die ihm die Bauern brachten, zu einem für damalige Verhältnisse attraktiven Preis erwarb, war es ihm möglich eine reichhaltige Sammlung aufzubauen. Dazu kam, dass Kocabaş ein feiner, freundlicher und bescheidener Unternehmer war, den die Dorfbewohner besuchten, um ihm ihre Verbundenheit zu zeigen.

Die zweite große private Antiquitätensammlung wurde von Sadberk Hanım, der Frau des Großunternehmers Vehbi Koç zusammengestellt und am 14. Oktober 1980 in die Form eines Museums überführt. Dieses ethnographische Museum, das auch Handarbeiten und kunsthandwerkliche Gegenstände umfasste, befand sich im Vorort Büyükdere am Bosporus in der Piyasa Caddesi 27-29. Es bestand aus einer Gruppe von Gebäuden, deren größtes bis zum Jahr 1988 den Besuchern offen stand. Um auch die Werke der Kocabaş-Kollektion ausstellen zu können, die die Vehbi Koç Stiftung gekauft und der Kollektion des Sadberk Hanım Museums hinzugefügt hatte, hat diese zusätzlich zu dem vorhandenen vierstöckigen Gebäude das daneben liegende dreistöckige "Sevgi Gönül Binası" restaurieren lassen. So entstand das heutige seit

1988 geöffnete Sadberk Hanım Museum. Dieses Museum wird gegenwärtig von den Archäologen Çetin und Tanju Anlağan geleitet und wurde 1988 mit dem "Europa Nostra"-Preis ausgezeichnet. Tatsächlich ist das Sadberk Hanım Museum — vergleichbar dem Goulandris- und Benaki-Museum in Athen — nach internationalen Maßstäben das erste und einzige Privatmuseum in der Türkei und hat deshalb besondere Anerkennung verdient. Wer heute die Gebäude in der Piyasa Caddesi 27-29 in Büyükdere besucht, in denen das Museum untergebracht ist, empfindet große Bewunderung für die Familie von Vehbi Koç.

Eine weitere Privatsammlung besitzt Rahmi Koç, der aus der gleichen Familie stammt. Um seine Sammlung zu besichtigen, die er in seiner Ufervilla im Stadtteil Anadolu Hisarı unterhält, hat mich Rahmi Koç mehrfach in sein Haus eingeladen und mich nach meiner Meinung zu den Stücken seiner Sammlung befragt. Er besitzt bedeutende Vasen und in seinem großen Garten hat er sehr wertvolle Reliefs und Statuen aus verschiedenen Perioden aufgestellt. In unseren Gesprächen hat mir Rahmi Koç erzählt, dass er die Liebe zu den Antiquitäten Hüseyin Kocabaş verdankt. Er berichtete: "Schon als ich noch ein kleines Kind war, hat er mich an der Hand genommen und hat mir seine Kunstsammlung gezeigt. Daher kommt meine Liebe zu diesen Dingen." Dass dieses Interesse des großen Unternehmers Rahmi Koç noch immer anhält, entnehmen wir der Tatsache, dass er inzwischen ein "Kunstmuseum" gegründet hat.

Die Sammlung G.E. von Aulock

Eine weitere Sammlung, die rechtmäßig erworben wurde und über die die Generaldirektion für Monumente und Museen informiert ist, hat G.E. von Aulock zusammengetragen, der Direktor der Deutschen Bank in Istanbul war.

Zu Beginn des Zweiten Weltkriegs mochte von Aulock nicht nach Deutschland zurückkehren. Vielmehr zog er es vor, die Kriegsjahre in einem Lager für Emigranten in Zentralanatolien zu verbringen, wo er das Interesse am Erwerben und Sammeln von Antiquitäten entwickelte. Von Aulock, der nach dem Krieg wieder die Direktion der Deutschen Bank in Istanbul übernahm, war mehr daran interessiert, Goldmünzen aus griechischer und römischer Zeit sowie Silber- und Bronzemünzen zu sammeln. In seinem Haus im Stadtteil Bebek stellte er neben seiner Münzsammlung jedoch auch schöne Statuen, Reliefs und Vasen aus. Von Aulock, der aus einer reichen Familie stammte, ging zur Löwenjagd nach Afrika und jagte in der Türkei in der Umgebung von Polatlı Wachteln, Rebhühner und Fasane. In seiner Zeit, d.h. in den 1950er Jahren erweiterte er seine Sammlung. Damals gab es viele gestohlene und zufällig gefundene Antiquitäten auf dem Markt, doch waren die Preise dafür hoch. Der zuvor erwähnte Hüseyin Kocabaş war damals schon nicht mehr in der Lage, weitere Gegenstände zu erwerben. Doch ab Mitte der 1950er Jahre überstiegen die Preise auch die Mittel von Aulocks. Einmal teilte er mir mit: "In der Umgebung von Amasya und Tokat wird unerlaubt gegraben!" Ich bat ihn um detaillierte Informationen hierüber, doch er konnte keine Einzelheiten nennen oder er wollte keine Angaben machen. Ich habe von Aulocks Nachricht an Hikmet Gürçay, den damaligen Direktor für Grabungen und an den Direktor Kâmil Su weitergeleitet. Die beiden Beamten bestätigten mir: "Ja, auch wir haben davon gehört. Wir werden die erforderlichen Maßnahmen ergreifen." Und tatsächlich erreichten uns aus der Umgebung von Amasya und Tokat, d.h. aus Mahmatlar und aus Horoztepe, einige Objekte. Die Generaldirektion erkannte die Bedeutung der Fundstücke und entschied, dass Tahsin Özgüç in Horoztepe graben sollte. Daraufhin grub der Wissenschaftler im Oktober 1956 in Horoztepe und veröffentlichte die Ergebnisse in einem schönen Buch.

Doch leider ging Anfang der 1950er Jahre und besonders Ende 1957 und Anfang der 1960er Jahre ein sehr wertvoller Teil der Altertümer aus Mahmatlar und aus Horoztepe durch die Vermittlung türkischer Zwischenhändler und ausländischer Firmen, die Spitzenpreise für diese

Werke zahlten, an das Metropolitan Museum.[9] Diese Ausplünderung setzte sich in den 1960er Jahren fort, als den Grabräubern in der Provinz Uşak wertvolle Funde in die Hände fielen.[10]

Grabungen und Veröffentlichungen — von Unternehmern unterstützt
Die türkischen Unternehmer unterstützen meist sehr lobenswerte Projekte wie Krankenhäuser, Studentenwohnheime, Schulen, Kulturzentren und sportliche Aktivitäten. Außerdem leisten sie — wie wir oben gesehen haben — bedeutende Beiträge bei der Einrichtung von Museen und der Sammlung von antiken Kunstgegenständen. Außerdem fördern die Unternehmer in unserem Land auch archäologische Grabungen und Veröffentlichungen.

Förderung der Grabungen in Erythrai (Çeşme/Ildırı) durch die Yaşar-Gruppe
Die umfassende Hilfe der Yaşar-Gruppe bei der Freilegung der antiken ägäischen Stadt Erythrai muss besonders gewürdigt werden. Tatsächlich wurden die dort durchgeführten Grabungen in den Jahren 1977 bis 1983 nach Kräften unterstützt, wodurch die Entdeckung der ältesten Objekte der ionischen Kultur sichergestellt wurde. Die Yaşar-Gruppe hat mit ihrem Engagement sowohl dem Tourismus gedient als auch einen Beitrag zur Erforschung der Menschheitsgeschichte geleistet. Die Kunstwerke, die wir bei den Grabungen in Erythrai ans Tageslicht gefördert haben, habe ich in meinen in Europa in hoher Auflage erschienenen Büchern beschrieben. Indem die Stiftung "Yaşar Eğitim ve Kültür Vakfı" meine auf Türkisch erschienenen Bücher mit den Titeln "Izmir und die Ägäis in der Antike" und "Die hattische und die hethitische Kultur" förderte, ermöglichte sie durch ihre großzügige Unterstützung, dass sich die türkischen Intellektuellen mit diesen beiden bedeutenden Themen vertraut machen konnten.

Die Hilfe der Eczacıbaşı Holding bei den Grabungen in Bayraklı (Alt-Smyrna)
Nejad Eczacıbaşı, den ich während meines Studiums in Deutschland kennen gelernt hatte, gewährte uns während der Ausgrabungen in Bayraklı mehrfach beträchtliche Hilfen. Auch nach dem Tod des großen Unternehmers dauerte diese Förderung an. Durch Aktivitäten, die seitens des Architekten und Unternehmers Şükrü Kocagöz initiiert wurden, konnte im Jahr 1995 mit der materiellen Hilfe der Eczacıbaşı Holdung die Restaurierung des ältesten Steinbrunnens der Antike in Angriff genommen werden. Die Rettung dieses bedeutenden Monuments, das heute ganz unter Wasser liegt, wird weiter mit großem Nachdruck betrieben.

Die Eczacıbaşı Holding, die das Internationale Musikfestival in Istanbul fördert, hat in lobenswerter Weise mit ihrer Unterstützung und mit ihren Aktivitäten im Zuge ihrer Kunst- und Kulturstiftung in Izmir auch die Grabungen in Alt-Smyrna (Bayraklı) gefördert.

Wir möchten Herrn Bülent Eczacıbaşı unserer großen Zuneigung und Verehrung versichern.

Die Söktaş-Gesellschaft und die Grabungen in Bayraklı (Alt-Smyrna)
Weitere wichtige Förderung erhielten wir — wiederum initiiert von dem Architekten Şükrü Kocagöz — von der Söktaş-Gruppe. Seit 1991 hat der Architekt Şükrü Kocagöz die Grabungen in Bayraklı in großem Rahmen gefördert. Wie sein Vater, der bekannte Schriftsteller Samim Kocagöz, ist auch Şükrü Kocagöz ein treuer Bürger von Izmir. Durch seine Zeitungsartikel und Vorträge hat er die Aufmerksamkeit der Wirtschaftskreise auf Alt-Smyrna gelenkt und so den gebildeten und hervorragenden Unternehmer Muharrem Kayhan als Sponsor für die Grabungen in Bayraklı gewonnen. Aufgrund der finanziellen Unterstützung der Söktaş-Gruppe können nicht nur die Restaurierungsarbeiten durchgeführt werden, sondern Bayraklı kann weiterhin

9 Einzelheiten zu diesem Punkt siehe: Akurgal: Hatti ve Hitit 3-4.
10 Einzelheiten zum Raub antiker Kunstwerke in der Türkei siehe: E. Akurgal: Anadolu Uygarlıkları. 5th ed. X-XII, 541-544.

zu einer hervorragenden Wissenschaftszentrale ausgebaut werden und zur Stätte antiker Ruinen, die auch bei Touristen auf Interesse stoßen wird.

AUSGRABUNGEN VON HISTORISCHEN STÄDTEN UNTER EIGENER LEITUNG

Schon in der Zeit, als ich noch Doktorand in Berlin war, verspürte ich den Wunsch, die ältesten griechischen Städte in Anatolien auszugraben. Mich interessierte besonders die Geschichte der Einwanderung der Aiolier und der Ionier nach Anatolien. Während meiner Suche nach noch unberührten oder wenigstens weitgehend unberührten Grabungsorten kam ich 1943 nach Izmir und besuchte die zu untersuchenden Plätze an der Küste zwischen Izmir und Bergama. Am stärksten beeindruckte mich damals der Tumulus von Alt-Smyrna in Bayraklı. Der erstmals durch den österreichischen Archäologen Miltner untersuchte Hügel von Bayraklı erschien mir sehr interessant. Die Tonscherben von Schalen aus geometrischer und archaischer Zeit, die bei den Längs- und Profilschnitten des Stadthügels in großer Menge zu Tage gefördert wurden, beeindruckten mich so sehr, dass ich beschloss, alle veröffentlichte Literatur über diese Stadt zusammen zu tragen.

Die über die ionischen Städte Anatoliens veröffentlichte Literatur durchzusehen, dauerte neben meinen sonstigen wichtigen Arbeiten drei Jahre. Als erstes Ergebnis meiner Forschungen schrieb ich einen Aufsatz in französischer Sprache mit dem Titel "Smyrne à l'époque archaique et classique". Dieser Artikel erschien 1946 in der türkischen Zeitschrift "Belleten". Den Entschluss, Alt-Smyrna auszugraben, fasste ich im Jahr 1947 in Athen. Denn wie ich schon oben berichtete, hatte ich dazu Gelegenheit, als ich mich in jenem Jahr zur Feier des 150-jährigen Bestehens des Französischen Archäologischen Instituts in Athen, in eben dieser Stadt befand.

In der Woche meines dortigen Aufenthalts konnte ich zahlreiche Fachkollegen persönlich kennen lernen. Der Leiter des Englischen Archäologischen Instituts in Athen, John Cook, sagte zu mir, er habe meinen Aufsatz "Smyrne à l'époque archaique" gelesen und fragte mich, ob ich beabsichtige, diese Stadt auszugraben. "Eigentlich würde ich das gern tun", erwiderte ich, "doch ich verfüge weder über die finanziellen Mittel noch über die technische Ausstattung hierzu." Darauf schlug er mir vor: "Wir verfügen über ausreichende Finanzmittel und auch über eine gute Ausrüstung. Doch nach dem Ende des Zweiten Weltkrieges erteilt Griechenland gegenwärtig noch keine Erlaubnis zu weiteren Grabungen. Deshalb möchte ich anregen, dass wir gemeinsam Alt-Smyrna ausgraben." So kam es also zu unserer Zusammenarbeit. Gleich im folgenden Jahr — das war 1948 — begannen wir als türkisch-englische Gruppe mit den Grabungen. Für dieses Unternehmen stellten die Engländer eine Summe von 25.000 TL bereit — wir konnten 5.000 TL beisteuern.

Nachdem wir an einigen unterschiedlichen Stellen Sondagen vorgenommen hatten, steckten wir am nördlichsten Ende des Stadthügels zwei parallele Forschungsfelder ab. Auf dem linken Feld gruben türkische Archäologen, das rechte übernahmen die englischen Kollegen. Gegen Ende der ersten Kampagne stellten wir fest, dass im türkischen Teil Wohnhäuser lagen. Die englischen Archäologen dagegen standen vor der Aufgabe, einen Tempel freizulegen. Bei der Verabredung zur Zusammenarbeit legten wir fest, dass die englischen Kollegen von dem Material, das sie aus ihrem Grabungsabschnitt herausgeholt hatten, über die attische und korinthische Keramik arbeiten sollten. Die türkischen Archäologen sollten sich der in Anatolien hergestellten Keramik widmen, die als "orientalisierend" bezeichnet wurde. Leider währte diese vorteilhafte Kooperation nur vier Jahre, denn in Griechenland wurden die Ausgrabungen wieder aufgenommen. Daher mussten John Cook und seine Mannschaft Izmir schon 1951 wieder verlassen.

Englisch-türkische Grabungen in Izmir (Alt-Smyrna) und ihre bedeutenden Ergebnisse
Wir kamen zu sehr wichtigen Erkenntnissen. In den ältesten Schichten fanden wir in reichem Ausmaß protogeometrische Keramik. Dies zeigte ganz deutlich, dass die griechische Besiedelung ungefähr 1050 v.Chr. stattgefunden hatte. Die zweite bedeutende Entdeckung der englisch-türkischen Grabungen in Alt-Smyrna bestand darin, dass man den bis dahin ältesten griechischen Tempel in Anatolien gefunden hatte. Doch leider konnten die englischen Archäologen den Tempel aus Zeitgründen nicht gänzlich freilegen. Sie konnten ihn lediglich durch Sondagen erforschen. Daher konnte auch nicht festgestellt werden, für welche Gottheit das Bauwerk errichtet worden war. Die Ergebnisse der gemeinsamen englisch-türkischen Grabungen wurden von John Cook, John Boardman, J. E. Anderson, R.V. Nicholls, Baki Öğün und Ekrem Akurgal veröffentlicht.

Nach dem Abschluss der durch Kooperation mit englischen Archäologen durchgeführten Grabungen in Alt-Smyrna wollte ich herausfinden, ob es in Anatolien noch andere Ruinenfelder mit frühgriechischen Schichten gab. Um eine Antwort auf diese Frage zu finden, führte ich in den Jahren 1952 und 1953 Grabungen in Form von Sondagen in Kyzikos, Daskyleion, Kyme und Sinope durch. Diese Untersuchungen förderten großartige Funde zu Tage, die jedoch nicht aus der ältesten, sondern aus der archaischen Periode des 7. und 6. Jahrhunderts v.Chr. stammten.

Grabungen in Foça (Phokaia)
Da während der zweijährigen Forschungs-Kampagne keine Spuren aus der protogeometrischen Periode gefunden wurden, widmete ich mich der Untersuchung der Stadt Foça (Phokaia). Während der vorbereitenden Arbeiten in Izmir habe ich die Stadt Foça einige Male besucht. Diese Stadt von großartiger Schönheit hat mich sehr beeindruckt. Am nördlichen Rand der Halbinsel von Foça stand ein unvollendetes Schulgebäude. Dieser Bau erinnerte mich, wenn ich ihn mir aus der Ferne ansah, an einen alten griechischen Tempel. Daher entschloss ich mich, meine späteren Untersuchungen in Foça durchzuführen. In der näheren Umgebung des unvollendeten Baus der Mittelschule nahm ich Sondagen in vier Richtungen vor. Ich freute mich sehr, als die Tonreliefs und die Akrotere, die den Dachgiebel geschmückt hatten, ans Tageslicht kamen. So sah ich meine Vermutungen bestätigt, denn diese Forschungsarbeiten bescherten uns die Basis einer Säule, ein blattförmiges Kapitell, das den in Alt-Smyrna gefundenen ähnelte, und ein ionisches Kapitell. Dies bedeutete, dass hier der von Xenophon (Hellenika 1,3,1) erwähnte Athena-Tempel lag. Bei unserer Untersuchung im Westen der Mittelschule konnten wir Haufen von Tonscherben aufdecken, in denen sich Teile geometrischer und monochromer Keramik befanden. Dadurch stellten wir fest, dass der Tempel genau an der Stelle errichtet worden war, an der heute die Mittelschule stand. Die Mauerreste mussten in den vergangenen Jahrhunderten verschwunden sein.

Bei weiteren Sondagen an verschiedenen Stellen der Halbinsel stellten wir fest, dass die Schichten, die auf die archaische Periode folgten, leider völlig durcheinander gebracht waren. Überall traten Schichten zu Tage, die — obgleich sie zu unterschiedlichen Perioden gehörten — miteinander vermischt waren. Lediglich die Überreste der archaischen Periode befanden sich noch an dem Platz, an dem sie ursprünglich errichtet worden waren. Dabei war jedoch die archaische Schicht zu einem beträchtlichen Teil zerstört. Aus diesem Grund bestand keine Hoffnung Hauskomplexe wie in Alt-Smyrna zu finden.

Ergebnisse der Grabungen in Foça (Phokaia)
Die monochromen Fragmente bewiesen, dass die Stadt spätestens im 11. Jahrhundert v.Chr. von aiolischen Stämmen gegründet worden war. Die Bruchstücke von protogeometrischen Gefäßen dagegen bestätigten die Aussagen von schriftlichen Quellen, wonach Foça unter der

Herrschaft von Teos, einer der ionischen Städte, und von Erythrai stand. Weiterhin ist von großer Bedeutung, dass die Existenz des von Xenophon genannten Athena-Tempels durch die zahlreichen gut erhaltenen Architekturfragmente, die man aufgefunden hatte, bestätigt wurde. Bedauerlich war hingegen, dass wir die Mauerreste der von Herodot sehr gerühmten Stadtmauer nicht finden konnten. Doch kann ich voller Freude mitteilen, dass nach einer Pause von 40 Jahren der Archäologe Ömer Özyiğit, der in der Stadt Ausgrabungen leitet, einen ansehnlichen Teil der Stadtmauer freigelegt hat.

Die Qualität der beeindruckenden orientalisierenden Keramik aus der ersten Hälfte des 6. Jahrhunderts v.Chr., die wir in Foça gefunden haben, ist sehr gut. Die Darstellung der Frauenköpfe auf den Vasen, deren Nasenspitzen elegant nach oben gerichtet sind, tragen aiolische Charakterzüge. Diese Mädchen mit ihren ansprechenden Gesichtern und mit ihren Haarreifen aus Blumen erinnerten uns an die Schülerinnen aus der Schule der berühmten Dichterin Sappho, die in der gleichen Periode gelebt hat. Wie wir aus den Versen der Sappho wissen, waren zu Beginn des 6. Jahrhunderts v.Chr. Kopfbedeckungen lydischer Art in Mode, die Mitra genannt wurden. Doch wie wir erfuhren, hatte der Tyrann Pittakos von Mytilene, der Lesbos beherrschte, die Einfuhr von Luxusgütern verboten, weshalb die Schülerinnen ohne diese schmückenden Kopfbedeckungen auskommen mussten. Die bekannte Dichterin schreibt in einem ihrer Verse: "Ach, mein Kindchen! Wir haben keine Mitra aus Sardes. Aber für ein Mädchen deines Alters reicht ein Blumenkranz als Schmuck." Die bei den Grabungen entdeckten Vasen zeigten, dass die Mädchen in Foça sich im 6. Jahrhundert v.Chr. tatsächlich — wie die Schülerinnen der Sappho — mit einem Kranz aus Blumen schmückten.

Die Invasion der Perser in Anatolien, die im Jahr 545 v.Chr. begann und sich über etwa 200 Jahre hinzog, beendete die Entwicklung der ionischen Ansiedelungen in Anatolien. Eine Reihe von griechischen Stämmen an den Küsten der Ägäis wanderte in die nördlichen Küstenregionen des westlichen Mittelmeers aus. Die Bewohner aus Foça gründeten an den südlichen Küsten Italiens, Frankreichs und Spaniens so bedeutende Städte wie Elea (Velia), Massalia (Marseille) und Emporion (Ampurias). Für die anatolischen Griechen war dies eine sehr schwere Zeit, für die europäischen Länder dagegen war ihre Zuwanderung ein großer Gewinn. Denn die anatolischen Griechen hoben mit ihrer klugen, von Naturphilosophen geprägten Weltsicht und mit dem hohen Standard der ägäischen Kunst die primitive Lebensweise der europäischen Völker auf ein höheres Niveau.

Die Ausgrabung der Nekropole von Pitane (Çandarlı)

Als ich in den Jahren 1957/58 mit jungen Kollegen zufällig über die in Myrina gefundenen Statuetten arbeitete, erreichte mich die Nachricht, ein junger Mann aus Çandarlı (Pitane) habe eine Marmorstatue entdeckt und zum Museum in Bergama gebracht. Die Statue war eigentlich nicht von sehr guter Qualität, aber sie war eben doch ein Geschenk der anatolisch-griechischen Welt. Wir hielten es daher für angezeigt, unsere Grabungsarbeiten von Foça nach Çandarlı zu verlegen. Nach Auskunft der Leute aus Çandarlı war die Statue auf der Landenge der Halbinsel gefunden worden. Als wir nach Spuren antiker Überreste suchten, bemerkte ich, dass die Erde auf der Landenge von Çandarlı an manchen Stellen eine unterschiedliche Farbe hatte. Eine Sondage brachte zu Tage, dass sich an einer dieser Stellen die Nekropole von Çandarlı befand. Wir waren daher erfreut, dass wir innerhalb kurzer Zeit eine ganze Reihe von Gräbern freilegen konnten. Die bedeutendste Erkenntnis war, dass wir eine Nekropole vor uns hatten, auf der zwei unterschiedliche Bestattungstraditionen durchgeführt wurden: die Feuerbestattung und die Erdbestattung. Die Toten waren in Sarkophagen begraben, in denen zum Teil auch Tongefäße lagen, die verschiedene Gegenstände enthielten. In anderen schlichten Gräbern lagen nur die Leichname. Wenn wir auch bei den Grabungen nicht auf weitere Statuen gestoßen sind, so haben wir doch schöne Vasen ans Tageslicht befördert. Die Teilnehmer an der Grabung haben tatsächlich jeden Abend voller Stolz unter den verwunderten Blicken der Bevölkerung von Çandarlı mindestens ein halbes Dutzend unbeschädigt ausgegrabener Vasen in das Grabungshaus gebracht. Dieser Ort ist die größte Nekropole der archaisch-griechischen Periode in Anatolien, die bis heute ausgegraben wurde. Neben importierten Gefäßen aus Attika und Korinth haben wir zahlreiche Vasen im früh-, mittel- und spätorientalisierenden Stil gefunden. Heute befinden sich diese in einer Reihe von Ausstellungssälen und in Depots im Archäologischen Museum von Istanbul. Außerdem werden Teile dieser Funde auch in einem Ausstellungsraum im Archäologischen Museum von Izmir ausgestellt, bzw. in dortigen Depots gelagert. Die frühesten dieser Funde werden dagegen im Museum von Bergama aufbewahrt.

Nach einer Untersuchung des Materials stellte sich heraus, wie ein im Baseler Antikenmuseum befindlicher Dinos (Kessel) und einige im Louvre aufbewahrte Amphoren ganz deutlich zeigen, dass in der Nekropole von Çandarlı schon vor uns von Räubern gegraben worden war.

Das älteste Grab der Nekropole enthielt spätgeometrische Vasen. Eine davon zeigt eine siebensaitige Lyra. Auch auf einem spätgeometrischen-subgeometrischen Dinosfragment, das in Alt-Smyrna gefunden wurde, ist eine solche siebensaitige Lyra dargestellt. Die in Izmir und Çandarlı gefundenen Beispiele sind die einzigen frühen Belege mit einer siebensaitigen Lyra. Die Phorminx, ein Musikinstrument aus der homerischen Zeit, verfügt über vier Saiten. Die Instrumente der frühgriechischen Zeit hatten nur wenige Saiten. Die Zahl der Saiten schwankte zwischen drei und fünf. Die Saiten einer orientalischen Lyra waren gewöhnlich zahlreicher. Manche hatten fünf, sechs oder sieben Saiten — bei einigen Instrumenten finden wir auch bis zu 23 Saiten. Die konstante Anzahl der Saiten auf den Darstellungen der Lyra, die in Alt-Smyrna und in Çandarlı auf zwei Gefäßen gefunden wurden, und die auch wenig später auf den kykladischen Amphoren zu sehen war, fand sich weder auf den orientalischen Darstellungen noch auf den Lyra-Darstellungen der frühgriechischen Periode. Dass die älteste der kürzlich aufgefundenen Lyra-Darstellungen zunächst auf Gefäßen im ostgriechischen Stil zu sehen war, ist gewiss kein Zufall. Wie wir einem Versfragment [125 Snell] des Dichters Pindar entnehmen können, dürfte Terpandros aus Lesbos die anatolische Musik im zweiten Viertel des 7. Jahrhunderts v.Chr. bei Gastmahlen der Lydier gehört haben. Die Weiterentwicklung der viersaitigen Phorminx, die siebensaitige Lyra, müssen die griechischen Sänger wohl über die lydische und phrygische Musik kennen gelernt haben. Die Form des Musikinstruments und die Vielzahl der Saiten haben sich durch Einflüsse von außen entwickelt. Die Ausstattung mit sieben Saiten ist jedoch eine griechische Erfindung. Die Anzahl der Saiten war damit für jede Lyra festgelegt und bildete möglicherweise die Basis für das heptatonische System in Europa.

Die wichtigsten Ergebnisse der Grabung von Pitane (Çandarlı)

Die aiolischen Kunstgegenstände, die bis heute lediglich als Funde aus Larisa und Chios bekannt waren, wurden in bedeutender Qualität und in großer Zahl in der Nekropole von Çandarlı ans Tageslicht befördert. Sie waren Produkte bäuerlicher Volkskunst, die jedoch auf großes Interesse stießen. Einige in Çandarlı gefundene Amphoren zeigen Bildkompositionen von solcher Qualität, dass sie als meisterhaft bewertet werden können. Die Figur der Sirene, die ein markantes Profil besitzt und einen Schönheitsfleck auf der Wange trägt, ist nicht mehr nur die Darstellung eines Wesens aus der Mythologie, sondern stellt ein bestimmtes Mädchen dar — vielleicht die Nachbarin des Künstlers, der die Vase herstellte, oder gar seine Geliebte. Die gleiche Entwicklung können wir an einer Figur nachvollziehen, die in Form einer Karikatur auf einer anderen Amphora aus Çandarlı zu sehen ist. Es ist tatsächlich eine bärtige Figur mit einem seltsam geformten Körper. In einem ovalen Rahmen, ganz umgeben von Schmuckmotiven, beugt sich diese Figur nach vorn, als wolle sie Blumen pflücken. In beiden Darstellungen spiegelt sich das fröhliche und humorvolle Naturell des ostgriechischen Menschen. Dieser

Charakterzug ist ebenso in der aiolisch-ionischen Dichtkunst dieser Periode und auch bei dem aus Lesbos stammenden Alkaios sowie bei Anakreon aus Teos zu erkennen.

Besondere Erwähnung verdienen zwei rund 30 cm hohe chiotische Becher aus der Nekropole von Çandarlı, auf denen Szenen aus der Mythologie dargestellt sind. Denn diese beiden Stücke geben uns eine Vorstellung von der ostgriechischen Wandmalerei in den Jahren 560 bis 550 v.Chr.[11]

Die Gruppe, die bei den Grabungen in Çandarlı erfolgreich zusammenarbeitete, bestand aus folgenden Personen: Cevdet Bayburtluoğlu, Güven Bakır, Tomris Bakır und Brigitte Freyer. Bedeutende Forschungsergebnisse zur aiolischen Kunst wurden von Karl Schefold, Sir John Boardman und Eleni Walter-Karydi veröffentlicht. Einen Teil der chiotischen Vasen aus Çandarlı hat Anna A. Lemos in mustergültiger Weise untersucht. Brigitte Freyer-Schauenburg hat einen wichtigen Artikel über die in Çandarlı aufgefundenen Objekte aus Glas vorgelegt. Ich habe in meinem Aufsatz der 1962 im American Journal of Archeology erschienen ist und in meinem Buch "Griechische und römische Kunst in der Türkei" auf einige interessante aiolische Besonderheiten hingewiesen. Ein Teil des Materials wird von dem türkischen Archäologen Kaan İren im Rahmen seiner Dissertation an der Bochumer Universität näher beleuchtet.

Als Ergebnis von sechsjährigen Grabungsarbeiten in Çandarlı stellte ich fest, dass es im Bereich der Nekropole an der Landenge der Halbinsel keine Stelle gab, die wir nicht untersucht hätten. Um in dieser Frage ganz sicher zu gehen, bestieg ich einige Male höher gelegene Punkte in der Nähe der Landenge und konnte keine Farbunterschiede mehr im Erdreich erkennen. Auf Grund dieser Feststellung beendete ich die Grabungen, die ich mit großer Freude durchgeführt hatte. Nach dem Ende der Forschungen in Çandarlı entschloss ich mich, die 1951 eingestellten, nur zur Hälfte vollzogenen Grabungen in Bayraklı wieder aufzunehmen. Die Arbeiten in Foça, Çandarlı, Kyzikos, Daskyleion und Kyme haben zweifellos großartige Ergebnisse gezeitigt. Doch leider konnten die in Bayraklı ans Tageslicht gekommenen Häuser-Komplexe hier nicht gefunden werden. Aus diesem Grund habe ich mich wieder voller Sehnsucht dem Bereich Alt-Smyrna zugewandt.

Die Fortführung der Grabungen von Alt-Smyrna

So kam es, dass ich nach einer Pause von 15 Jahren nach Izmir kam, um die Grabungen dieser bedeutenden Stadt fortzusetzen. Zunächst begannen wir den Tempel wieder freizulegen, der in der Grabungskampagne von 1948 bis 1951 aus Zeitgründen lediglich teilweise untersucht worden war. Mit großer Freude durften wir in der zwei Jahre währenden Grabungszeit beobachten, wie wir Hunderte von Säulen-, Vasen- und Kapitellfragmenten freilegten. Ein anderer überaus bedeutsamer Fund verzauberte uns geradezu. Dieses Fundstück ist eine 24 cm lange, kleine Bronze-Stange, deren Inschrift besagt, dass dieser Tempel der Göttin Athena geweiht war.[12]

Nachdem die Frage nach dem Athena-Tempel auf diese Weise beantwortet war, richteten wir unser Augenmerk auf die Freilegung von Haus- und Straßenkomplexen. So haben wir in den Jahren zwischen 1968 und 1993, d.h. über einen Zeitraum von 25 Jahren, zehn Siedlungsschichten freigelegt, die Haus- und Straßenkomplexe umfassten und aus den Jahren 1050 bis 300 v.Chr. stammten. Es tauchte ein von West nach Ost führender Weg auf, der vom 7. Jh. v.Chr. bis zum Ende des 3. Jh. v.Chr. benutzt worden war. Auf diesem von uns "Straße der Athena" genannten etwa 120 Meter langen Weg mündeten von Norden und von Süden her Straßen, die aus der Zeit der entdeckten Siedlungsschichten stammten. Neben vollständigen Grundrissen von Häusern haben wir weitere großartige Funde gemacht.

11 Akurgal, G.R.K. Taf.11. Lexicon Iconographicum Mythologiae Classicae I (1981) 77 s..v. Achilleus Nr. 254 Taf. 81.

12 Akurgal, G.R.K. 49 Abb. 54 Taf. 73a.

Die Grabungen, die ich von 1966 bis 1993 leitete, führte ich zusammen mit den unten aufgezählten türkischen Kollegen durch: Cevdet Bayburtluoğlu, Ümit Serdaroğlu, Güven Bakır, Tomris Bakır, Coşkun Özgünel, Orhan Bingöl, Vedat İdil, Ömer Özyiğit und Meral Manyas. 1993 gab ich die Leitung an Meral Akurgal (Manyas) ab, mit der ich seit 25 Jahren zusammen gearbeitet hatte. Doch auch nach diesem Zeitpunkt blieb ich Mitglied der Grabungsmannschaft. Die Ergebnisse der Grabungen, die wir seit 1966 durchgeführt hatten, veröffentlichten je zu einem Teil Cevdet Bayburtluoğlu, Coşkun Özgünel, Orhan Bingöl, Ömer Özyiğit und Meral Akurgal. Stavros Paspalas, der an der Universität Oxford an seiner Dissertation arbeitete, untersuchte den als "Waveline Pottery" bezeichneten Teil unseres Materials. Ich selbst habe die Ergebnisse in ihrer Gesamtheit in meinen Büchern "Alt-Smyrna" und "Griechische und römische Kunst in der Türkei" veröffentlicht.

Die Bedeutung der Grabungen in Alt-Smyrna

Bayraklı ist kein Ruinenfeld, das für Touristen attraktiv ist. Dennoch ist es von großer Bedeutung, denn es weist sechs Besonderheiten auf.

I. Im Tumulus von Bayraklı befindet sich eine der griechischen Kultur zugehörige Siedlung, die in den Jahren 1050 bis 300 v.Chr. über einen Zeitraum von 750 Jahren in zehn Schichten nachweisbar ist. Diese Schichten wurden in quadratischen Feldern festgestellt, die 100 x 120 Meter umfassten. Die erlangten Ergebnisse sind von größter Bedeutung, denn in den griechischen Kulturen — das Herkunftsland eingeschlossen — wurde keine Siedlung gefunden, in der zehn Schichten übereinander liegen, und deren Ausbau in den Jahren 1050/1000 v.Chr. begonnen worden war. Dieser Zustand der Stadt Bayraklı ist dem Umstand geschuldet, dass die Stadt 300 v.Chr. verlassen worden war. Sicherlich sind die gleichen Siedlungsschichten in den Städten Milet und Ephesos wie auch in vielen Städten in Griechenland vorhanden. Doch da diese Städte wichtige Gebäude aus hellenistischer und römischer Zeit, wie etwa Theater, Gymnasien, Bäder, Bibliotheken und Tempel hatten, bestand hier keine Möglichkeit, die unteren Schichten zu erreichen. Im Gegensatz hierzu war es im Hügel von Bayraklı möglich, sofort zu den unteren Schichten vorzudringen.

Die erste Schicht (1050 bis 925 v.Chr.) wird bestimmt durch Gefäße im aiolischen Stil[13] und durch eine Oinochoe.[14]

Die zweite Schicht (925 bis 875 v.Chr.): Diese Schicht wird durch einen spätprotogeometrischen Krater,[15] durch eine spätprotogeometrische Amphora[16] und durch ein sehr gut erhaltenes, ovales Haus charakterisiert.[17]

Die dritte Schicht (875 bis 825 v.Chr.) wird durch drei frühgeometrische Gefäße, die die zeitliche Einordnung ermöglichten, und durch drei große, nebeneinander liegende Zimmer repräsentiert.[18]

Bei der vierten Schicht (825 bis 750 v.Chr.) handelt es sich um eine neue Siedlungsschicht, was daraus ersichtlich wird, dass die oben erwähnten drei nebeneinander liegenden Zimmer eine neue Form angenommen haben und daraus, dass hier mittelgeometrische Gefäße gefunden wurden.[19]

13 Akurgal, Alt-Smyrna I Taf. 6a-h.
14 Akurgal, op. cit. Taf. 7a-c.12b.
15 Akurgal, op. cit. Taf. 8a.b.
16 Akurgal, op. cit. Taf. 8c.
17 Akurgal, G.R.K. 17 Abb. 2a.b.
18 Akurgal, op. cit. 18 Abb. 3.
19 Akurgal, op. cit. 18 Abb. 4.

Die fünfte Schicht (750 bis 700 v.Chr.): An die Stelle der oben erwähnten drei Zimmer treten hier vier nebeneinander liegende Zimmer. Zu dieser neuen Siedlungsschicht gehört auch ein apsidiales Haus.[20]

Die sechste Schicht (700 bis 640 v.Chr.): In dieser neuen Siedlungsschicht befinden sich Räumlichkeiten, die aus einem einzelnen Zimmer bestehen und einen quadratischen Grundriss aufweisen. Weiterhin befinden sich in dieser Schicht auch apsidiale Häuser und es wurden subgeometrische Gefäße gefunden.[21]

Die siebte Schicht (640 bis 600 v.Chr.) besteht vollständig aus nebeneinander liegenden Räumlichkeiten mit geometrischem Grundriss. In den Häusern wurden früh- und mittel-orientalisierende Gefäße gefunden.[22] Die Schicht wurde um 600 v.Chr. durch den lydischen König Alyattes zerstört.

Die achte Schicht (600 bis 545 v.Chr.): Die Anordnung der Räumlichkeiten zum Wohnen, die zuvor nebeneinander aufgereiht waren, verändert sich hier zu einer Hausform mit mehreren Zimmern. Daneben wurden Läden ausgegraben, die aus einem Raum bestanden. In den Häusern wurde vorwiegend spätorientalisierende Keramik gefunden. Die Bauten dieser Schicht wurden durch die Perser zerstört.[23]

Die neunte Schicht (545 bis 400 v.Chr.): In den Häusern wurde vorwiegend attische Keramik gefunden. In dieser Schicht wurden in den Grundrissen verschiedene Perioden sichtbar.[24]

Die zehnte Schicht (400 bis 300 v.Chr.): In den Häusern wurde vorwiegend attische Keramik gefunden. In dieser Schicht wurden in den Grundrissen verschiedene Perioden sichtbar.[25]

II. Der erste schachbrettartige Straßenplan: Es verdient unsere Beachtung, dass im Hügel von Bayraklı in der zweiten Hälfte des 7. Jahrhunderts v.Chr. ein schachbrettartiger Straßenplan Anwendung fand. Durch die Stadt zieht sich in west-östlicher Richtung ein von uns "Straße der Athena" genannter Weg von 120 Metern Länge, in den alle südlich und östlich verlaufende Straßen münden.[26] Das aus den natürlichen Gegebenheiten entwickelte Wegesystem richtete sich nach den klimatischen Bedingungen, das heißt, die Häuser waren nach Süden ausgerichtet, um vom Sonnenlicht zu profitieren. Damit war das Wegesystem als Vorläufer des hippodamischen Straßenplans anzusehen, der sich in der ersten Hälfte des 5. Jahrhunderts v.Chr. in Milet entwickelt hatte.

III. Die Überreste des Athena-Tempels aus den Jahren 700 bis 545 v.Chr., die aus dem Tumulus von Bayraklı ausgegraben wurden, stehen noch immer aufrecht. Daher kann man sagen, dass der älteste Athena-Tempel[27] der griechischen Kultur — Griechenland eingeschlossen — in Bayraklı aufgefunden wurde.

IV. Die ältesten und schönsten pilzförmigen Kapitelle[28] der ostgriechischen und der phönizischen Kunst, die von hethitischen Vorbildern inspiriert waren, und die ältesten sicher datierten Kapitelle mit vertikalen Voluten (aiolische Kapitelle)[29] wurden in Bayraklı gefunden.

20 Akurgal, op. cit. 19 Abb. 5.
21 Akurgal, op. cit. 19 Abb. 6.
22 Akurgal, op.cit. 37 Abb. 28.
23 Akurgal, G.R.K. 37-39 Abb. 29-31; Akurgal, Eski Ege ve İzmir Abb. 15. Akurgal, Housing 131-132 Abb. 17.18.
24 Akurgal, G.R.K. 79 Abb. 87. Akurgal, Ege ve İzmir Abb. 15.
25 Akurgal, G.R.K. 79 Abb. 86 a.b. Akurgal, Housing 136 Abb. 23.
26 Akurgal, G.R.K. 53 Abb. 87. Akurgal, Ege ve İzmir Abb. 15. Akurgal, Batı Anadolu'da Konut ve Tarih Vakfı 131-132 Abb. 17.18.
27 Akurgal, Alt-Smyrna I 61-113 Abb. 34-75 Taf. 49-100. Akurgal, Ege ve İzmir Abb. 28-39.
28 Akurgal, Alt-Smyrna I 83-88 Abb. 55-57 Taf. 138-152. Akurgal, Ege ve İzmir Abb. 40-42.
29 Akurgal, Alt-Smyrna I 88-93 Abb. 60-69 Taf. 153-167. Akurgal, Ege ve İzmir Abb. 51-56.

V. Der vollständig erhaltene Brunnen, der aus schön behauenen Andesit-Blöcken gefertigt ist, und der im letzten Viertel des 7. Jahrhunderts v.Chr. errichtet wurde, ist bis heute das älteste Beispiel für einen Brunnen in der griechischen Geschichte.[30]

VI. Es muss festgestellt werden, dass das Tantalos-Grab, das einst von der Spitze des Sipylos-Berges im Norden von Izmir auf die Stadt herunterblickte, in der gleichen Bauweise errichtet wurde wie der oben erwähnte Brunnen. Der Tumulus mit einem Durchmesser von 30 Metern, der das älteste Grabmonument der nordostgriechischen Siedlungsorte ist, muss um 600 v.Chr. in Alt-Smyrna das Grab eines Herrschers, das heißt, eines Königs oder Tyrannen gewesen sein. Dieses würdevolle Monument, das bis vor 30 Jahren die Aufmerksamkeit auf sich zog, liegt heute leider unter einem Elendsviertel und ist vermutlich mit Dynamit gesprengt worden[31].

Die Grabungen von Erythrai

Auf der Suche nach Ruinenfeldern aus der frühgriechischen Periode in Anatolien, die bedeutsam sind jedoch noch nicht untersucht wurden, reiste ich 1963 nach Erythrai (Ildırı). Dieses Ruinenfeld beeindruckte mich so sehr, dass ich gleich den Entschluss fasste, die Stadt im folgenden Jahr zusammen mit Hakkı Gültekin und Cevdet Bayburtluoğlu auszugraben. Die ersten Funde waren sehr Erfolg versprechend. Daher bat ich Cevdet Bayburtluoğlu im Jahr 1965 die Leitung der Grabung, die bis dahin unter meiner Verantwortung durchgeführt wurde, zu übernehmen, denn ich wollte die Arbeiten in Alt-Smyrna, die jahrelang geruht hatten, fortführen.

Die Untersuchungen, die Cevdet Bayburtluoğlu mit einigen anderen Mitgliedern der Grabungsmannschaft in Erythrai geleitet hatte, haben in einem Zeitraum von 20 Jahren großartige Funde zu Tage gefördert. Daher nahm ich auch immer wieder selbst an den Arbeiten in Erythrai teil.

Die bedeutendsten Ergebnisse der Grabungen in Erythrai (Ildırı)

Das bedeutendste Ergebnis der Arbeiten in Erythrai war die Entdeckung des Athena-Tempels, den Pausanias (7,5,9) erwähnt. Dieser Tempel war — wie der Athena-Tempel in Alt-Smyrna — als ein monumentales Bauwerk zu Beginn des 7. Jahrhunderts v.Chr. errichtet worden. Es war das dritte Mal, dass ich auf einen Athena-Tempel traf: Zunächst lernte ich den Athena-Tempel in Foça kennen, dann in Alt-Smyrna und schließlich den Tempel in Erythrai. Pausanias berichtet, dass sich in Erythrai (Ildırı) ein Athena-Tempel befindet, doch die Tatsache, dass das Bauwerk auf dem höchsten Hügel der Stadt errichtet worden war, haben wir entdeckt. Als Ergebnis kann ich heute voller Freude feststellen, dass ich das Glück hatte, die drei ältesten Athena-Tempel zu finden.

Besondere Bedeutung kommt der handwerklichen Herstellung von frühgriechischen Figuren und Vasen aus der Zeit vom 8. bis zum 6. Jahrhunderts v.Chr. zu. Die Stadt Ildırı verdankt ihren Reichtum an innovativen Produkten ihrer geographischen Lage, denn Erythrai liegt in der Nähe der Handelswege zwischen Ost und West. Zu den aufgefundenen Kunstgegenständen gehört auch eine wunderbare Bronzestatuette aus der ersten Hälfte des 7. Jahrhunderts v.Chr. Zusammen mit den aus Bronze und Elfenbein gefertigten schönen Werken der Kleinkunst ist diese großartige archaische Figur aus dem Jahrzehnt 670-660 v.Chr. der besonderen Erwähnung würdig (Taf. XVa).

Meine Ausgrabung des Athena-Tempels und seiner Umgebung verdanke ich der mustergültigen Arbeit von Cevdet Bayburtluoğlu. Das große Theater ist von Ümit Serdaroğlu ausgegraben und restauriert worden. Die klassischen Häuser hat Orhan Bingöl ans Tageslicht gebracht. Eine der schönsten griechischen Villen aus dem 2. Jahrhundert v.Chr. hat Meral Manyas

30 Meral Akurgal, Istanbuler Mitteilungen 46, 1996, 131-134 Taf. 26.

31 Akurgal, Ege ve İzmir Abb. 22-26.

(Akurgal) zusammen mit Jane MacLeod ans Tageslicht gebracht. Eine ganze Reihe von Villen aus griechischer und römischer Zeit hat Ömer Özyiğit sehr sorgfältig freigelegt. Die Forschungsergebnisse von Ildırı haben Cevdet Bayburtluoğlu, Orhan Bingöl und Meral Akurgal veröffentlicht. Ich selbst habe in meinem Werk “Eski Çağda Ege ve İzmir”[32] kurze Anmerkungen zu diesem Thema gemacht.

Die Restaurierung und Wiederherstellung der St. Johannes-Kirche in Ephesos
Mit einem Bericht über ein Projekt zur Restaurierung möchte ich meine Darstellungen zu den Grabungen abschließen.

Als der reiche, seiner Religion sehr verbundene amerikanische Geschäftsmann George Quatman 1955 auf dem Ayasuluk Hügel in Ephesos das Grab des Heiligen Johannes besuchte, sah er innerhalb der Kirchenmauern Esel weiden. Das bedrückte ihn sehr. Daher entschloss er sich, bei der Sicherung, der Wiederherstellung und der Restaurierung der St. Johannes-Kirche zu helfen und einen Teil der Zinsen seines Kapitals für diese Arbeiten zur Verfügung zu stellen. Die Söhne von George Quatman, Joseph B. und Jack Quatman, bemühten sich viele Jahre lang mit der Gemeindeverwaltung von Selçuk zusammen zu arbeiten. Doch als ihre Anstrengungen nicht den gewünschten Erfolg zeigten, traten sie 1973 an mich heran und baten mich, diese Angelegenheit voranzutreiben.

Dieser Vorschlag bedeutete für die Türkei einen großen Prestigegewinn und hatte große Bedeutung für das Land, so dass ich mich entschloss, diese Aufgabe ehrenamtlich zu übernehmen. Um die Arbeiten in die Tat umsetzen zu können, war es mir gelungen, jeweils einen spezialisierten Mitarbeiter von Mehmet Erol (einem der Architekten, der bei der Grabung in Bayraklı mitgearbeitet hatte), einen Mitarbeiter des Byzantinologen Mustafa Büyükkolancı, der am Museum in Ephesos beschäftigt war, sowie einen Mitarbeiter des Museumsdirektors von Ephesos für Leitungsfunktionen in der Grabungs- und Restaurierungsmannschaft zu gewinnen. Von 1978 an war der Museumsdirektor Sabahattin Türkoğlu für die Arbeiten verantwortlich, von 1979 an übernahm der Direktor Selahattin Erdemgil diese Funktion.

Auch der Direktor der Messe- und Tourismusgesellschaft in Izmir, der verstorbene Archäologe Ahmet Dönmez, hat sehr viel zur Verwirklichung des Projekts der Restaurierung der St. Johannes-Kirche beigetragen. Ahmet Dönmez, der George Quatman 1955 kennen gelernt hatte, hat für den Erfolg und die Weiterführung dieses bedeutenden Projekts viel von seiner Zeit und Energie geopfert und dieses Engagement als seine vaterländische Pflicht angesehen.

Meral (Manyas) Akurgal, die seit 1991 meine Frau ist, hat innerhalb der Projektgruppe seit dem Jahr 1976 die Position meiner ersten Assistentin innegehabt.

Jedes Mitglied dieser sechsköpfigen Projektgruppe hat mit seinen Aktivitäten zum Erfolg der Arbeiten beigetragen: Der Byzantinologe Mustafa Büyükkolancı hat mit seinen Aufsätzen unsere Arbeit in der europäischen Wissenschaft bekannt gemacht. Selahattin Erdemgil, der ein mustergültiger Museumsdirektor war und der das Museum von Ephesos und seine Umgebung durch vieles bereichert hat, muss für seine erfolgreiche Leitungsfunktion lobend erwähnt werden.

Neben den konstruktiven Beiträgen aller Mitglieder der Projektgruppe muss darauf hingewiesen werden, dass das ganze Unternehmen, das von einheimischen und ausländischen Kollegen als ein beispielhafter Erfolg für eine Restaurierung angesehen wird, das Werk des Architekten Mehmet Erol ist. Durch seine ordnenden Maßnahmen, die den Ayasuluk Hügel als Ganzes umfassen, das heißt, die die St. Johannes-Kirche, die Isa Bey Moschee, die Burg, die Stadtmauern, die anderen hergerichteten Überreste sowie die mit Blumen bepflanzten Gärten einbeziehen, bietet der ganze Komplex einen unvergleichlich schönen Anblick. Die blumenbepflanzten Teile

32 Die Ägäis und Izmir im Altertum. (Nur auf Türkisch erschienen.)

der Anlage verdanken wir Frau Marianne Erol, der Gattin von Mehmet Erol. Auch ihr sei herzlich gedankt.

Die Arbeiten am Ayasuluk Hügel haben besonders in einem Bereich zu einem großen Erfolg geführt: Durch die Bemühungen und die modernen Auffassungen der Generaldirektion für Monumente und Museen innerhalb des Kulturministeriums war es gelungen, alle Wohngebäude an eine andere Stelle zu verlagern und den ganzen St.Johannes-Hügel zu einem einzig den antiken Ruinen vorbehaltenen Ort von unvergleichlicher Schönheit auszugestalten.

Die türkischen und ausländischen Touristen, die den Ayasuluk Hügel besuchen, treffen dort einerseits auf das Herz erwärmende schöne Dinge, andererseits auf eine große christliche Kirche und ein bedeutendes türkisches Bauwerk, nämlich die Isa Bey Moschee. Beide Bauwerke stehen einträchtig und in Würde nebeneinander.

Wir sind der Familie Quatman für dieses sehr bedeutende und unvergleichliche Werk, das sie der Türkei und der ganzen Menschheit geschenkt haben, unendlich dankbar. Außerdem sind wir ihr für die Finanzmittel zur Restaurierung der beiden Kirchen in Şirince und für die Errichtung der Statue der Heiligen Mutter Maria dankbar, die von Ekin Erman gestaltet und am Aufstieg des Hügels von Meryem Ana aufgestellt wurde.

Vorträge im türkischen Fernsehen

Meine Vorträge im türkischen Fernsehen drehten sich meist um die Ergebnisse meiner Grabungen. Auf dem zweiten Kanal des türkischen Fernsehens (TRT) bemühte ich mich, die türkische Öffentlichkeit über die hethitische, die phrygische, die griechische und römische Kunst zu informieren. Weiterhin berichteten folgende fünf Dokumentarfilme über meine Arbeit: 1. "Buğdayın Öyküsü" (Die Geschichte des Weizens) unter der Regie von Rıfat Aras. 2. Ein von der Yapı ve Kredi Bankası finanzierter und von Hadi Şenol gedrehter halbstündiger Film, der in der Reihe "Simurg" gezeigt wurde. 3. Ein vom Oberbürgermeister von Groß-Istanbul initiierter Film unter dem Titel "Ekrem Akurgal'a Saygı Gecesi" (Ein Abend zu Ehren von Ekrem Akurgal). 4. Eine halbstündige filmische Vorstellung Ekrem Akurgals, die von Mengü Ertel erstellt wurde und in der Reihe "Cumhuriyet'e Kanat Gerenler" (Menschen, die die Republik beschützen) ausgestrahlt wurde. 5. Ein von Levent Ersin gedrehter Film, an dem Belgin Tuncay und Tamer Salman mitarbeiteten, und der unter dem Titel "Arkeoloji Alanında bir Öncü" (Ein Pionier auf dem Gebiet der Archäologie) meine Geschichte erzählt.

Vorträge im europäischen Fernsehen

In den Jahren 1970 bis 1995 habe ich im europäischen Fernsehen an Gesprächen über die anatolischen Zivilisationen teilgenommen. In diesen Dokumentationen, die von europäischen Filmemachern erstellt wurden, bin ich im Allgemeinen alleine aufgetreten. Hier und da erschien ich auch zusammen mit anderen Gesprächsteilnehmern auf dem Fernsehschirm.

Die erste Einladung erhielt ich 1964 nach einer Ausstellung zur hethitischen Kunst im Petit Palais in Paris. In einem halbstündigen Vortrag gab ich Erläuterungen zur Stadt Boğazköy (Hattuşa). Danach sprach ich über hethitische Kunst und später über die Göttin Kubaba/Kybele. Schließlich waren die Sieben Weltwunder Gegenstand eines meiner Vorträge. Meine beiden wichtigsten Ausführungen für das französische Fernsehen beleuchteten in einer 30-minütigen Sendung die Architekturgeschichte der ganzen Welt. In diesem Gespräch, das ich in französischer Sprache führte, erklärte ich der Öffentlichkeit die Grundzüge der antiken Architekturgeschichte. Diese Dokumentation des französischen Fernsehens wurde auch in türkischer Sprache vom zweiten Programm des türkischen Fernsehens (TRT) gesendet.

Aufgrund der Wirkung meiner in hoher Auflage verlegten und mit sehr schönen Bildern ausgestatteten Büchern haben mich in den Jahren 1970 bis 1980 auch deutsche Fernsehproduzenten eingeladen. Die Themen meiner Auftritte im deutschen Fernsehen glichen denen, die ich im französischen Fernsehen schon bearbeitet hatte. Zusätzlich sprach ich noch über die Kulturschätze, die deutsche Grabungen in der Türkei zu Tage gefördert hatten.

Etwa zur gleichen Zeit, also in den 1970er Jahren und besonders 1981, als ich Gastprofessor an der Wiener Universität war, habe ich im österreichischen Fernsehen Vorträge über die anatolischen Zivilisationen gehalten. In diesem Zusammenhang konnte ich auch über die erfolgreichen Arbeiten österreichischer Archäologen in der Türkei berichten.

Mit den Fernsehverantwortlichen der BBC stand ich in den Jahren ab 1970 in engem Kontakt. In den Vorträgen für die BBC informierte ich vorwiegend über die Grabungen in der Ägäis und in Bayraklı. Eines Tages wurde ich mit einer Überraschung konfrontiert, die mich sehr ehrte. Man schrieb das Jahr 1982 und ich saß in meinem Büro in der Türkischen Historischen Gesellschaft und las. Da klingelte das Telefon: "Hier ist die BBC! Könnten wir bitte mit Ekrem Akurgal sprechen?" Als ich sagte, dass ich am Apparat sei, erklärte man mir: "Wir diskutieren hier gerade über Homer. Und wir fragen uns, ob der große Dichter der Ilias aus Izmir oder aus Chios (türk.: Sakız) stammte. Was ist denn Ihre Meinung?" Meine Antwort war kurz: "Im allgemeinen geht man davon aus, dass Homer aus Izmir stammte, denn seine Ilias ist in einer aus aiolischen und ionischen Elementen bestehenden Sprache abgefasst. Da Izmir zwischen den aiolischen und ionischen Gebieten liegt, geht man davon aus, dass Homer in dieser Stadt lebte. Das jedenfalls ist meine Meinung." Später haben dann die Dokumentarfilmer der BBC mit mir Gespräche über die griechische Kultur und Kunst aufgezeichnet. Besonders mit Mags Noble, dem Leiter des Programms des "Açık Öğretim" (Fernstudium), stehe ich noch immer in Kontakt.

Im Athener Fernsehen Mega Kanal TV hielt ich auf Wunsch der griechischen Programmgestalter in türkischer, deutscher, französischer und englischer Sprache Vorträge über die griechische Kunst und Kultur.

1990 nahm ich beim spanischen Sender Antena Tre als einer von sechs Mitwirkenden an einer Diskussionsrunde über das Thema "Mythologie und Geschichte" teil. An der zweistündigen Sendung waren vier Spanier, ein Schweizer und ich beteiligt. Die deutschen Ausführungen von mir und dem Schweizer Altphilologen Fritz Graf wurden simultan ins Spanische übersetzt. Außerdem nahmen die folgenden spanischen Wissenschaftler teil: Der Altphilologe Jesús Lens Tuero, der Althistoriker José María Blázquez Martínez, der Autor Luis Racionero und der Psychiater Miguel Rojo Sierra.

LEITLINIEN DER EIGENEN PUBLIKATIONSTÄTIGKEIT

Die erste Veröffentlichung nach meiner 1942 in Berlin publizierten Doktorarbeit trug den Titel "Pazarlı Eserleri Üzerinde Araştırmalar" (Bemerkungen zu den Architektonischen Terrakottareliefs aus Pazarlı in Phrygien). Diese Untersuchung bildete das Thema für meinen Probevortrag, mit dem ich mich um den Grad eines Dozenten bewarb. In diesem Aufsatz, der 1943 in der von der Türkischen Historischen Gesellschaft herausgegebenen Zeitschrift Belleten erschienen ist, wurden die Reliefs von Pazaralı das erste Mal wissenschaftlich behandelt. Meine Einschätzung und die von mir erstellten Ergebnisse fanden in der internationalen wissenschaftlichen Literatur ein positives Echo.

Die lykischen Funde, die die Basis für meine Doktorarbeit darstellten, trugen dazu bei, dass sich mein Interessengebiet in Richtung auf die hethitische Welt verschob. Auch dass die hethitische Kunstgeschichte amateurhaft von Menschen bearbeitet wurde, die keine Archäologen waren, war ein Grund dafür, dass ich dieses Wissensgebiet seit meinen Studienjahren in Berlin besonders reizvoll fand. Louis Delaporte hatte die Funde aus der späthethitischen Zeit, die er in Malatya zu Tage gebracht hatte, 1940 in einem Buch vorgestellt. Ich las das Buch mit großem Interesse und erkannte, dass die hethitische Kunst von einem Klassischen Archäologen erforscht werden sollte. Vor diesem Hintergrund erschien 1945 meine Untersuchung "Remarques stylistiques sur les reliefs de Malatya". Meine Arbeit übergab ich der Türkischen Historischen Gesellschaft, die mich 1943 zu ihrem Mitglied gewählt hatte, zur Veröffentlichung. Doch die Leitung der Organisation teilte mir mit, dass sie den Text — aus welchen Gründen auch immer — nicht drucken lassen würde. Ich schilderte den Fall Enver Ziya Karal, dem Dekan unserer Fakultät. Er sagte mir: "Machen Sie sich keine Gedanken, die Fakultät wird die Untersuchung veröffentlichen." Und tatsächlich erschien 1946 diese Arbeit, die 124 Seiten umfasste, als ein kleiner Band in der Reihe der Fakultätsveröffentlichungen. Meine Untersuchung zeitigte schon nach kurzer Zeit positive Reaktionen in amerikanischen und europäischen Zeitschriften. In den Rezensionen wurde unterstrichen, dass in dieser Arbeit ein Thema der Kunst des Ostens zum ersten Mal mit Methoden der Klassischen Archäologie untersucht wurde.

Nachdem ich sah, dass meine Schlussfolgerungen zu den hethitischen Reliefs aus Malatya in archäologischen Kreisen akzeptiert wurden, wandte ich die Methode der Stilkritik auf die gesamten späthethitischen Werke an und sandte meine Arbeit zu diesem Thema mit der Bitte um Veröffentlichung — in der Hoffnung, dass ich diesmal keine Absage bekommen würde — an die Verantwortlichen der Türkischen Historischen Gesellschaft. Die Antwort unterschied sich diesmal von dem früheren Bescheid. Sie wurde mir mündlich gegeben und lautete: "Ein so dickes Buch können wir nicht drucken!" Dabei umfasste das Manuskript nur 250 Schreibmaschinenseiten. Auf der Suche nach einem Ausweg wandte ich mich wieder an das Dekanat. Doch leider schien der neue Dekan der Ansicht zu sein, dass man in der Türkei gar kein wissenschaftliches Buch schreiben könne. Ich zeigte ihm die positiven Rezensionen in den ausländischen Zeitschriften. Doch er zögerte immer noch. "Wenn es die Türkische Historische Gesellschaft nicht druckt, dann wird das wohl seinen Grund haben?", meinte er. Am Ende schalteten sich Şevket Aziz Kansu und Enver Ziya Karal ein. Der Dekan stimmte erst nach dieser Intervention und nachdem er weitere vier Monate gezögert hatte der Veröffentlichung zu. Meine Untersuchung wurde in Istanbul in der Druckerei Pulhan gedruckt. Der Inhaber der Druckerei scheute keine Mühe, damit das Buch in kürzester Zeit und in ansprechender Form erscheinen konnte. Für sein Engagement bin ich ihm zutiefst dankbar. Das Buch stieß in archäologischen Kreisen auf größtes Interesse. Es trug dazu bei, dass ich internationalen Ruhm erwarb. An dieser Stelle bitte ich Sie, mir eine Bemerkung zu erlauben: Unser Dekan, der die Veröffentlichung des Buches vier Monate lang verhinderte, hat das Werk nach seinem Erscheinen an Gott und die Welt verschenkt. Um von der Großen Nationalversammlung Gelder für die Fakultät bewilligt zu bekommen, hat er an jedes Mitglied der Budget-Kommission ein Exemplar meines Buches geschickt. Ich gedenke dieser Haltung des Dekans mit Hochachtung.

Der Jugend möchte ich folgendes sagen: "Kapitulieren Sie nicht vor Hindernissen, die vor Ihnen auftauchen! Kämpfen Sie und am Ende werden Sie sehen, das sogar jene auf Ihrer Seite sind, die Sie zuvor behinderten."

Nach der hethitischen Kunst untersuchte ich mit der gleichen Methode die phrygische Kunst und brachte 1954 das auf Deutsch verfasste Werk mit dem Titel "Phrygische Kunst" heraus. Die Leiter der Türkischen Historischen Gesellschaft legten mir nun keine Steine mehr in den Weg, denn inzwischen war ich Generalsekretär dieser Gesellschaft geworden. Mein Buch "Phrygische Kunst" wurde nach den Beschlüssen der entsprechenden Kommissionsgremien akzeptiert und ist innerhalb eines Jahres gedruckt und 1955 veröffentlicht worden.

Mit meinen Arbeiten zu hethitischen und phrygischen Themen war ich in Europa inzwischen recht bekannt geworden. So kam es, dass der angesehene Hirmer Verlag in München mir anbot, bei ihm ein Buch über hethitische Kunst herauszubringen. Ich stimmte diesem Vorschlag zu. Herr Hirmer kam in Begleitung eines Fotografen und so wurden erstmals ansprechende Aufnahmen von Objekten der hethitischen Kunst gemacht. Mein Buch "Die Kunst der Hethiter" wurde 1961 in München veröffentlicht. Im gleichen Jahr erschien das Buch in London in englischer Sprache unter dem Titel "The Art of the Hittites" und in einer italienischen Ausgabe "Arte degli Ittiti" in Florenz. Eine zweite Auflage des Werks kam 1976 heraus.

Parallel hierzu erreichte mich ein Vorschlag des berühmten De Gruyter Verlags aus Berlin, wonach man mich bat, ein Buch über die anatolische Kunst nach den Hethitern zu schreiben. Von den Werken dieser Perioden gab es bereits wunderbare Aufnahmen von türkischen Fotografen. Mein Buch mit dem Titel "Die Kunst Anatoliens" wurde im gleichen Jahr wie mein Buch über die Hethtiter (1961) in Berlin veröffentlicht

Meine Untersuchung "Orient und Okzident", die ich für eine meiner bedeutendsten Arbeiten halte, wurde 1966 in Deutschland in Baden-Baden gedruckt. In dieser Arbeit geht es um die Einflüsse der Kunst des Orients auf die griechische Kunst.

In Ankara erschien von mir 1968 eine weitere, ganz andere Untersuchung mit dem Titel "Urartäische und Altiranische Kunstzentren".

1969 schließlich kam mein Buch "Ancient civilisations and ruins of Turkey" heraus. Von diesem Titel sind seit der Erstveröffentlichung im Laufe der Jahre acht Auflagen erschienen und gegenwärtig wird die neunte vorbereitet. Die Veröffentlichung dieses Buches, das dem türkischen Tourismus sehr dienlich war, verdanke ich der Firma Türk Mobil Oil und ihrem damaligen Repräsentanten in Izmir, Ahmet Ramazanoğlu, sowie dem ihn unterstützenden, bedeutenden Unternehmer Şevki Figen.

Etwa zu dieser Zeit (1966) wurde auch der Titel "Treasures of Turkey", den ich zusammen mit anderen verfasst hatte, von Skira in fünf Sprachen herausgebracht. Mein Buch "Art and Architecture in Turkey", das in drei Sprachen erschienen ist, wurde 1980 vom Verlag "Office du Livre" in der Schweiz gedruckt. Und im Jahr 1990 kam in Paris auf Französisch und Deutsch der Titel "Turquie" heraus, den ich ebenfalls in Zusammenarbeit mit anderen geschrieben hatte.

Die Grabungsergebnisse aus Alt-Smyrna erschienen in türkischer und deutscher Sprache 1983 in Ankara als Veröffentlichung der Türkischen Historischen Gesellschaft. Von diesem Werk kam die zweite Auflage 1993, die dritte 1997 heraus.

"Griechische und römische Kunst in der Türkei" ist der Titel meines Buches, das die kunstgeschichtliche Entwicklung in Anatolien in der Zeit von 1050 v.Chr. bis 395 n.Chr. untersucht. Es erschien 1987 im Hirmer Verlag in München und fand auch wegen der außergewöhnlichen Qualität seiner Bilder und wegen des hervorragenden Drucks viel Anerkennung. Aufgrund der Themen, denen sich dieser Band widmet und wegen der darin enthaltenen Schlussfolgerungen ist dies ein ganz herausragendes Werk.

Als letztes habe ich 1996 den Abschnitt "Anatolia" für den zweiten Band der UNESCO-Veröffentlichung "History of Humanity" geschrieben (Siehe Schriftenverzeichnis).

Der Stil als Ausgangspunkt
Ich möchte versuchen, anhand von einigen Beispielen die stilistischen Methoden aufzuzeigen, die ich im Zuge meiner Veröffentlichungstätigkeit angewendet habe.

Zunächst schauen wir auf das Felsrelief von İvriz aus der Umgebung von Konya (Taf. XIII). Dort erweist König Warpalawas dem Fruchtbarkeitsgott die Ehre, oder besser: Er betet ihn an.[33] Die spitze Kopfbedeckung des Gottes aus Filz hat aramäische Wurzeln.[34] Die Locken in seinem Nacken entsprechen der Haarmode von Assur, wie sie in der zweiten Hälfte des 8. Jahrhunderts v. Chr. getragen wurde.[35] Die Inschrift neben seinem Kopf besteht aus hethitischen Hieroglyphen. Während seine rechte Hand zu einer Faust geballt ist, wird sie — entsprechend einer hethitischen Besonderheit — vor die Brust gehalten. Die Weizenähren, die er in seiner linken ebenfalls zu einer Faust geballten Hand hält, stellen ein Fruchtbarkeitssymbol der Hethiter dar. Die seinem Gesicht gegenüberliegende Inschrift aus hethitischen Hieroglyphen enthält einen Buchstaben wie "W", ein hethitisches Hieroglyphenzeichen, das für den Naturgott verwendet wird.

Nun wollen wir uns den König anschauen. Seine Haare zeigen mit den Spirallocken im Nacken die Haarmode aus Assur, wie sie in der zweiten Hälfte des 8. Jahrhunderts getragen wurde. Der Reif, der sich um den ganzen Kopf windet, und der Edelstein auf der Stirn gehören wohl zu einer Kopfbedeckung, die Mitra genannt wird. Die Hände des Warpalawas sind zu Fäusten geballt. Dass er sie in der gleichen Höhe wie sein Gesicht hält, zeigt eine besondere hethitische Form der Anbetung.[36] Die Bogenfibel, die auf der Höhe des linken Arms die beiden Enden des Mantels verbindet, ist ein Produkt der phrygischen Kunst.[37] Auch der breite Gürtel zeigt phrygischen Einfluss. Der Schmuck auf dem Gewand des Warpalawas entspringt ebenfalls der phrygischen Kunst, was durch das Element des Hakenkreuzes deutlich wird.[38]

Wenn wir zusammenfassen, dann sehen wir auf dem Felsrelief von İvriz hethitische, assyrische, aramäische, phönizische und phrygische Elemente, die auf einem Bild erscheinen. Die Spirallocken im Nacken sind in der zweiten Hälfte des 8. Jahrhunderts im Nahen Osten Mode.[39] Der Kopfreifen, der Gürtel, die Bogenfibel und die Hakenkreuze, die das Gewand schmücken, sind Elemente mit phrygischen Wurzeln, die seit dem Jahr 730 v.Chr. in Anatolien weit verbreitet waren.[40] In den Jahresaufzeichnungen der Könige von Assur ist um 730 v.Chr. der Name von König Warpalawas verzeichnet. Daher können wir genau feststellen, welche kulturellen Einflüsse sich auf dem Felsrelief von İvriz zeigen, und dass das Relief in der Zeit um 730 v.Chr. geschaffen wurde.

Betrachten wir nun das bronzene zu einem Leuchter gehörende Figürchen, das in Erythrai im Athena-Tempel gefunden wurde (Taf. XV a).[41] Dieses Objekt ist von späthethitischen Vorbildern inspiriert und wurde von einem anatolischen Künstler um 670 v. Chr. hergestellt. Die Elemente der kleinen Bronzefigur, die auf die späthethitische Zeit zurückgehen, sind die folgenden: 1. Die Haltung der Frau. 2. Ihre Frisur. 3. Das aus einem Kranz von Blättern bestehende Kapitell, auf dem sie steht, und das übereinstimmende Blattkapitell auf ihrem Kopf. 4.

33 Akurgal, Anadolu Kültür Tarihi 200-201.
34 Akurgal, op. cit. 198-204.
35 Akurgal, op. cit. 202-204.
36 Akurgal, op. cit. 150 Abb. 51 b.
37 Akurgal, op. cit. 275 Abb. 174.
38 Akurgal, op. cit. 270 Abb. 173.
39 Akurgal, Hattian and Hittite Abb. 109. 138. 162. 172.
40 Akurgal, Anadolu Kültür Tarihi Abb. 173. 174.
41 Akurgal, G.R.K. 26 Taf. 60.61a-c.

Alle Details der Löwenfigur. Weiterhin können wir zum einen aufgrund der dreieckigen Form des Gesichts der Statuette, zum zweiten aufgrund ihres spitzen Kinns und zum dritten aufgrund ihrer stilisierten Haare feststellen, dass das Figürchen von einem ostgriechischen oder einheimisch anatolischen Künstler geschaffen wurde, der seine Ausbildung in einer ionischen Werkstatt erhalten hatte.[42]

Als letztes wollen wir uns die kleine Elfenbeingruppe ansehen, die in der Gegend von Antalya in Elmalı im Tumulus "D" gefunden wurde (Taf. XV b).[43] Die folgenden Details dieser kleinen Figur basieren auf späthethitischen Wurzeln: 1. Ihr Polos. 2. Die Art, wie der Mantel hinten den Polos und den Rücken der Figur bedeckt, den Brustbereich dagegen frei lässt. 3. Die Form, wie die Mantelsäume in den Gürtel gesteckt sind. 4. Das Bildmotiv des auf ihrer linken Schulter reitenden Sohnes, die Haartracht ihrer Tochter, die mandelförmigen Augen der Frau und ihr Lächeln sind syrischen Vorbildern nachempfunden. Diese Statuette ist das Werk eines anatolischen Künstlers, der in einer ostgriechischen oder ionischen Werkstatt ausgebildet worden war. Die Datierung dieser kleinen Elfenbeingruppe entspricht der Datierung einer gleichzeitig im Tumulus "D" gefundenen griechischen Greifenprotome aus den Jahren um 670 v.Chr.[44]

Bücher in türkischer Sprache

Wissenschaft ist nur im internationalen Rahmen denkbar. Daher habe ich es vorgezogen, meine Arbeiten erst in einer Fremdsprache und im Ausland zu veröffentlichen, weil ich sehen wollte, wie sie in der Fachwelt aufgenommen werden.

Meine erste wissenschaftliche Untersuchung in türkischer Sprache habe ich gleichzeitig mit einer deutschen Ausgabe herausgebracht.[45] Wenn Sie mich fragen, warum ich meine in türkischer Sprache geschriebenen Bücher nicht zuerst veröffentlicht habe, dann will ich Ihnen das erklären:

Das Erscheinen meiner lediglich auf Türkisch verfassten wissenschaftlichen Arbeit "Anadolu Uygarlıkları" (Die anatolischen Kulturen) in Istanbul im Jahr 1987 ist ein sehr interessantes Beispiel hierfür. Und man könnte sich auch fragen, warum dieses Werk nicht schon früher geschrieben wurde. Doch tatsächlich ist es so: Auch wenn man im Ausland ein solches Werk in englischer, deutscher, französischer, italienischer oder spanischer Sprache in hoher Auflage herausgebracht hat, dann wird man dennoch sehr kritisiert, wenn man ein solches Buch auf Türkisch veröffentlicht. Denn bis in jüngste Zeit war es nicht möglich, ein solches Buchprojekt in der Türkei zu verwirklichen. So habe ich zum Beispiel, um auch eine türkische Ausgabe meines zuvor in deutscher, englischer und italienischer Sprache erschienenen Buches "Hitit Sanatı" (Die Kunst der Hethiter) herausbringen zu können, Mitte der 1960er Jahre den damaligen Generalsekretär der Eti-Bank (Eti = Hethiter) aufgesucht. Ich überreichte ihm eine englische Ausgabe des Buches. Es wäre doch sehr beziehungsreich gewesen, wenn die Eti-Bank eine hethitische Kunstgeschichte publiziert hätte. Doch leider habe ich von der Eti-Bank keinerlei Bescheid erhalten und deshalb habe ich mich bis heute nie mehr mit der Bitte um Unterstützung an eine türkische Institution gewendet.

Die Geschichte meines Buches "Anadolu Uygarlıkları" (Anatolische Zivilisationen) ist noch interessanter. Ich versuche die Sache kurz zu erklären: Nachdem mein Buch über die Hethiter auf Desinteresse gestoßen war, habe ich die Lust daran verloren, Bücher in türkischer Sprache drucken zu lassen. Doch eines Tages wurde ein sehr erfreulicher und ehrenvoller Wunsch an

42 Akurgal, Ege ve İzmir Taf. 87 a.

43 Akurgal, Ege ve İzmir Taf. 85 a. Ekrem Akurgal, Istanbuler Mitteilungen 42,1992,68-79 Abb. 1.2.

44 K. Dörtlük et al., Antalya Museum, Ankara 1988, 39. 190 Nr. 42, zu den Greifen loc.cit. 34. 187 Nr. 29. 30.

45 Ekrem Akurgal: Eski İzmir I. Yerleşme Katları ve Athena Tapınağı. TTK Yayınları, Ankara. 1. Aufl. 1983; 2. Aufl. 1993; 3. Aufl. 1997. = Alt-Smyrna I. Wohnschichten und Athenatempel. 1. Aufl. 1983.

mich herangetragen: 1972 erhielt ich einen Anruf aus dem Regierungssitz des Staatspräsidenten Cevdet Sunay, dass dieser mich sprechen wolle. Der Grund für diese Einladung war mir nicht mitgeteilt worden. Ich signierte ein Exemplar meines Buches "Ancient civilizations and ruins of Turkey", das ich dem Staatspräsidenten überreichen wollte und fand mich zur angegebenen Zeit am Regierungssitz ein. Cevdet Sunay empfing mich in der Bibliothek. Der Präsident begrüßte mich und zeigte auf einen Berg von Büchern auf dem Tisch. Er sagte zu mir: "Die ausländischen Botschafter in Ankara schenken mir Ihre Bücher. Da wollte ich Sie einmal kennen lernen." Er lobte mich mit schmeichelnden Worten und fragte mich, wie ich meine Bücher geschrieben habe. Schließlich wollte er wissen, warum es die Bücher nicht auch auf Türkisch gab. Auf dem Tisch lagen verschiedene Ausgaben meiner Bücher in fremden Sprachen wie "The Art of the Hittites", "The Treasures of Turkey", "The Birth of Greek Art" und "Die Kunst Anatoliens". Ich erklärte dem Staatspräsidenten: "Die Preise dieser Bände liegen im allgemeinen zwischen 40 und 50 Dollar. Deshalb ist es den türkischen Verlagen nicht möglich, sie zu drucken, denn sie könnten in der Türkei nicht mehr als ein paar Exemplare davon verkaufen." Und ich fügte hinzu: "Dieses kleine Buch, das ich Ihnen mitgebracht habe, hat die Türkische Historische Gesellschaft auf Kosten der Türk Mobil Oil Gesellschaft drucken lassen. Es ist die zweite Auflage und der Preis beträgt 40 Türkische Lira. Dies ist ein Preis, den die türkischen Leser zahlen können. Doch um das Buch zu diesem Preis verkaufen zu können, mussten zehntausend Exemplare gedruckt werden. Aber in diesem Fall wurden nur 1000 Stück verkauft, der Rest blieb liegen. Hätten wir nur 1000 Exemplare gedruckt, müsste der Preis bei 350 bis 400 Lira liegen. Dann hätten wir nur einige Dutzend Exemplare verkaufen können und der Rest würde im Lager liegen." Der Staatspräsident stimmte mir zu und bat mich dann: "Wenn Sie erlauben, werde ich Kazım Taşkent bitten, Ihr Buch auf Kosten der Yapı Kredi Bankası drucken zu lassen." Ich versicherte dem Präsidenten, dass mich dies sehr glücklich machen würde. Doch da Cevdet Sunay kurz nach unserem Gespräch das Amt des Staatspräsidenten abgab, wurde nichts aus der türkischen Ausgabe meines Buches. In der Folge kam es immer wieder einmal zu Absichtserklärungen, eines meiner Bücher in türkischer Sprache herausbringen zu wollen. In der Zeit, in der Nermin Neftçi Kulturministerin war, rief sie mich an und sagte: "Herr Akurgal, ich möchte, dass unser Ministerium Ihr Buch "Ancient Civilizations" in türkischer Sprache drucken lässt. Was halten Sie davon?" Ich sagte, ich würde mich sehr freuen und mich geehrt fühlen. Ich machte sie auch darauf aufmerksam, dass mein Buch nur die griechische und die römische Zeit einschloss. Deshalb schlug ich ihr vor, einen zweiten Band veröffentlichen zu lassen, der auch die byzantinische, die seldschukische und die osmanische Zeit behandeln sollte. Nermin Neftçi bedankte sich und bat mich, dass ich mich um diesen zweiten Band kümmern solle. Für die Beschreibung der byzantinischen, der seldschukischen und der osmanischen Periode sprach ich sofort Semavi Eyice, Aptullah Kuran, Doğan Kuban, Oluş Arık, Gönül Öney, Filiz Çağman und Ülker Erginsoy an. Die sieben Wissenschaftler, die ich hier aufgezählt habe, stellten die gewünschten Kapitel in kurzer Zeit zusammen und schickten sie mir. Doch auch in der Türkei drehen sich die Räder der Bürokratie sehr langsam. Nermin Neftçi konnte das Projekt trotz aller Mühe, die sie sich gab, nicht verwirklichen und nachdem sie schon kurze Zeit später von ihrem Ministeramt zurückgetreten war, konnte sie das Unternehmen nicht zu einem guten Ende führen. Doch unsere Bemühungen waren nicht ganz erfolglos. Im Jahr 1978 erhielt ich einen Telefonanruf vom Leiter des Schweizer Verlags "Office du Livre", der mich bat, für ihn ein Buch über die Altertümer der Türkei zu schreiben. Da ich zu diesem Zeitpunkt mit anderen Veröffentlichungen beschäftigt war, musste ich ablehnen und bot ihm ein anderes, bereits druckfertig vorliegendes Buch über die byzantinische, seldschukische und osmanische Periode an. Er bat sich Bedenkzeit aus und rief eine Woche später wieder an. Jetzt machte er mir einen neuen Vorschlag: "Wenn Sie dafür — wenn auch nur kurz — einen Beitrag über die Perioden vor Byzanz schreiben, dann will ich das Buch, das Sie mir angeboten haben, herausbringen, denn ein Werk, das alle Perioden der türkischen Zivilisationen umfasst, ist wesentlich attraktiver." Ich wollte diese gute Gelegenheit nicht versäumen und stimmte daher diesem neuen Vorschlag sofort zu — auch wenn ich eigentlich schon zu sehr beschäftigt war. Ich nahm wieder Kontakt zu den oben aufgeführten Wissenschaftlern auf, die ihre in türkischer Sprache verfassten Beiträge in kürzester Zeit in die entsprechenden Fremdsprachen übersetzten. Der Schweizer Verlag sandte sogleich einen sehr guten Fotografen in die Türkei und ließ neue und ansprechende Aufnahmen machen. So wurde das Buch schon nach kurzer Zeit im Jahr 1980 veröffentlicht. Die englische Ausgabe von "The Art and Architecture of Turkey" war bereits 1983 vergriffen — und wenig später waren auch die deutsche und die französische Ausgabe ausverkauft. Aber leider wurde das Buch nie auf Türkisch verlegt.

Inzwischen bot sich erneut eine Chance, den Titel "Ancient Civilizations and Ruins of Turkey" zu drucken. Als ich 1979 in der nahe Çeşme gelegenen antiken Stadt Erythrai Ausgrabungen leitete, lernte ich im Sommerhaus von Oğuz Akkan, dem Inhaber des Cem Verlages, den Regisseur Güneş Karabuda kennen. Als er mir sagte, er wolle schon lange eine türkische Ausgabe meines Titels "Ancient Civilizations and Ruins of Turkey" verlegen, stimmte ich diesem Plan sofort zu und wir schlossen einen Vertrag darüber ab. Doch da ich die türkische Ausgabe etwas erweiterte, dauerten die Vorbereitungen etwas länger. Als ich Oğuz Akkan zwei Jahre nach Abschluss unseres Vertrages anrief, bat er mich um Verzeihung. Er sagte: "Inzwischen sind die Preise für das Papier so sehr gestiegen, dass ich im Augenblick keine Möglichkeit zur Veröffentlichung sehe." Als Oğuz Akkan dann kurze Zeit später unerwartet verstarb, bestand auch diese Chance zur Veröffentlichung nicht mehr. Inzwischen war in der Türkei das Interesse an Büchern sehr gestiegen. Angesichts dieser Entwicklung begann ich, mich nach fördernden Institutionen umzusehen. Ich stellte fest, dass sich die Möglichkeiten, in türkischer Sprache zu veröffentlichen, sehr verbessert hatten. Mir lagen drei Angebote vor: 1. Ein Angebot eines der größten Verlage der Türkei; 2. Ein Angebot eines unserer größten Konzerne; 3. Die Gründung des NET-Touristik-Verlages.

Als mir der NET-Verlag zusicherte, mein Buch "Anadolu Uygarlıkları" (Anatolische Zivilisationen) auf Kunstdruckpapier innerhalb kürzester Zeit und in bester Qualität drucken zu wollen, wählte ich aus den drei Angeboten das des NET-Verlages aus. Wie man später sah, hat dieser Verlag damit einen sehr erfolgreichen Band verlegt, wie man ihn auch in Europa nicht besser hätte drucken können. Im August 1998 erschien die sechste Auflage dieses Bandes.

Die türkische Ausgabe des Buches "Anatolische Zivilisationen" brachte es innerhalb von zehn Jahren auf fünf Auflagen, wobei für jede Auflage dreitausend Exemplare gedruckt wurden. Dies ist ein gutes Zeichen dafür, dass in der Türkei inzwischen auch wissenschaftliche Bücher und solche zu kulturellen Themen gelesen werden. Daher haben auch die Bücher "Eski Çağ'da Ege ve İzmir" (İzmir und die Ägäis im Altertum) und "Hatti ve Hitit Uygarlıkları" (Die hattische und die hethitische Zivilisation) mit ihren sehr schönen, farbigen Abbildungen bei Kunstliebhabern großes Interesse und viel Anerkennung gefunden. Doch da der erste Titel 30 US-Dollar und der zweite 50 US-Dollar kostete, konnten viele Interessierte die Bücher nicht erwerben. Daher hatte ich mir schon lange überlegt, wie man die beiden Bücher herausgeben könnte, sodass sie für den türkischen Leser erschwinglich wären. Als von TÜBITAK,[46] die preiswerte Bücher in guter Druckqualität herausgaben, der Vorschlag kam, ich solle für sie ein Buch schreiben, fand ich damit einen Weg, meine Vorstellungen von erschwinglichen Veröffentlichungen zu verwirklichen. Daher verdanke ich es TÜBITAK, dass sie meine anatolische Kulturgeschichte (Anadolu Kültür Tarihi) in allen Teilbereichen mit zahlreichen und ansprechenden Bildern bekannt gemacht hat.

46 TÜBITAK = Türkischen Gesellschaft für Wissenschaftlich-Technische Untersuchungen

Das Werk, das etwa 8 US-Dollar kostet, verkauft sich sehr gut. Die Buchhändler sagen: "Es geht weg wie warme Semmeln!" Innerhalb von drei Monaten wurden den Händlern vier Auflagen von zusammen zehntausend Exemplaren quasi aus den Händen gerissen. Für die folgenden 5. bis 8. Auflagen wurden wieder zehntausend Stück gedruckt.

Mit meinem beim Bilgi-Verlag herausgekommenen Buch "Türkiye'nin Kültür Sorunları" (Kulturelle Fragen der Türkei) verfolgte ich ein anderes Ziel. Dieses Buch breitet die Ergebnisse jahrelanger Arbeit eines Spezialisten vor der Öffentlichkeit und vor intellektuellen Persönlichkeiten aus, damit diese die Schlussfolgerungen des Buches prüfen können, und damit andere Menschen mit Spezialkenntnissen dazu angeregt werden, ebenfalls derartige Veröffentlichungen vorzunehmen. Es liegt nämlich ein großer Nutzen darin, wenn Spezialisten die Ergebnisse, die sie gewonnen haben, der Öffentlichkeit zugänglich machen. Wenn man auf diese Weise die auf verschiedenen Gebieten erworbenen Eindrücke und Versuchsergebnisse miteinander verknüpft, erleichtert dies die Problemlösung in den einzelnen Ländern und in der Welt.

Ausgehend von diesen Gedanken habe ich in diesem Buch über die kulturellen Fragen der Türkei einen großen Teil meiner Artikel und Aufsätze, die ich seit 1942 in den Tageszeitungen Ulus, Zafer, Cumhuriyet und Milliyet sowie in den Zeitschriften Hayat, Ülkü und Varlık veröffentlicht hatte, erneut der Öffentlichkeit zur Prüfung vorgelegt.

Daneben habe ich in diesem Buch mit dem 50-seitigen Kapitel "Die Bedeutung der anatolischen Zivilisationen für die Weltgeschichte" eine Zusammenfassung meiner mehr als sechzigjährigen Arbeit vorgelegt.

Die Diskussion um eine umfassende Spezialisierung

In einem Interview in der Zeitschrift Argos, das in der Nummer 6 des Heftes im Februar 1988 abgedruckt wurde, hat mir die bekannte Autorin Leyla Umar folgende Frage gestellt: "In einer Zeit, in der die Sozialwissenschaften sich bis ins kleinste Detail spezialisiert haben, arbeiten Sie über einen aus Sicht der Archäologie sehr langen Zeitabschnitt, der von der hethitischen Zivilisation bis in die römische Zeit reicht. Worin liegen die Vorteile, worin liegen die Nachteile einer solchen Arbeit? Kann denn eine Einzelperson, während die Wissenschaft und ihre Interpretation immer mehr das Detail in den Blick nehmen, alle diese Perioden überblicken?"

Auf diese sehr berechtigte Frage antwortete ich: "Es war meine Aufgabe, als erster die Kulturen einer Zeitspanne von über 3000 Jahren — d.h. von den Hattiern im Jahr 2500 v.Chr. bis zum Jahr 500 n.Chr. — zu erforschen. Als ich in den 1940er Jahren die hattische und die hethitische und in den 1950er und 1960er Jahren die phrygische und die urartäische Kunst zu erforschen begann, waren dies ‚jungfräuliche' Themen, über die einerseits wenige, andererseits jedoch falsche Einschätzungen angestellt wurden. Da in jeder Entwicklungsstufe der Kunst frühere Traditionen mehr oder weniger ausgeprägt weiterleben, und die Kunst auch von den benachbarten Kulturen beeinflusst wird, muss der Kunsthistoriker bezogen auf Ort und Zeit ein weites Feld bearbeiten. Wer nur in einem eingeschränkten, engen Umfeld arbeitet, wird in der Tiefe des Brunnens, in den er eintaucht, wie in einem Kerker eingesperrt. Ein Spezialist, der nicht weiß, was sich auf den benachbarten Feldern befindet, kann die Ergebnisse, zu denen er gelangt, nicht hinreichend bewerten. Daher muss sich ein Kunsthistoriker, was Zeit und Ort angeht, auf einem möglichst großen Umfeld bewegen. Wer den Überblick über ausgedehnte Felder des Wissens behält, irrt sich weniger als jene, die sich nur auf begrenztem Terrain bewegen. So komme ich zu dem Schluss, dass die Wissenschaft Gegenstand ständiger Überprüfung ist. Dies gilt auch für andere Gebiete in der Welt der Wissenschaft. Jeder Forscher kontrolliert sich selbst wie auch seine Kollegen. Und wenn er Mängel und Fehler aufzeigt, dann wird die Wissenschaft auf diese Weise vorangebracht und kann sich ohne Unterbrechung entwickeln."

Ein klassischer Archäologe schreibt über hethitische Kunst
Als ich im Jahr 1941 an der Universität Ankara Dozent wurde, stand die Klassische Archäologie noch nicht auf dem Lehrplan unserer Fakultät. Doch bestand die Gelegenheit, die reich ausgestatteten Bibliotheken der Assyriologischen und Hethitologischen Abteilungen sowie der Abteilung für Klassische Philologie zu nutzen, die von den bereits zuvor erwähnten deutschen Professoren Landsberger, Güterbock und Rohde geleitet wurden. Dieser Umstand ermöglichte es mir, mich näher mit der Kunst der Hethiter und Assyrer zu beschäftigen. Dass die Entwicklung der griechischen Kunst in großem Maße von östlichen Vorbildern beeinflusst worden war, hatte ich jedoch schon während meines Studiums in Berlin verstanden. Aus diesem Grund hielt ich neben meinen Vorlesungen über die Klassische Archäologie auch eine Lehrveranstaltung über die Kunst der Hethiter. Ich hoffte, auf diese Weise die Fragen der Forschung in konkreter Weise nachvollziehen zu können. Nachdem ich meine Forschungen ein Semester lang durchgeführt hatte, begriff ich, dass ich die Chronologie der späthethitischen Kunst mit Hilfe der Beispiele aus Assur ganz einfach lösen konnte. Tatsächlich ist es so, dass alle jene Werke, die nicht als Kunstwerke im traditionellen Stil der späthethitischen Zeit anzusehen sind, bildhauerische Elemente aus Assur zeigen. Aufgrund dieser — auf Kriterien des Stils basierenden — Methode der Einschätzung gelangte ich zu der Überzeugung, dass die späthethitische Kunst, die von 1050 v.Chr. bis 650 v.Chr. in Südost-Anatolien vorherrschte und die einen großen Einfluss auf die griechische Kunst hatte, nach chronologischen und geographischen Gesichtspunkten zu klassifizieren sei. Für mein kleines Buch "Remarques stylistiques sur les reliefs de Malatya" (Ankara 1946) und für mein Werk "Späthethitische Bildkunst" (Ankara 1949) erhielt ich von Kennern der Kunst der Hethiter und der Kunst Mesopotamiens wie Albright, Garstang und Goetze lobende Anerkennung. Diese Wissenschaftler wiesen darauf hin, dass in den beiden genannten Büchern zum ersten Mal Werke der Kunst des Ostens nach Kriterien des Stils analysiert wurden.

Vorbilder aus dem Orient und ihr Einfluss auf die griechische Kunst
Die Beziehung der frühen griechischen Kunst zur Kunst des Vorderen Orients stellte seit Generationen für viele Forscher die einzige zentrale Frage dar, mit der sie sich beschäftigten. Doch gibt es lediglich zwei Untersuchungen, die die Kunst des Orients in ihrer ganzen Dimension bearbeiten. Die erste zusammenfassende Studie liegt in dem Buch" Der Orient und die frühgriechische Kunst" (Berlin 1912) von dem dänischen Wissenschaftler Frederik Poulsen vor. Die zweite Untersuchung dieser Art wurde von dem leider zu früh verstorbenen englischen Forscher T. J. Dunbabin verfasst und in seinem Buch "The Greeks and their Eastern Neighbours" (London 1957) veröffentlicht. Beide Autoren beschäftigen sich mit den wichtigsten stilistischen und ikonographischen Elementen der griechischen Kunst, die auf Quellen aus dem Orient zurückgehen. Doch leider nahmen sie keine systematische Untersuchung der östlichen Vorbilder vor.

Auch die Ergebnisse, zu denen Emil Kunze und Humfry Payne in dieser Frage gelangten, sind von Bedeutung, auch wenn die beiden Archäologen nur in beschränktem Rahmen Gelegenheit hatten, Werke der Kunst aus dem Orient zu untersuchen. Paul Jacobsthal, Gerhart Rodenwaldt, Karl Schefold und Pierre Demargne sind als Wissenschaftler zu weiteren bedeutsamen Erkenntnissen in dieser Frage gekommen. Doch haben auch sie das Thema — da es in seiner Gesamtheit außerhalb ihres Bereichs lag — nur unter einem Aspekt beleuchtet. Die Forschungsarbeiten auf diesem Feld wurden in den letzten Jahrzehnten von einer Reihe von Wissenschaftlern weiter erfolgreich vorangetrieben. In diesem Zusammenhang sind die Namen von bekannten Archäologen wie P. Amandry, Richard D. Barnett, G.M.A. Hanfmann, Helene Kantor, Massimo Pallottino, P.J. Riis und Hans Walter zu nennen. Aber dennoch muss festgestellt werden, dass in keiner dieser nützlichen Untersuchungen der stilistischen Analyse der

Vorbilder aus dem Orient Raum gewährt wurde. Aus diesen Überlegungen heraus habe ich das wichtigste Werk meines wissenschaftlichen Lebens geschrieben, dessen deutsche Ausgabe den Titel "Orient und Okzident" trägt. Schon sehr bald nach seinem Erscheinen in deutscher Sprache wurden die französische, die italienische, die englische und die amerikanische Ausgabe veröffentlicht. Die französische und die italienische Ausgabe trugen den gleichen Titel wie die deutsche, wogegen die englische und die amerikanische Ausgabe davon unterschiedliche Titel hatten. Die englische Version hieß "The Birth of Greek Art", die amerikanische "The Art of Greece. The Origins". Das Buch erschien zehn Jahre später in Deutschland als Taschenbuch-Ausgabe, in der ich zunächst eine stilistische Analyse der Vorbilder aus dem Orient vornahm und dann noch eine Erläuterung zur Entwicklung der griechischen Werke angeschlossen habe.[47]

Ergebnisse meiner Forschungen zur hethitischen Kunst

1. Ich habe festgestellt, dass ein Teil der als hethitische Kunst bezeichneten Werke, untersucht man sie bezogen auf ihren Stil, hattische Wurzeln aufweisen.[48]

2. Ich habe die unterschiedlichen Stilelemente und Besonderheiten der hethitischen Kunst definiert.[49]

3. Ich habe Kunstwerke aus Anatolien aus der Zeit von 1200 v.Chr. bis 650 v.Chr. untersucht und die späthethitische Kunst, die Kunst von Assur, Babylon, Phrygien und Urartu sowie die der Aramäer mit allen ihren stilistischen Besonderheiten genau bestimmt.[50]

4. In der Kunst von Urartu sowie in der der Aramäer habe ich hethitische Elemente festgestellt und beschrieben in welchen Punkten sie Werken der altiranischen Kultur ähneln.[51]

5. Ich habe die phrygischen Kunstwerke in der Form ihrer Entstehungsperioden zusammengestellt und chronologisch geordnet: Früher Stil von 750 bis 730 v.Chr.; Übergangsstil von 730 bis 725 v.Chr.; reifer Stil von 725 bis 650 v.Chr.; subgeometrischer Stil von 650 bis 575 und später Stil von 575 bis 300 v.Chr.[52]

6. Ich habe die einheimischen und die fremden Besonderheiten der lykischen Kunstwerke untersucht.[53]

7. Ich habe in umfassender und weit gefächerter Form dargelegt, dass die Griechen bezogen auf die Gebiete der Religion, der Mythologie, der Wissenschaft, der Philosophie, der Literatur, der Architektur, der Bildhauerei und der Malerei in erheblichem Maße von der Welt des Orients beeinflusst wurden, und dass sie, indem sie gleichzeitig eine neue freiheitliche und realistische Kultur entwickelten, die Grundlagen der heutigen westlichen Welt gelegt haben.[54]

---

47 Vgl. Ekrem Akurgal, The Birth of Greek Art (London 1968).

48 Ekrem Akurgal, Die Kunst der Hethiter (München 1961, 2. Aufl. 1976). Ekrem Akurgal, Anatolia (3000-700 B.C.), in: History of Humanity, Vol. II (Paris 1996) 209-213. Akurgal, Hatti ve Hitit 1-9. Akurgal, Anadolu Kültür Tarihi 35-184.

49 Akurgal, Die Kunst der Hethiter. Akurgal, Hatti ve Hitit 23-94. Akurgal, Anadolu Kültür Tarihi 35-184.

50 Ekrem Akurgal, Remarques stylistiques sur les reliefs de Malatya (DTC Fakültesi, Ankara 1949). Akurgal, Orient und Okzident 1-161 (Dieses Buch liegt auch in englischer, französischer und italienischer Ausgabe vor, vgl. Schriftenverzeichnis). Akurgal, Anadolu Kültür Tarihi 195-249.

51 Ekrem Akurgal, Urartäische und Altiranische Kunstzentren (TTK, Ankara 1968). Ekrem Akurgal, Die Kunst Anatoliens 8-70. Akurgal, Anadolu Kültür Tarihi 249-264.

52 Ekrem Akurgal, Phrygische Kunst (DTC Fakültesi, Ankara 1955). Akurgal, Die Kunst Anatoliens 70-121. Akurgal, Anadolu Kültür Tarihi 265-282.

53 Akurgal, Die Kunst Anatoliens 122-149. Ekrem Akurgal, Die einheimischen und fremden Elemente in der lykischen Kunst und ihre Eigenheiten, Akten des II. Internationalen Lykien-Symposiums, Wien 1990 (Wien 1993) 149-159. Akurgal, Anadolu Kültür Tarihi 299-308.

54 Akurgal, Orient und Okzident 161-224. Akurgal, Anadolu Kültür Tarihi 309-405.

WISSENSCHAFTLICHE UND KULTURELLE KONTAKTE ZUM AUSLAND

Die vom Nationalen Erziehungsministerium mit vielen Ländern eingerichteten "Ständigen Kultur-Kommissionen auf Gegenseitigkeit" ermöglichten es unserem Land, mit dem Ausland und besonders mit den europäischen Ländern enge und nützliche Beziehungen aufzubauen. In den 1950er Jahren hat der Schreiber dieser Zeilen sechs Jahre aktiv in der ständigen türkisch-italienischen Kommission mitgearbeitet. Man traf sich zu einwöchigen Begegnungen, die einmal pro Jahr abwechselnd in Italien oder in der Türkei stattfanden. Wenn auch viele Projekte nur auf dem Papier standen und nicht verwirklicht wurden, hat man einige eben doch in die Tat umgesetzt. Zu den von der Kommission initiierten nützlichen Aktivitäten gehörte es, dass eine ganze Reihe von türkischen Studenten ein Stipendium zum Studium in Italien erhielt. Aus Italien kamen Spezialisten in die Türkei, die sich mit der Erhaltung antiker Werke beschäftigten. Man verabredete Grabungen von italienischen Wissenschaftlern in der Türkei und den Austausch von Vortragenden. Zu dieser Zeit erhielten ich und andere türkische Mitglieder der Kommission die Gelegenheit, die unterschiedlichen italienischen Regionen und Museen zu besuchen und den Italienern mit unseren Vorträgen die Türkei vorzustellen.

Kulturelle Beziehungen zu ausländischen Botschaftern

Zu Institutionen in der Türkei wie den Archäologischen Instituten Deutschlands, Englands, Frankreichs und der USA und zu Einrichtungen wie dem British Council und dem Goethe-Institut pflegte ich gute Beziehungen. Aber ich legte auch großen Wert darauf, im gleichen Maße mit den jeweiligen Botschaften ein gutes Verhältnis zu haben. Für die ausländischen Botschaften war es ohnehin nötig, mit den Professoren, die eine Fremdsprache beherrschten, gute Kontakte zu unterhalten. Zusammen mit meiner verstorbenen Frau Lemis Akurgal gehörte ich zu einer Gruppe von 15 bis 20 Paaren, die sich alle fließend in einer Fremdsprache verständigen konnten und von den ausländischen Botschaften eingeladen wurden. Besonders mit den Botschaften Deutschlands, Englands, Frankreichs, Italiens, Österreichs, der Schweiz, Schwedens, Norwegens, Dänemarks und Hollands standen wir in enger ständiger kultureller Verbindung. So kam es, dass wir mit vielen ausländischen Botschaftern ein- oder zweitägige Ausflüge zu Orten und Landstrichen wie Boğazköy, Kappadokien, Phrygien und Lydien machten.

Im Haus von Eric von Post, der ein Buch über Istanbul geschrieben hat, habe ich zusammen mit Enver Ziya Karal einen Abend mit einer Diskussion über die Reformen von Atatürk durchgeführt.

Mit den Botschaftern in Ankara, die England vertraten, unterhielt ich enge Verbindungen. Meine verstorbene Frau Lemis Akurgal stellte in einem Artikel mit der Überschrift "Türk Lokumu ve Lady Kelly ile bir konuşma",[55] der am 1. Februar 1952 in der Tageszeitung "Zafer" erschienen war, der türkischen Öffentlichkeit das Buch von Marie Noële Kelly mit dem Titel "Turkish Delight" vor.[56] Die Autorin war die Frau des Botschafters Sir David Kelly, der von 1946 bis 1949 in Ankara eingesetzt war. Mit den Leitern des Englischen Archäologischen Instituts in Ankara Prof. John Garstang (1948-1949), Dr. Seton Lloyd (1949-1961), Dr. Michael Gough (1961-1969), Dr. David French (1969-1994) habe ich in enger kollegialer Verbindung gestanden, die ich gegenwärtig auch in sehr erfolgreicher Weise mit Dr. Roger Matthews fortsetze.

Mit Jean-Paul Garnier, dem französischen Botschafter in Ankara, war ich in den Jahren 1955 bis 1957 eng befreundet. Mit ihm und seiner Gattin haben wir eine dreitägige Reise unternom-

55 Vgl. Ekrem Akurgal, Anadolu Uygarlıkları (NET-Yay., 4. Aufl. İstanbul 1993) 271-273.
56 Country Life Limited, London 1951.

men, um die Ruinen von Aizanoi in der Nähe von Kütahya und die phrygischen Felsreliefs in der Nähe von Eskişehir zu besichtigen. Garnier hat die Türkei sehr geliebt. Über seine enge Beziehung zu unserem Land schrieb er auch in seinem Buch "Le Fin de l'Empire Ottoman. Du Sultan Rouge à Mustafa Kemal".[57] Auch mit den späteren französischen Botschaftern in der Türkei, mit Spitzmüller, Hardion, Begougne de Juniac, Wapler, Vaurs, Cazimajou, Rouillon, Louét, Rouleau und Dopffer pflegte ich enge Beziehungen.

Auf Einladung des österreichischen Botschafters Dr. Erich Bielka organisierte ich 1956 eine Abendveranstaltung mit Yakup Kadri Karaosmanoğlu und Yavuz und Nermin Abadan zum Thema "Türkische Identität".

Mit Botschaftern außerhalb von Europa und Amerika stand ich nur mit den japanischen Botschaftern im Dialog.

Da ich meine gesamte Berufsausbildung in Deutschland erworben habe, verbanden mich während meines ganzen akademischen Lebens mit der deutschen Regierung und mit deutschen Wissenschaftlern enge Bande. Dies führte auch dazu, dass ich es für mich als eine unabdingbare Aufgabe ansah, mit den deutschen Botschaftern in der Türkei enge und ständige Beziehungen zu unterhalten. In der Zeit von 1952 bis 1995 war ich eng mit den Deutschland in Ankara vertretenden Botschaftern befreundet, deren Namen ich im folgenden aufzähle: Dr. Wilhelm Haas, Fritz Oellers, Georg von Broich-Oppert, Dr. Gebhard von Walther, Horst Groepper, Dr. Rudolf Thierfelder, Dr. Gustav-Adolf Sonnenhol, Dr. Ulrich Sahm, Dr. Dirk Oncken, Dr. Georg Negwer, Dr. Ekkehard Eickhoff, Dr. Jürgen Oesterhelt und Dr. Hans-Joachim Vergau. In diesem Zusammenhang erinnere ich mich auch gern an ihre Mitarbeiter, die sich in der kulturellen Arbeit engagierten und die Freundschaft zwischen Deutschland und der Türkei festigten. Ihre Namen sind: Dr. Leopold Siefker, Wilfried Nölle, Dr. Rainald Steck, Christoph Niemöller, Dr. Armin Kössler, Dr. Christian Siebeck, Dr. Emily Haber und Gudrun Sräga. Ich halte es für meine Pflicht am Ende auch Frau Ingeborg Sonsuz zu gedenken, die die kulturellen Angelegenheiten der Botschaft regelte und koordinierte.

Wie schon an anderer Stelle in diesem Buch beschrieben, entwickelten sich meine Beziehungen zu den Botschaftern Englands, Italiens, Österreichs, der Schweiz und Griechenlands in einem freundschaftlichen Rahmen.

Die Beziehungen zwischen der Türkei und den Ländern des Nahen Ostens waren nicht gut. Daher war es schwer, mit den Diplomaten dieser Länder freundschaftliche Beziehungen aufzubauen. Der erste nahöstliche Diplomat, der Wert auf gute Beziehungen zu uns legte, war der Botschafter Ägyptens Mohamed Wafaa Hegazy, der sein Land in den Jahren 1981 bis 1985 in Ankara vertrat. Dieser hervorragende aufgeklärte und intellektuelle Diplomat, der die Türkei liebte und bewunderte, wollte ein Buch über die Türkei in ihrer republikanischen Zeit schreiben. Bei unseren Treffen in meinem Haus in Çankaya machte ich ihn mit den türkischen Veröffentlichungen bekannt, die er zu seinem Vorhaben nutzen konnte. Und tatsächlich hat Botschafter Hegazy, nachdem er in sein Heimatland zurückgekehrt war, als Chef-Herausgeber des "Egyptian Diplomatic Club" ein bedeutendes Buch über die Türkei verfasst.

Im 13. Jahrhundert v.Chr. waren Ägypten und das Hethitische Reich die beiden Super-Mächte im Nahen Osten. Auch heute herrschen die gleichen Verhältnisse zwischen der Türkei und Ägypten, denn sie befinden sich auf den Territorien der erwähnten damaligen Staaten. Aus diesem Grund haben die führenden Politiker der beiden Länder in letzter Zeit die diplomatischen Beziehungen zueinander erheblich erweitert. Die Fortführung dieser freundschaftlichen Beziehungen ist zum Nutzen der beiden Länder und der ganzen nahöstlichen Welt.

57 Editeur Plon, 1973.

Wenn ich bei Einladungen mit weiteren Botschaftern arabischer Länder zusammentraf, führte ich mit ihnen interessante Gespräche in einer würdevollen Atmosphäre. Doch der Kontakt zu ihnen überschritt nie die Grenzen einer freundlichen Begrüßung.

Beziehungen zu türkischen Botschaftern im Ausland
Wie wir in dem folgenden Abschnitt "Einladungen aus dem Ausland" sehen werden, haben die türkischen Botschafter während der vierzig Jahre, in denen ich fast hundert Reisen in europäische Länder machte, mir immer ihre Verbundenheit und Zuneigung gezeigt. Botschafter wie Suat Hayri Ürgüplü und Vahit Halefoğlu in Bonn, Muharrem Nuri Birgi und Tansuğ Bleda in Paris, Fuat Bayramoğlu im Rom und Nazmi Akman in Athen haben anlässlich der Vorträge, die ich dort gehalten habe, Essens- oder Cocktail-Einladungen arrangiert. In der Zeit als Zeki Kuneralp in London und Onur Öymen in Dänemark Botschafter waren, haben mich beide jeweils für eine Woche als Gast in ihrem Haus aufgenommen. Besonders enge Zusammenarbeit pflegte ich mit den Botschaftern, die die Kulturabteilung des Außenministeriums leiteten. Die größte Unterstützung erhielt ich von unseren Botschaftern Hamit Batu und Semih Günver. Ihnen danke ich von Herzen.

Ausländische archäologische Institute in der Türkei
Die von Ausländern in der Türkei gegründeten Archäologischen Institute unterstützen die Altertumswissenschaften in unserem Land und helfen uns in gewissem Maß auch bei der Erforschung der türkischen Geschichte. Besonderes Lob verdient die reich ausgestattete Bibliothek des Deutschen Archäologischen Instituts in Istanbul und auch die ziemlich umfangreiche Bibliothek des Englischen Archäologischen Instituts in Ankara. Obgleich die Bibliotheken des Französischen Instituts zur Erforschung Anatoliens (Institut Français d'Etudes Anatoliennes) in Istanbul und des Englischen Archäologischen Instituts in Ankara erst an zweiter Stelle stehen, schließen sie zusammen mit den Büchern, die in den anderen zentralen Instituten vorhanden sind, eine große Lücke.

Ausländische Kulturzentren in der Türkei
In der Türkei leisten das deutsche Goethe-Institut, das englische British Council und die Sprachinstitute der Franzosen, der Amerikaner und Italiener große Dienste für das türkische Kulturleben. Diese Kulturzentren vermitteln nicht nur Hunderten von jungen Menschen Fremdsprachen, vielmehr spielen sie — sozusagen als kleine Universitäten — mit ihren Ausstellungen, Konzert- und Vortragsveranstaltungen und ihren Filmvorführungen eine große Rolle bei der kulturellen Entwicklung der Türkei. Sie verdienen großes Lob für ihre Dienste.

Die engen Beziehungen, die ich zu den oben genannten ausländischen Kulturzentren knüpfen konnte, ermöglichten es mir, Dutzende von ausländischen Wissenschaftlern einzuladen. Dass ich 20 Jahre lang im Beratungsausschuss des Deutschen Goethe-Instituts als Vorsitzender tätig war, spielte eine große Rolle bei den Einladungen von deutschen Wissenschaftlern und Archäologen in die Türkei. Diese sehr gewinnbringende Zusammenarbeit wurde durch das persönliche Engagement der Leiter des Goethe-Instituts ermöglicht, deren Namen ich hier anführe: Dr. Günther Bär (1961-1965), Dr. Hans Meinel (1965-1969), Dr. Werner Bartsch (1969-1977), Dr. Fritz Winterscheidt (1977-1981), Dr. Hubert Hohl (1981-1985), Dr. Gertraud Stoop (1986-1991), Volker Kage (1991-1995) und Marion Haase (seit 1996). Frau Friederike Saydam, die seit vielen Jahren die kulturellen Aktivitäten des Goethe-Instituts koordiniert und Frau Brigitte Özsoy, die die Angelegenheiten des Vorstandes der Zweigstelle Ankara des Deutschen Kulturzentrums betreut, sei an dieser Stelle herzlich gedankt.

Ich bin sehr glücklich darüber, dass ich mit Dr. Eleonore Rahimi, der in der Türkei sehr beliebten Leiterin des Goethe-Instituts in Izmir, wo ich seit 1991 wohne, zusammen arbeiten kann.

Frau Rahimi hat mit ihrem Mann Dr. Fereydoun Laridjani, einem Historiker, der das Mittelalter im Nahen Osten bearbeitet, und mit ihrer Tochter Eşrad, die sich durch ihr Geigenspiel hervortut, quasi als Familien-"Trio" die Kulturszene Izmirs bereichert und attraktiver gemacht.

Führungen für bekannte ausländische Persönlichkeiten
Als Archäologe habe ich auf Wunsch des Außen- oder Kulturministeriums bekannte und berühmte Persönlichkeiten, die die Türkei besuchten, geführt. Heute erinnere ich mich noch besonders an diese Personen: An den deutschen Bundespräsidenten Theodor Heuss, an den deutschen Bundeskanzler Kurt Georg Kiesinger, an Alfred Krupp von Bohlen und Halbach, an den österreichischen Staatspräsidenten Kurt Waldheim, an Papst Pius VI. und an Sofia Loren. An einige von diesen Persönlichkeiten habe ich interessante Erinnerungen.

Papst Paul VI. in Ephesos
Um im Jahr 1967 Papst Paul VI. durch Ephesos zu führen, brachen wir in einem Wagen des Außenministeriums aus Izmir auf. An vielen Stellen hatten sich christliche Touristen versammelt und ließen den Papst hochleben. Der Papst ließ jedes Mal den Wagen anhalten und segnete sie mit erhobenen Händen. Bevor wir Ephesos erreichten, wiederholten sich diese Szenen mehrfach. Bei unserer Ankunft in Ephesos wurde der Papst vom Regierungspräsidenten der Provinz Namık Kemal Şentürk und vom Bürgermeister Osman Kibar empfangen.

Als wir aus dem Wagen ausstiegen und der Regierungspräsident mit dem Bürgermeister auf den Papst zuging, rief einer aus der umstehenden Menge: "Hoch lebe der Asphalt-Osman!" Der Papst drehte sich sofort zu dem Rufenden um, hob beide Hände und segnete ihn. Doch Osman Kibar reichte das noch nicht, er kam gleich darauf zu mir, kniff ein Auge zu und sagte mit leiser Stimme: "Jetzt hat er mir die Schau gestohlen!"[58]

Alfred Krupp von Bohlen und Halbach in der Türkei
Adnan Menderes bat mich, Alfred Krupp von Bohlen und Halbach (1907-1967) durch das Museum in Ankara zu führen. Während der Besichtigung kam Edhem Menderes, der damals (1957) entweder Außen- oder Verteidigungsminister war, zu mir und sagte: "Lieber Professor, wir messen der Krupp-Visite große Bedeutung bei. Deshalb bitten wir Sie ausdrücklich darum, ihn auf seiner Reise, die er mit dem Flugzeug unternehmen wird, zu begleiten." Ich sagte gern zu, mit dem Gast zu reisen. Zunächst sollte es nach Van gehen, dann nach Konya und schließlich nach Antalya und Umgebung. Danach sollte ich dann nach Ankara zurückkehren.

Nach Van flogen wir mit einem Militärflugzeug. Wir besichtigten die Burg von Van, die Kirche von Ahdamar, die Ruinen von Ani und den Gebäudekomplex mit der İshak Pascha Moschee. Vom Flugzeug aus sahen wir das ganze Gebiet an der östlichen und südöstlichen Grenze des Landes. Krupp liebte die Natur und war besonders von der Archäologie begeistert. Überall machte er zahlreiche Fotos. Ich unterhielt mich mit ihm über verschiedene Themen. Er war Kettenraucher und trank jeden Abend ein Viertel einer Flasche Whisky. Seine Hostess von außergewöhnlicher Schönheit, sein deutscher Berater und der Vertreter der Firma Krupp in der Türkei begleiteten ihn. Ein junger General — als Vertreter der türkischen Regierung — war sein offizieller Reisebegleiter und dolmetschte für ihn. Krupp sprach kein Wort mit seiner Hostess und mit seinen Angestellten, doch mit mir unterhielt er sich stundenlang. Gelegentlich, wenn er eine Zigarette rauchte und ein Glas Whisky trank, versank er in Gedanken. Hier und da bot er auch mir eine Zigarette an und legte Wert darauf, mir auch Feuer zu geben.

58 Osman Kibar war Bürgermeister von Izmir. In der Provinz Izmir liegt auch Ephesos. Kibar war populär und beliebt, denn er ließ zahlreiche Straßen in Izmir asphaltieren und wurde daher im Volksmund Asphalt-Osman genannt.

Nach unserem Aufenthalt in Van setzten wir die Besichtigungen in Konya fort. Von dort ging es weiter nach Adana, wo wir in dem schönen Haus der Sabancıs wohnten. Sabancı trug keine Krawatte, hatte einen Sakko an, der farblich nicht zu seiner Hose passte, ja er wirkte sogar ungepflegt. Doch sein Haus hatte er mit gutem Geschmack eingerichtet. Krupp war von Sabancı sehr beeindruckt. Dieser sprach im Dialekt von Kayseri und schlug Krupp vor, gemeinsam eine Fabrik zu gründen. "Ich fände es ganz toll, zusammen eine Fabrik aufzubauen", sagte er und duzte Krupp dabei. Und er fügte hinzu: "Schicke Du nur die Maschinen, die Devisen werden wir schon von Menderes bekommen. Wenn er sie nicht herausrückt, bezahle ich Dich in Baumwolle." Über Sabancı äußerte sich Krupp überaus lobend zu mir: "Er ist ein ungezügelter Unternehmer. Diese Art von erfolgreichen Geschäftsleuten habe ich auch in Südamerika kennen gelernt."

Von Adana nach Antalya flogen wir mit Krupps privatem Flugzeug. Die sehr schicke Maschine, die zehn Passagiere befördern konnte, flog — was damals wohl ein Rekord war — mit einer Geschwindigkeit von 600 km in der Stunde. Sie hatte große Fenster, sodass man eine gute Aussicht hatte.

Wie schon in Adana, wurde Krupp auch in Antalya von einer großen Gruppe von Unternehmern empfangen. Doch leider, wie schon zuvor in Adana, landete das Flugzeug auch in Antalya mit großer Verspätung. Die Unternehmer hatten stundenlang auf dem Flughafen warten müssen. Krupp bedauerte diese schlechte Organisation und äußerte seine Unzufriedenheit mit bitteren Worten gegenüber seinem offiziellen Reisebegleiter. In Antalya und Umgebung besichtigten wir alles, was zu besichtigen war. Krupp war voller Bewunderung für die gut erhaltenen Ruinen von Perge, Aspendos und Side. Überall schoss er zahlreiche Fotos und genoss die Reise in vollen Zügen.

Nach den Besichtigungen in Antalya bat ich Krupp: "Wenn Sie erlauben, so möchte ich jetzt nach Ankara zurückkehren. Dem Programm entsprechend sollte ich Sie bis hierher begleiten." Krupp sagte traurig: "Aber Sie können mich doch jetzt nicht allein lassen. Ich bin auf Ihre Freundschaft angewiesen." Ich wusste, dass er diese Worte nicht aus Höflichkeit sagte. Krupp war in seinem Flugzeug mit niemandem außer mir zufrieden gewesen. Da sagte ich zu ihm: "Nun, wenn Sie es wünschen, dann will ich gerne noch bleiben." Darauf machte sich auf seinem Gesicht ein Lächeln breit. Von diesem Augenblick an waren wir uns noch näher als zuvor.

Auf dem Weg von Antalya nach Izmir erfuhren wir, dass Adnan Menderes uns begleiten würde. Doch dass Menderes sich nicht an das Programm hielt, hat Krupp sehr gestört. Dauernd wurde die Zeit der Abreise neu festgesetzt, was Krupp sehr ärgerlich machte. Einmal war er sogar kurz davor, sich für eine sofortige Rückkehr nach Deutschland zu entscheiden. Ich versuchte ihn zu beruhigen, indem ich ihm versicherte, er würde Menderes sicher sehr sympathisch finden, wenn er ihn erst kennen gelernt habe. Doch da kam der Ministerpräsident auch schon und man konnte ins Flugzeug einsteigen. Neben Adnan Menderes waren auch noch Edhem Menderes und Samet Ağaoğlu an Bord. Adnan Menderes redete während des ganzen Fluges — Krupp hörte ihm zu. Später sagte mir Krupp, er habe Menderes sympathisch gefunden, doch konnte er die Unregelmäßigkeiten im Programmablauf nicht entschuldigen und drückte seine Unzufriedenheit dadurch aus, dass er sich weigerte, in der Residenz des Regierungspräsidenten in Izmir zu wohnen. Dabei hatte der Regierungspräsident Kemal Hadimli, der mein alter Schulkamerad und Freund war, wegen des Krupp-Besuchs die Residenz mit neuen Möbeln ausstatten lassen. Und mir sagte er, er habe das Zimmer, in dem ich wohnen sollte, mit besonderer Sorgfalt einrichten lassen. Krupp zog es vor, auf dem Dampfer zu schlafen, der zu seinem Empfang in die Bucht von Izmir gekommen war und der von einer der Krupp-Firmen gebaut worden war. Der Name des Schiffs war entweder Akdeniz oder Karadeniz. Um Krupp nicht alleine zu lassen, entschloss ich mich, ebenfalls in einer Kajüte des Dampfers zu übernachten.

In der Umgebung von Izmir besuchten wir Pergamon und Ephesos. Ich hatte den "Fischer von Halikarnassos"[59] benachrichtigt und ihn gebeten, dass zur Abwechslung er uns durch einen Teil der Ruinen von Ephesos führen solle. Dieser kam auch und hielt uns in seiner sehr eigenen Art einen interessanten Vortrag.

Zusammen mit Krupp besichtigte ich auch Troja. Wieder machte er viele Fotos. Von Troja reisten wir nach Istanbul. Für Krupp war im Hilton Hotel die Königssuite reserviert. Ich wohnte in einem Zimmer mit Meerblick. Doch auf Bitten Krupps frühstückte ich mit ihm in der Königssuite. Abends aßen wir im Kervansaray. Ich saß alleine mit Krupp am Tisch. An diesem Abend waren auch viele Beamte des Außenministeriums im Kervansaray. Fatih Rüştü Zorlu, der gerade das Amt des Außenministers aufgegeben hatte, und weitere führende Leute des Ministeriums tanzten mit der schönen Hostess Krupps. In den Tagen, die wir im Hilton wohnten, sagte Krupp eines Abends während unserer Unterhaltung zu mir: "Die Türkei entwickelt sich in schnellen Schritten. Ich würde diesem schönen Land gern bei seinem Aufschwung helfen, doch haben wir unser Kapital in vielerlei Geschäften investiert. Die Höhe unseres verfügbaren Kapitals beträgt nicht einmal 300 Millionen Mark. Und wenn ich von Ihnen Helium kaufen wollte, so könnten Sie es nicht liefern. Ich wäre — falls erwünscht — dazu bereit, in Antalya ein touristisches Hotel zu bauen". Als ich später Edhem Menderes von diesen Worten Krupps berichtete, war ich davon betroffen zu sehen, wie sehr ihn diese Mitteilung enttäuschte.

Krupp bestand darauf, mich mit seinem Privatflugzeug nach Ankara bringen zu lassen. Doch ich hielt es nicht für angemessen, das Flugzeug als einziger Passagier zu benutzen und sagte ihm, mein größter Wunsch sei es, das nächste Mal wieder mit ihm gemeinsam mit der Maschine zu fliegen. Und so trennte ich mich mit angenehmen Erinnerungen von ihm und flog mit der türkischen Fluggesellschaft und auf Kosten des Außenministeriums nach Ankara zurück.

Der deutsche Bundespräsident Theodor Heuss in Ankara

Auf Wunsch des Außenministeriums führte ich den deutschen Bundespräsidenten Theodor Heuss, der von Staatspräsident Celal Bayar eingeladen worden war, durch das Museum in Ankara und besichtigte mit ihm den Augustus-Tempel. Theodor Heuss, der ein bekannter Wissenschaftler war, liebte es, sich über archäologische und historische Themen zu unterhalten und kannte sich in der griechischen und römischen Geschichte sehr gut aus. Große Freude empfand er darüber, in Ankara den Augustus-Tempel und die darauf befindliche Inschrift über die Leistungen des Augustus gesehen zu haben. Er bewunderte das Museum in Ankara und stellte mir viele interessante Fragen.

Sophia Loren in Ankara

Mit wenigstens ein paar Zeilen möchte ich auf Sophia Loren eingehen, denn ihre Reise in die Türkei war eine große "Sensation". Im Jahr 1974 oder 1975 erzählte mir der italienische Botschafter in der Türkei Giorgio Smoqvina, er wolle Sophia Loren und Carlo Ponti in die Türkei einladen. Und er fragte mich, ob ich die beiden wohl durch das Museum in Ankara führen würde. Ich stimmte sofort erfreut zu. Als die Gäste dann ankamen, besuchten wir gemeinsam den Augustus-Tempel, das römische Bad und das Museum von Ankara. Sie waren von dem Besichtigten sehr angetan. Sophia Loren war eine attraktive Schönheit und ich schaute sie mir ganz aus der Nähe an. Sie hatte recht großporige Haut. Schaute man ihr seitlich auf das Gesicht, dann konnte man einige Unregelmäßigkeiten ihres Profils erkennen. Was ihre Augen, ihre Blicke und ihre Gestalt anging, so war sie wirklich sehr anziehend und beeindruckend. Wie bekannt, war ihr Mann von kleiner Statur. Sein Kopf reichte gerade bis an Sophia Lorens Brust. Sie beugte sich immer wieder zu ihm herab, legte ihre Wange an seine und umarmte ihn liebe-

59 Der Fischer von Halikarnassos = Halikarnas Balıkçısı, d.i.: Cevat Şakir Kabaağaçlı (vg. Anm. 9).

voll. Zum Empfang des italienischen Botschafters kamen alle schönen Frauen Ankaras — einige waren auch aus Istanbul angereist. Als ich zusammen mit meiner Frau diese schönen türkischen Damen betrachtete, sagten wir zueinander: "Einige der Damen sind schöner als Sophia Loren!" Doch als alle diese Schönheiten sich etwas später zusammen mit Sophia Loren fotografieren ließen, erstrahlte sie unter ihnen wie ein Stern.

Verleihung der Ehrendoktorwürde an den amerikanischen Präsidenten
Auf Wunsch von Staatspräsident Celal Bayar und Ministerpräsident Adnan Menderes wurde dem amerikanischen Präsidenten General Eisenhower von der Fakultät für Politische Wissenschaften der Universität Ankara die Ehrendoktorwürde verliehen. Da sich der Rektor der Universität zu dieser Zeit in den USA aufhielt, fiel es mir als seinem Stellvertreter zu, Präsident Eisenhower die Ehrung zu überreichen. In seiner Dankesrede machte der bekannte General unter anderem diese Ausführungen: "Ich bin besonders glücklich darüber, dass mir die Universität Ankara im Bereich der Sozialwissenschaften die Würde eines Ehrendoktors verleiht, denn in der heutigen Zeit wird den Sozialwissenschaften nicht die erforderliche Aufmerksamkeit zuteil, obgleich doch die schlechten Auswirkungen auf diesem Gebiet sich erst nach 100 Jahren zu zeigen beginnen." Diese Einschätzung machte Eisenhower entweder aufgrund seiner eigenen Ansicht oder es war die Meinung seiner Berater. Vielleicht wollte er uns in verdeckter Form ermahnen. Wir haben Eisenhowers Feststellung auch an die Presse weitergegeben. Einige wenige Zeitungen druckten diese Ausführungen. Doch die Politik, den Sozialwissenschaften in der Türkei nicht die erforderliche Aufmerksamkeit zu schenken, setzt sich immer weiter fort.

Verleihung der Goethe-Medaille an Ekrem Akurgal durch den deutschen Botschafter in Ankara Dr Ulrich Sahm.

Leiterin des Deutschen Goethe-Instituts Dr. Gertraud Stoop (1986-1991)

Bundeskanzler Kurt Georg Kiesinger mit Außenminister İhsan Sabri Çağlayangil in den Ruinen von Ephesos (1968)

Der deutsche Botschafter Ekkehard Eickhoff
und seine Gattin Heidi

Gast im Haus unseres Botschafters Onur Öymen in Dänemark

Generalkonsul in Izmir Dr. Ernst Joachim Döring, Meral und Ekrem Akurgal und die Leiterin des Goethe-Instituts Dr. Eleonore Rahimi und ihr Gatte Fereydoun Rahimi Laridjani

Prof. Werner Krämer ernennt Akurgal zum Ehrenmitglied des DAI

Präsident Eisenhower erhält von der Fakultät für Politische Wissenschaften der Universität Ankara die Würde eines Ehrendoktors (1956)

Verleihung des Ehrendoktors der Universität Bordeaux (1961)

Sophia Loren und Carlo Ponti im Museum der Anatolischen Zivilisationen in Ankara (1974)

Frankfurter Allgemeine Zeitung

Ekrem AKURGAL Foto 2000'e Dogru

Türkischer Ausgräber

Er stammt aus der Zeit da noch der Sultan über die Türkei herrschte. Geboren ist er drei Jahre vor dem Ersten Weltkrieg, der Deutsche und Türken als Verbündete aneinanderband. Wenn dieser Krieg auch das historische Ende der osmanischen Türkei wie des kaiserlichen Deutschland bewirkte, den Abbruch der freundschaftlichen Beziehungen zwischen Deutschen und Türken bedeutete er keineswegs. Ekrem Akurgal, emeritierter Professer aus Ankara, ist eines der vielen Beispiele dafür.

Ekrem Bey, wie man ihn nennt, studierte in Berlin. Seither spricht er ein grammatikalisch korrektes, zuweilen an den Berliner Dialekt anklingendes Deutsch, das sich auch bei dem bald achtzig Jahre alten Gelehrten noch nicht verloren hat. Professor Akurgal macht kein Hehl aus seiner Zuneigung zu den Deutschen, bei denen er das akademische Rüstzeug für seine Karriere erwarb. Ekrem Akurgal ist später der berühmteste Archäologe der republikanischen Türkei geworden. Er gehört damit einer Spezies von Wissenschaftlern an, die es in der Türkei noch gar nicht gab, als deutsche Ausgräber den Pergamon-Altar nach Berlin bringen ließen.

Akurgal ist teilweise in Palästina aufgewachsen, das damals noch von der Hohen Pforte in Konstantinopel beherrscht wurde, und zwar in Gestalt des vorletzten Padischah, Sultan Mehmet V. Reşat. Wie Vorsehung könnte es anmuten, daß der spätere Archäologe und Althistoriker als Junge nahe Caesarea lebte, jener in der Bibel erwähnten Hafenstadt in der Nähe von Haifa, die sich dem heutigen Besucher als Ruinenstätte darbietet. Der Gelehrte wuchs zusammen mit arabisch sprechenden Kindern auf, was zu seinen polyglotten Fähigkeiten nicht wenig beitrug.

Die Ahnen Akurgals stammen hingegen vom anderen Ende des Türkischen Reiches, aus „Rumelien", vom Balkan. Sie waren Muftis in Bosnien-Herzegowina, das heißt in jenen Landstrichen, deren religiös gemischte Gesellschaft von den beiden jugoslawischen Autoren Ivo Andrić und Mehmet Selimović so lebendig geschildert worden ist. „Ein Balkan-Türke (aus Saloniki) war auch Atatürk", sagt Ekrem Bey und bedauert, daß die Türkei sich immer mehr von den säkularistischen Reformen des Staatsgründers entferne. Tatsächlich: eine universell gebildete, vielsprachige Persönlichkeit wie Ekrem Bey, die in der Türkei verwurzelt und trotzdem westlich gebildet ist, geprägt vom kosmopolitischen Geist der ehemaligen Istanbuler Effendis, ein Herr dazu vom Scheitel bis zur Sohle, muß man heute im Land lange suchen.

Akurgals große Passion ist die alte Geschichte, vor allem die Geschichte des vorislamischen Anatoliens. „Die anatolischen Zivilisationen" (so lautet einer seiner Buchtitel) zwischen der kleinasiatischen Westküste bis in den fernen Osten der Türkei, wo in der Nähe des Van-Sees die Urartäer schon um tausend vor Christus ihr Reich errichteten, sind sein Forschungsobjekt. Dazu die Kunst der Römer und Griechen. Besonders interessiert ihn die Frage, inwieweit die Türken – ursprünglich Hirtennomaden in Zentralasien, die erst nach der Schlacht von Malazgird im Jahre 1071 nach Anatolien einströmten – als Erben jener anatolischen Zivilisationen angesehen werden können.

Die Zahl der akademischen Schüler Ekrem Akurgals ist groß. Daß die Türkei heute einen Stamm tüchtiger Archäologen und Altertumswissenschaftler hat, verdankt sie nicht zuletzt Ekrem Bey, den auch sein hohes Alter nicht davon abhält, dem Kulturbeirat des Deutschen Kulturinstituts in Ankara zu präsidieren.

WOLFGANG GÜNTER LERCH

Ein Artikel in der Frankfurter Allgemeinen Zeitung

Ekrem Akurgal, Kurt Bittel, Fritz Schachenmeyr und Heinrich Otten (Wien, 1980)

Verleihung des Abdi-İpekçi-Sonderpreises

Verleihung der Ehrendoktorwürde von der Universität in Lecce in Italien (1985)

Verleihung des Ordens „I Cavalli d'Oro di San Marco" (1986)

Botschafter Ferraboschi verleiht Ekrem Akurgal die Auszeichnung eines „Commandatore" (1987)

Mit Prof. Dr. Semni Karousou, Prof. Dr. Jean Marcadé, Prof. Dr. Jean Poilloux, Prof. Dr. Lilly Kahil (1982)

Mit Prof. Dr. N. Yalouris und seiner Frau und mit Prof. Dr. Semni Karousou (1982)

Mitglieder des türkisch-griechischen Freundschaftsvereins (Zülfü Livaneli, Oğuz Aral, Ersin Salman, Bülent Tanla und Ekrem Akurgal) mit dem Vorsitzenden des griechischen Vereins Mikis Theodorakis (1987)

Mitglieder der beiden Freundschaftsvereine vor dem Standbild von Venizelos in Thessaloniki (1987)

EINLADUNGEN INS AUSLAND

Im Jahr 1951 erhielt ich erste Einladungen aus Deutschland, um an den Universitäten München, Freiburg, Bonn, Köln und Münster Vorträge zu halten. Die interessanteste kam aus München von Professor Ernst Buschor.

Als ich 1951 nach München fuhr, fragte ich mich, wie mich Buschor empfangen würde, bei dem ich 1937 für ein Semester Student gewesen war. Am Bahnhof holte mich sein damaliger Dozent Heinz Kähler ab. Als ich am nächsten Tag meinen Vortrag halten wollte, besuchte ich zunächst Heinz Kähler. Es war noch eine Stunde bis zum Vortragsbeginn. Ich fragte mich, wer mich wohl den Zuhörern vorstellen würde. Während wir uns unterhielten, ging mit einem Mal die Tür auf und Buschor, der einen weißen Kittel trug und die Brille auf die Stirn gesetzt hatte, trat ein. Er rief mir zu: “Na, wo haben Sie sich denn herumgetrieben?” Dann lud er mich ein, in sein Zimmer zu kommen. Bis zum Vortragsbeginn hatten wir noch 15 Minuten Zeit. Er forderte mich auf: “Nun, dann lassen Sie uns gehen. Vor dem Vortrag werde ich Sie begrüßen.” Und der berühmte Professor, dessen Student ich noch vor 15 Jahren gewesen war, stellte meinen Lebenslauf und meine Arbeit in kurzer aber prägnanter Form vor, sodass ich sehr überrascht war. Er sagte: “Ich grabe auf Samos, was der Grabungsstätte, an der Akurgal arbeitet, gleich gegenüber liegt. Habe es aber irgendwie nie geschafft, nach Anatolien zu kommen. Bei der nächsten Gelegenheit will ich mir endlich den Wunsch erfüllen und die anatolische Seite der ägäischen Küste besuchen.” Darauf hielt ich voller Stolz meinen Vortrag. Der berühmte Professor lud mich zum Abendessen in ein schönes Münchner Lokal ein. Wir tranken Wein und er sprach über Dinge aus seinem persönlichen Leben. Er erzählte, sein Sohn interessiere sich nicht für die Archäologie und spiele Geige in einem Klub.

Einladung des Bundespräsidenten Theodor Heuss

Die zweite Einladung, die mich in den 1950er Jahren erreichte, wurde mir nach dem Besuch des Deutschen Bundespräsidenten Prof. Theodor Heuss in Ankara überbracht. Nachdem der Bundespräsident nach Deutschland zurückgekehrt war, lud die deutsche Regierung vier türkische Professoren — den Rektor Zihni Erinçin, Coşkun Üçok, Lütfü Tad und mich — für zwei Wochen nach Deutschland ein. Dort wurden wir auch vom Bundespräsidenten empfangen. Zwei Wochen wohnten wir in sieben deutschen Städten in den bekanntesten Hotels und besuchten jeden Abend eine Opern- oder Theatervorstellung. Nach der Einladung von Theodor Heuss hatte ich die Ehre, von den 1960er bis in die 1990er Jahre dutzendfach nach Deutschland eingeladen zu werden.

Eigene Vorträge

Die Vortragsveranstaltungen, die ich in Deutschland durchführte, waren alle überfüllt. Denn ich hatte attraktive, umfassende und jedermann ansprechende Titel gewählt. Die Titel der Vorträge lauteten zum Beispiel: “Neue archäologische Ausgrabungen in Anatolien”, “Kunst in der homerischen Periode”, “Anatolische Meisterwerke aus der Zeit Homers bis zu Alexander dem Großen”, “Anatolien — Land der Götter” und “Anatolien — Heimat der Legenden”. Ohnehin hatten zwanzig Prozent meiner Zuhörer die Türkei schon bereist und schätzen gelernt. Nach jedem Vortrag kamen fünf oder zehn Personen mit meinen Büchern und baten mich, diese zu signieren. Die Türkeiliebhaber und Türkeikenner bildeten nach meinen Vorträgen eine lange Schlange, um mir oft auch nur mit wenigen Worten zu sagen wie sehr sie die Türkei liebten.

Bei einem Vortrag, den ich in Bonn zu der Zeit hielt als Vahit Halefoğlu dort Botschafter war, war der Vortragssaal des am Rhein gelegenen Hotels überfüllt. Und obgleich noch zusätzliche Stühle herbeigeschafft wurden, mussten einige Zuhörer meinen Vortrag im Stehen anhören. Ich erinnere mich noch daran, dass der Botschafter Halefoğlu sagte, er habe noch nie erlebt, dass so viele Zuhörer zu einem Vortrag gekommen seien.

Bei einigen meiner Vorträge wurde ein Eintrittsgeld von fünf oder doch wenigstens von drei Mark erhoben — dennoch kamen zahlreiche Zuhörer. Als ich eingeladen worden war, an der nordöstlich von Hamburg gelegenen Universität von Kiel einen Vortrag zu halten, sagte mir meine Studentin Brigitte Freyer-Schauenburg, die die Veranstaltung organisiert hatte: "Lieber Professor, da wir zur Deckung der Unkosten einen Eintritt von fünf Mark nehmen mussten, werden leider nicht mehr als 30 bis 40 Zuhörer kommen." Doch als ich meinen Vortrag begann, hatten 70 bis 80 Personen alle Plätze des Saales — inklusive der zusätzlich herbeigeholten Stühle — besetzt und es gab sogar noch einige Zuhörer, die meinen Ausführungen im Stehen folgten.

Dass meine Vorträge auf so großes Interesse stießen, war auch zu einem beträchtlichen Teil meinen außergewöhnlich guten und schönen Diapositiven geschuldet. Wenn ich ein Buch schrieb oder einen Vortrag hielt, dann waren die Fotografien, die ich bei dieser Gelegenheit oder an diesem Tag einsetzte, die schönsten und attraktivsten Aufnahmen der ganzen Welt.

Ein Jahr als Gastprofessor in Berlin (1971)

Eine der wichtigsten Einladungen, die mich 1971 aus Deutschland erreichten, war die Aufforderung, ein Jahr an der Universität an der ich selbst studiert hatte, zu unterrichten. Darüber habe ich mich sehr gefreut. Wie schon 1961 in Princeton, so habe ich auch in Berlin wöchentlich zwei Stunden über die griechische und die römische Kunst in Anatolien und zwei Stunden über die späthethitische, die urartäische, die phrygische, die lydische und die lykische Kunst gesprochen — das heißt, über die Themen aus meinem Buch "Die Kunst Anatoliens". Auf diese Weise konnte ich den Unterricht ohne jede Vorbereitung geben und hatte Zeit für neue Forschungen gewonnen. Meine Seminare habe ich immer in der Form eines Dialogs aus Fragen und Antworten durchgeführt und dabei habe ich die Studenten zu aktiver Teilnahme und zur Diskussion ermuntert. Ich stellte eine Frage in den Raum und gab selbst die Antwort darauf. Doch hier und da sagte ich den Studenten, dass ich die Antwort von ihnen erwartete. Wenn dann niemand antwortete, gab ich eben selbst die Antwort und erläuterte das Problem. Mein Verhalten aktivierte die Hörer, der Unterricht wurde lebendiger und farbiger und führte die Studenten zu einer forschenden und schöpferischen Haltung hin.

Man hatte mir in den Unterkünften der Universität eine schöne Wohnung zugewiesen: Ein Schlafzimmer für zwei Personen, einen großen Salon und eine geräumige Küche mit einem Esstisch für sechs Personen. Die Hausarbeiten erledigte eine Frau, die von der Universität geschickt wurde. Mein Monatsgehalt betrug 5000 Mark. Von diesem Geld konnte ich sehr bequem leben und zahlreiche Bücher kaufen. Wie schon in meinem ganzen bisherigen Leben ging ich in die Oper und ins Konzert. In erstklassigen Restaurants wie dem Kempinski oder dem Mampe aß ich alleine oder mit meinen Gästen. Gelegentlich besuchte ich zusammen mit einem Kollegen abendliche Treffen und tauschte mich mit den teilnehmenden Damen und Herren über kulturelle und wissenschaftliche Themen aus.

Besuch am Grab meines Lehrers Gerhart Rodenwaldt

Gemeinsam mit Kurt Bittel ging ich in Berlin sowohl in die Oper, ins Theater und ins Konzert als auch zu Fußballspielen. So wie Bittel ein großer Wissenschaftler war, so stach seine Frau durch ihre außergewöhnliche Persönlichkeit heraus, die von großer Menschlichkeit geprägt war. Kurt Bittel führte mich eines Tages zum Grab meines Lehrers Gerhart Rodenwaldt. Er und seine Frau hatten an jenem Tag Selbstmord begangen, an dem die Russen in Berlin einmarschiert waren. Die Gestaltung des Grabes passte zu dem bescheidenen Verhalten, das er an den Tag gelegt hatte, denn auf dem Grab lag nur eine Steinplatte mit Namen und Todesjahr. Wir gedachten an dieser Stelle des hervorragenden Menschen und des großen Wissenschaftlers Gerhart Rodenwaldt.

Wahl zum Ehrenmitglied des Deutschen Archäologischen Instituts
Die bedeutendste Ehre, der ich in Deutschland für würdig befunden wurde, war meine Wahl zum Ehrenmitglied des Deutschen Archäologischen Instituts in Berlin. Diese Institution besteht aus fast eintausend Mitgliedern, die aus dem weltweiten Kreis der Archäologen zum Ordentlichen oder zum Korrespondierenden Mitglied gewählt wurden. Ehrenmitglieder waren nicht mehr als sieben Wissenschaftler. Mich wählte man auf den Platz eines Ehrenmitglieds, der 1979 vakant geworden war. Diese bedeutende Auszeichnung wurde mir von Prof. Werner Krämer, dem damaligen Präsidenten des Instituts, und in Anwesenheit des Deutschen Bundespräsidenten Walter Scheel in einer prächtigen Feierstunde verliehen. Auf dem Gebäude des Instituts wurde diesen ganzen Tag lang neben der deutschen auch die türkische Flagge gehisst.

Einladungen nach England
Im Jahr 1952 erhielt ich eine Einladung vom British Council, im gleichen Jahr Vorträge an den Universitäten von London, Oxford, Cambridge, Birmingham, Edinburgh und Manchester zu halten. Diese wissenschaftliche Reise, die mich sehr erfreute und stolz machte, unternahm ich gemeinsam mit meiner Frau Lemis Akurgal. Wir fuhren mit dem Zug von Stadt zu Stadt. Die Fleisch-, Huhn- und Gemüsegerichte in den englischen Zügen waren einfach aber schmackhaft und sehr gesund. Und an den verschiedenen Puddings konnten wir uns gar nicht genug satt essen. Die an den Universitäten für Gastprofessoren reservierten Unterkünfte waren sehr schön. Sie lagen alle in Gärten mit schönem Rasen und alten Bäumen, die Ruhe ausstrahlten. Orte, die zum Erholen ideal waren.

In meinen Vorträgen ging ich hauptsächlich auf die griechische Kunst ein und erläuterte, dass sie durch die hethitische, die urartäische und die phrygische Kunst beeinflusst worden war. Im Durchschnitt kamen mehr als einhundert Zuhörer zu den Vorträgen. Sie machten sich Notizen und stellten sachkundige Fragen, die den Vortragenden erfreuten. Die Mitglieder des Lehrkörpers der Universitäten erschienen meist in ihren akademischen Talaren und nach dem Vortrag schloss sich häufig eine konstruktive Diskussion an.

Treffen mit Sir John und Lady Beazley
Anlässlich dieser Einladung blieb ich auch zehn Tage in Oxford und arbeitete über klassische, von der ägäischen Küste Anatoliens stammende Werke im Ashmoleum Museum und über Woolleys Al Mina-Funde aus dem 8. und 7. Jahrhundert v.Chr. Im Museum hatten der Hethitologe O.R. Gurney, der am Institut für Altertumskunde der Universität Oxford unterrichtete und der in Berlin mein Studienkollege gewesen war, John Boardman, der an den Grabungen in Bayraklı in den Jahren 1948 bis 1951 teilgenommen hatte, und der berühmte Archäologe Sir John Beazley ihre Zimmer. Mir wurde ein Arbeitsplatz in der Bibliothek zugewiesen.

Als ich Beazley zum ersten Mal in der Bibliothek sah, erhob ich mich und stellte mich vor. Da bat er mich sogleich in sein Arbeitszimmer. Da er schwerhörig war, sprach er und auf seinen Wunsch hin schrieb ich meine Antworten auf ein Stück Papier, das er mir gereicht hatte. Er stellte mir interessante Fragen zu meinen Arbeiten und Ausgrabungen. Unser Gespräch zog sich so über eine Stunde hin. Danach lud er mich ein, zwei Tage später um 17 Uhr zum Tee zu ihm nach Hause zu kommen.

Als meine engen Freunde erfuhren, dass ich zu Beazley zum Tee eingeladen war, gaben sie mir Lady Beazley betreffend zwei Ratschläge: "Sie wacht sehr eifersüchtig über ihren Mann, deshalb nehmen Sie Ihre Frau besser nicht mit. Und sie mag die Deutschen überhaupt nicht. Deshalb raten wir Ihnen, nicht deutsch mit ihr zu sprechen."

Ich befolgte diese Ratschläge, kaufte einen schönen Blumenstrauß und machte mich zu der angegebenen Adresse auf. In der Straße, in der die Beazleys wohnten, standen nur einstöckige Häuser. Die Tür öffnete mir ein Hausmädchen, das mich italienisch ansprach und mich aufforderte Platz zu nehmen. Dann sagte sie: "Ich werde Sir John und Lady Beazley melden, dass Sie angekommen sind." Und ich antwortete ihr in meinem gebrochenen Italienisch: "Grazie, mille grazie!" Die Wände des Salons waren mit Dutzenden von Bildern geschmückt. Während ich sie betrachtete erschien das Ehepaar Beazley. Lady Beazley bedankte sich auf Französisch für den Blumenstrauß. Und da auch ich ihr französisch antwortete, wurde während unseres Treffens Französisch gesprochen. Doch es war offensichtlich, dass die tägliche Umgangssprache in diesem Haus Italienisch war. Denn beide Ehegatten sprachen mit dem Hausmädchen italienisch.

Sir John hatte sein Hörgerät angelegt und verstand sehr gut. Doch Lady Beazley hatte mich ganz mit Beschlag belegt und zeichnete mir ein Bild vom Leben ihres Mannes, dessen Linien sie selbst vorgab. In einem Album gab es Hunderte von Fotografien, auf denen ihr Mann in den verschiedensten Situationen abgebildet war: Beim Sprechen, beim Rasieren, beim Essen und beim Schlafen. Sie war voller Bewunderung für ihren Mann. So wurde ich Zeuge des bekannten Verhaltens, wonach eine Frau es nicht erträgt, wenn ihr Mann mit einer anderen Frau spricht, weil sie eifersüchtig über ihren Mann wacht. Unter den Geschichten, die sie mir über ihr Privatleben erzählte, war auch ein Bericht, wonach sie aus einer in Rumänien beheimateten jüdischen Familie stammte. Und auch, dass sie einige Zeit in der Nähe der Agamemnon-Quellen in Izmir gewohnt hatte, verschwieg sie nicht. Ich hörte Lady Beazley mit Interesse und Ehrerbietung zu. Auch sie zeigte mir ihre Sympathie. Ihre Einladung zum Tee, bei der sich auf dem Teetisch verschiedene englische Teekuchen drängelten, und bei der von dem italienischen Hausmädchen immer weitere Puddings serviert wurden, nahm langsam die Form eines Abendessens an. Schließlich blickte ich auf die Uhr, bedankte mich herzlich bei Sir John für die Einladung, durch die ich mich sehr geehrt fühlte, und brach auf. Selbstverständlich erwähnte ich nicht, dass mich meine Frau schon ungeduldig erwartete.

In der Zeit von 1952 bis 1990, also in einer Zeitspanne von fast 40 Jahren, wurde ich aus verschiedenen Anlässen nach England eingeladen. Außerdem vertrat ich dort auf Kongressen und Symposien die Türkei.

Von den zahlreichen Ehren, die mir in England erwiesen wurden, möchte ich besonders eine Ehrung ausführlich erwähnen.

Erste Ehrenmitgliedschaft aus England

Die erste Ehrenmitgliedschaft in meinem Leben wurde mir 1954 von der "Society for the Promotion of Hellenic Studies" verliehen. Ich wurde von den 40 Mitgliedern der Gesellschaft, die sich aus Spezialisten für Alte Geschichte und Altphilologie sowie Archäologen zusammensetzt, für den Platz ausgewählt, den Halil Ethem (Istanbul 1861-1938) innegehabt hatte. Dies war wirklich eine große Ehre, die mir in dem relativ jungen Alter von 43 Jahren verliehen wurde.

Agatha Christie und M.E.L. Mallowan

Ich erinnere mich noch ganz besonders an Sir M.E.L. Mallowan und seine Gattin Agatha Christie, die mich zu einem Mittagessen einluden, als ich einmal auf einer dieser wissenschaftlichen Reisen England besuchte. Ich hatte das weltberühmte Ehepaar bei einem Cocktail in der englischen Botschaft in Ankara kennen gelernt. Agatha Christie besuchte häufig die Türkei. Sie wohnte dann im Istanbuler Pera-Palas-Hotel in ihrem eigenen Zimmer. Ich habe die Bücher M.E.L. Mallowans mit großem Nutzen gelesen, als ich über hethitische Kunst arbeitete. Mir fiel er als ein Wissenschaftler auf, der die Funde aus Mesopotamien und die babylonischen, assyrischen und hethitischen Gegenstände aus dem 9. bis 7. Jahrhundert v.Chr. auf besonders kluge Art erforschte und einschätzte. Bei einem Treffen in den 1960er Jahren in Oxford lud er etwa ein Dutzend Personen in sein Haus in Oxfordshire zum Mittagessen ein. An einem Ende des Tisches saß Agatha Christie, am anderen Ende ihr Gatte Sir Max. Die mollige, etwas füllige Agatha Christie platzierte mich zu ihrer Linken. Während des Essens unterhielten wir uns angeregt. Als ich ihr sagte, dass ich die Bücher ihres Mannes voller Freude und mit Gewinn gelesen habe und dass mir der — nach Mona Lisa benannte — Frauenkopf aus Elfenbein, den ihr Gatte in Nimrud zu Tage gefördert hatte, sehr gut gefiele, stimmte sie mir zu: “Auch ich finde ihn wunderbar.”

Ich erzählte ihr, dass die englischen Soldaten, die im Krimkrieg zur Unterstützung der Türken herbeigeeilt waren, die Worte “boş” (bedeutungslos, unsinnig) und “hullabaloo” (Menschenmenge) ins Englische übernommen hatten, und dass die Melodie des Liedes “Üsküdar'a gider iken” (Als wir nach Üsküdar fuhren) in die schottische Musik eingegangen war. Dies alles wusste ich aus einem der Vorträge von Prof. Michael Gough, dem Direktor des Englischen Archäologischen Instituts in Ankara, die dieser in den 1950er Jahren im türkischen Radio gehalten hatte. Agatha Christie schaute mich liebenswürdig an und sagte: “Ich wusste, dass das Wort “boş” aus dem Türkischen kommt, doch die anderen beiden Begriffe kannte ich bisher nicht. Das ist wirklich sehr interessant.” Als gegen Ende des Essens ein Pudding als Nachspeise aufgetragen wurde, sagte ich zu ihr: “Ich habe Ihre Romane mit großem Vergnügen gelesen, sie haben mir sehr gefallen.” Voller Neugierde fragte sie mich: “Was hat Ihnen daran gefallen?” Ich antwortete: “Nun, sie gefallen mir, weil Ihre Geschichten von Anfang bis Ende faszinierend sind. Am Ende der Handlung erwecken Sie den Eindruck, dass eine von zwei Personen das Verbrechen begangen hat. Während sich der Leser noch voller Aufregung fragt, welche der beiden Personen wohl der Verbrecher ist, zeigen Sie durch eine meisterhafte Verknüpfung, dass die Tat von einer ganz anderen Person begangen wurde. Einem so überraschenden Ende bin ich noch nie in einem anderen Kriminalroman begegnet.” Ich konnte erkennen, dass ich sie mit meinen Worten sehr glücklich gemacht hatte. Sie antwortete mir mit einem liebenswürdigen Lächeln auf den Lippen: “Als Sie gerade eben den Pudding sahen, sagten Sie, Sie liebten die englischen aus Milch hergestellten Süßspeisen. Doch voller Stolz kann ich Ihnen versichern, dass Sie mich mit noch sehr viel süßeren Worten glücklich gemacht haben.” Als wir uns nach dem Essen erhoben und zum Kaffee übergingen, sagte sie zu ihrem Mann: “Denke nur, Professor Akurgal sagt mir, dass das Wort “hullabaloo” aus dem Türkischen kommt”. Dann geleitete sie mich zu ihrem Mann, der sich zusammen mit jenen Gästen, die Kaffee tranken, auf einigen Sesseln in der Ecke des Salons niedergelassen hatte. Dort setzten wir mit unseren Wissenschaftskollegen die Unterhaltung über die hethitische, die assyrische und die babylonische Kunst fort. Am Ende sagte Sir Max, also Prof. Mallowan: “Wir wollen doch mal im Wörterbuch den Begriff ‚hullabaloo' nachschlagen.” Er schaute nach und stellte fest, dass es keinen Hinweis auf eine Herkunft des Wortes aus dem Türkischen gab. Wie ich nun beim Verfassen meiner Erinnerungen von Roger Matthews, dem derzeitigen Direktor des Englischen Archäologischen Instituts und von meinem Freund Prof. Celal Şengör, einem berühmten Geologen mit reich ausgestatteter Bibliothek erfahre, gibt es in “The Oxford English Dictionary”, in dem das Wort verzeichnet ist, keinen Hinweis auf seine türkische Herkunft. Daraus dürfen wir schließen, dass die Erklärungen von Gough, die ich oben wiedergegeben habe, wohl auf Goughs eigener Einschätzung beruhen.

Zu Gast im Palast des Hethitologen Gurney

Ich erinnere mich an meinen Studienfreund O.R. Gurney, mit dem ich in Berlin gemeinsam Hethitisch gelernt hatte. In seinem Haus in Oxfordshire, das wie ein kleiner Palast in Gärten und zwischen Bäumen lag, war ich zusammen mit meiner Frau Lemis Akurgal drei Tage zu

Gast. Das zwei- oder dreigeschossige Haus war für einen Angehörigen der Mittelschicht, wie ich es war, ein luxuriöser Palast. Es verfügte über drei Gästezimmer mit jeweils eigenem Bad und Toilette. Man konnte also zur gleichen Zeit drei Ehepaare zu Gast haben. In einem geräumigen Salon wurde Tag und Nacht ein Feuer in einem großen Kamin unterhalten. Das Haus hatte zwar Zentralheizung, doch die Schlafräume waren unbeheizt. In jeden Raum hatte man zwar zusätzlich einen kleinen elektrischen Heizofen gestellt, dennoch zitterten wir erbärmlich in der Kälte. Die Bäder der Gästezimmer waren großartig, doch war es mir unmöglich, mich in den kalten Zimmern zu waschen. Nach dieser Kritik, die ich als ein Bewohner der Mittelmeerregion geäußert habe, kann ich dennoch sagen, dass ich mit meiner Frau in diesem schönen Haus drei sehr angenehme Tage verbrachte. Es gab auch eine reich ausgestattete Bibliothek, die ich benutzte. Gurney war der Neffe von Garstang, der in den 1940er Jahren Direktor des Englischen Archäologischen Instituts in Ankara war. Prof. Gurney war der Verfasser des Buches "The Hittites", eines Werkes über hethitische Kultur, das bei Penguin Books in mehreren Auflagen erschienen war. Dieses Buch gehört mit jeweils einer Veröffentlichung von Götze und Otten zu den drei Handbüchern, die die hethitische Kultur am besten erklären.

15 Tage im Haus von Robert M. Cook

Anfang der 1950er Jahre bin ich mit meiner Frau Lemis zu einer Reise nach Cambridge aufgebrochen. Meine Frau wohnte in einem College, wo sie über englische Sprache und Literatur arbeiten wollte, ich hatte vor, die Werke des Fitzwilliam Museums zu besichtigen und wohnte in einem Hotel. Es waren noch keine zwei Tage vergangen, als Robert M. Cook, der von meinem Aufenthalt in Cambridge erfahren hatte, in einem zweisitzigen Cabriolet erschien und mich — fast unter Gewaltanwendung — in sein Haus in Wilberforce Road 15 brachte. Robert Manuel Cook war der Bruder von John M. Cook, mit dem zusammen ich zwischen 1948 und 1951 Bayraklı ausgegraben hatte. Wir kannten uns daher von verschiedenen Gelegenheiten. Sein Buch über ostgriechische Vasen hat mir sehr gefallen. Da seine Frau aus Irland stammte, konnte sie sehr gut kochen und ihre Puddings waren wunderbar. Fünfzehn Tage wohnten, aßen und arbeiteten wir wie eine Familie zusammen. Wir sprengten sogar den Rasen im Garten gemeinsam. Robert M. Cook gab sich große Mühe, mich mit Wissenschaftlern in Cambridge bekannt zu machen. Einige Gelehrte wie den bedeutenden Schriftsteller Ellis Howell Minns, der 1913 das Buch "Scythians and Greeks" veröffentlicht hatte, und David Magie, den Autor des 1950 in Princeton erschienenen sehr wertvollen Buches "Roman Rule in Asia Minor", besuchten wir zu Hause. Später hat er dann alle Archäologen aus Cambridge zu einem Cocktail eingeladen und mir damit Gelegenheit gegeben, diese Kollegen kennen zu lernen.

Vom Robin-Hood-Hotel zur türkischen Botschaft

Jedes Mal wenn ich nach London kam, wohnte ich in einem der billigen Hotels, die nach heutiger Einschätzung 2 Sterne hatten, und in der Nähe des British Museum lagen. So konnte ich das Museum ohne großen Zeitverlust zu Fuß erreichen. Bei meiner ersten Reise fand ich dort traditionelle Hotels, die jedoch keinerlei Komfort boten. Später entdeckte ich ein dem Museum nahe gelegenes Hotel mit allen Annehmlichkeiten. Und von da an wohnte ich immer in diesem Hotel, an dessen Namen ich mich heute nicht mehr erinnere. Reiste ich jedoch zusammen mit meiner Frau, mieteten wir uns ein Zimmer mit Kamin in einer Privatpension.

Auf meinem Weg zum British Museum fiel mir ein Hotel auf, das nach Robin Hood, dem sagenhaften Helden des Mittelalters, benannt war. Das Hotelgebäude machte einen ordentlichen Eindruck und sah gut aus. Ich aß mehrfach im Restaurant des Hotels, das im Erdgeschoss lag und mit eleganten alten Möbeln ausgestattet war. Auch mit dem Service dort war ich zufrieden. Daher stieg ich mit meiner Frau Lemis in diesem Hotel ab, als wir einmal nach London reisten während Zeki Kuneralp dort Botschafter war. Doch leider stellte sich heraus, dass die Zimmer des Hotels nicht so blendend ausgestattet waren wie das Restaurant. Vor allem waren sie ungeheizt. Die Heizkörper im Zimmer waren nur lauwarm und die winzigen Elektro-Öfen, die kaum so groß wie eine Handfläche waren, erwärmten gerade einmal unser Gesicht, doch am Rücken froren wir. Da gerade Winter war, schlotterten wir vor Kälte. Daher begaben wir uns sofort nach dem Aufstehen in den Salon, in dem ein Feuer im Kamin brannte.

Am zweiten Tag unseres Aufenthaltes im Robin-Hood-Hotel rief ich bei der türkischen Botschaft an und bat um einen Besuchstermin bei Botschafter Zeki Kuneralp, dem ich einen Höflichkeitsbesuch abstatten wollte. Sofort verband man mich mit der Botschaft und Zeki Kuneralp zeigte sich sehr freundlich und liebenswürdig. Er lud mich und meine Frau ein, als Gäste in der Botschaft zu wohnen. Ich sagte ihm: "Wir fühlen uns sehr geehrt, doch möchten wir Ihnen keine Unannehmlichkeiten bereiten." Doch der Botschafter bestand darauf, dass wir sein Angebot annahmen und sagte: "Gegenwärtig erwarten wir keine hochgestellten Staatsgäste. Deshalb würde es mich sehr glücklich machen, diesmal einen Wissenschaftler und seine Frau als Gäste zu begrüßen." Auf diese sehr liebenswürdige Geste hin nahmen wir sein Angebot voller Stolz an.

Eine Stunde später kam ein Wagen und brachte uns von dem nach dem märchenhaften Helden Robin Hood benannten Hotel zur türkischen Botschaft, der ein hervorragender und gebildeter Diplomat vorstand. Dort blieben wir eine Woche und waren glücklich, die Gäste eines so mustergültigen Diplomaten sein zu dürfen.

Gut gekleidete Engländer

In den Ländern Nordeuropas kleiden sich die Menschen im Allgemeinen weniger auffällig, sondern meist schlicht und korrekt. Dies ist zweifelsohne dem kälteren Klima geschuldet, das es erfordert, sich dicker anzuziehen. So kommt es, dass die in wärmeren Regionen lebenden Europäer sich aufgrund der stärkeren Sonneneinstrahlung ziemlich uneinheitlich kleiden.

Was die Türken angeht — sie kleiden sich heute im Allgemeinen eher unordentlich. Doch auf den Wandbildern, die im 7. und 8. Jahrhundert in Turfan in Zentralasien entstanden sind, auf den seldschukischen und osmanischen Miniaturen, auf ethnographischen Darstellungen und auf Stichen, die europäische Reisende angefertigt haben, werden die Türken in allen historischen Epochen in ordentlicher und ansprechender Kleidung gezeigt. Atatürk ist auch ein Symbol für einen gut angezogenen Mann. Gut und angemessen angezogen zu sein gehört zweifellos zu den Grundsätzen von Atatürk.

Aus diesem Grunde habe ich mein Leben lang darauf geachtet, dass mein Anzug ein zu mir passendes Bild abgab. Wir finden es angenehm, einen gut aussehenden Mann und eine schöne Frau anzusehen, und es erfüllt uns gleichermaßen mit Zufriedenheit, einem ordentlich gekleideten Menschen gegenüber zu treten. So wie nicht jeder Mann gut aussehend sein kann, so kann auch nicht jede Frau schön sein. Dennoch kann jeder, auch wenn er nur wenig verdient, durch ordentliche und angemessene Kleidung an Achtung und Attraktivität gewinnen.

Als ich in den 1950er Jahren einmal auf einer der Hauptstraßen Londons unterwegs war und die Schaufenster betrachtete, las ich einen Werbetext, in dem es hieß: "Die besten Anzüge werden in England genäht." Daraufhin habe ich, obgleich mich das sehr teuer kam, für einen Anzug nach englischer Art Maß nehmen lassen. Anzüge dieser Art, die aus schottischem Stoff mit einem ganz bestimmten Karomuster genäht werden, bezeichnet man in der Türkei mit dem französischen Begriff "Prince de Galles"[60]. Direkt über der rechten Tasche des Jacketts befand sich eine weitere kleine geschlossene Tasche und die Weste hatte einen kleinen eleganten Kragen. Obgleich diese Anzüge sich von den sonstigen Jacketts und Westen in Europa unterschie-

60 Nach türkischer Orthographie: Prens dö Gal. Das bedeutet: Prince of Wales.

den, hatten sie doch keine Besonderheiten, die sofort ins Auge stachen. Vielmehr erweckten diese Anzüge einen Gesamteindruck, der ihnen ein respektvolles Aussehen verlieh.

Ich habe diese Geschichte in meine Lebenserinnerungen aufgenommen, weil ich damit einen Wunsch zum Ausdruck bringen möchte: Ich wünsche mir, dass auch bei uns in naher Zukunft Kleidung produziert wird, die auch den Beifall der Ausländer findet. Ich würde es gern sehen, wenn wir dieses Ziel erreichen könnten, denn dies ist einer meiner größten Wünsche.

"Her Majesty's most famous smoked tea"

In der Zeit, als ich Schüler des İstanbul Erkek Lisesi[61] (1928-1930) und Student an der Rechtswissenschaftlichen Fakultät der Universität (1931-1932) war, trank ich in Teehäusern, die von iranischen Einwanderern geführt wurden, Tee von außerordentlich gutem Geschmack — man wurde dieses Aromas niemals überdrüssig. Aus der "Kıvırçık" genannten Teesorte bereiteten sie einen wunderbaren Tee zu, der einen ganz eigenen Geschmack und ein ganz außergewöhnliches Aroma hatte. Mit der Zeit war ich diesem Tee verfallen. Während meiner Studienzeit in Deutschland (1933-1940) sehnte ich mich sehr nach diesem Tee. Erst als ich 1952 nach England kam, fand ich einen Tee, der der ersehnten Sorte — mit Abstrichen — nahe kam. Später habe ich dann regelmäßig Tee der Sorte Earl Grey getrunken und andere Tees der Marken Lipton, Twining und Sir Winston.

Diese Tees besorgte ich mir im Kaufhaus Fortnum and Mason in London, in dem auch Königin Elisabeth einkaufte. Als ich wieder einmal in dieses Kaufhaus ging, erwarb ich neben den Teesorten, die ich üblicherweise trank, noch einige andere Tees. Ich fragte den Chefverkäufer, ob er mir noch andere Tees besonders empfehlen könnte. Er ließ seinen Blick über die Teedosen schweifen und schlug mir dann mit Nachdruck "Her Majesty's most famous smoked tea" vor. Was das Wort "smoked" zu bedeuten hatte, wusste ich nicht, doch ich kaufte zwei Dosen davon. Nachdem ich in die Türkei zurückgekehrt war, trank ich davon, doch er schmeckte mir gar nicht. Als ich diesen Tee dann der Frau meines Bruders, Halet Akurgal, die tscherkessischer Herkunft war und für ihre Teezubereitung allseits gerühmt wurde, schenkte und ihr sagte, "Ich habe dir diesmal von dem sehr berühmten rußigen Tee der Königin mitgebracht", rief sie "Wie wunderbar!" und nahm die Dose voller Freude entgegen. Meine Schwägerin kannte sich damit aus, doch ich war ahnungslos. Aber dennoch konnte ich mir irgendwie nicht vorstellen, dass meine Schwägerin, die so guten Tee zubereitete, diesen rußigen Tee wirklich mochte.

Die Engländer trinken ihren Tee aus Porzellantassen und geben meist noch Milch hinein. Die Europäer trinken ihn in kleinen Schlucken aus Porzellanbechern. Ich hänselte meine engen Freunde damit, dass ich behauptete, sie tränken Bouillon.

Tee ist ein Getränk, an dem man sich, abhängig vor seinem Geschmack, seinem Duft und seiner Farbe berauschen kann. Daher trinken wir Türken den Tee aus Gläsern mit schmaler Taille, denn so kann man seinen Geschmack, seinen Duft und seine Farbe nach Herzenslust genießen. In meiner Kindheit wurde der Tee zu Hause, im Kaffeehaus und besonders in Istanbul beim Picknick auf den Wiesen und Hügeln im Samowar zubereitet. Einst prangte auf jedem Tisch in den Teegärten des Messe-Parks von Izmir ein schmucker Samowar. Sie aus der Nähe oder der Ferne zu betrachten, machte die Menschen froh. Doch in unserer Zeit des "fast-food" gibt es das Vergnügen, im Freien Tee aus dem Samowar zu trinken nicht mehr. Das ist sehr zu bedauern, denn wir verlieren unsere Traditionen — oder richtiger, wir verlieren unsere Identität.

61 İstanbul Erkek Lisesi = Istanbuler Jungen-Gymnasium

Mitteilung auf dem 12. Internationalen Archäologenkongress
1978 nahm ich am 12. Internationalen Archäologenkongress in England teil. Kurz bevor ich meinen Vortrag halten sollte, nahm ich einen Platz im Saal ein und hörte dem Archäologen zu, der vor mir sprach. Zu diesem Zeitpunkt war der Vortragssaal nur zur Hälfte besetzt. Doch eine halbe Stunde vor Beginn meines Beitrags begann sich der Raum plötzlich zu füllen. Ein englischer Kollege an meiner Seite sagte leise zu mir: "Sie kommen alle nur wegen dir!" Und tatsächlich gab es schon bald keinen freien Platz mehr. Nachdem ich meinen Vortrag beendet hatte, leerte sich der Saal wieder. Der Vortragende, der nach mir an der Reihe war, sagte mit einem klagenden Unterton in der Stimme: "Ich habe auch Interessantes zu berichten! Wohin gehen Sie denn alle?" Doch niemand hörte ihm zu.

Ein Vortrag in der Reihe der Alan Hall Memorial Lectures
Alan Sterling Hall, der in den Jahren 1970 bis 1984 Generalsekretär in der Zentrale des Englischen Archäologischen Instituts in London war und der 1986 im Alter von 55 Jahren starb, hat viel zum kulturellen Austausch zwischen der Türkei und England — auch auf dem Gebiet der Archäologie —beigetragen. Daher wurde in London am Englischen Archäologischen Institut eine Vortragsreihe zu seinem Andenken eingerichtet. Ich wurde als erster Vortragender ausgewählt. Diese Einladung bedeutete eine große Ehre für mich und ich war darüber sehr glücklich. Im Rahmen der genannten Vortragsserie hielt ich im Ashmolean Museum an der Oxford University einen Vortrag mit dem Titel "Archaic Greek Art in Anatolia". Sir John Boardman, der in jungen Jahren Mitglied der Grabungsmannschaft war, die zwischen 1948 und 1951 in Bayraklı grub, und der mit seinen inzwischen veröffentlichten Werken große Bekanntheit erlangt hatte, stellte mich den Zuhörern vor. Alle Mitglieder des Lehrkörpers waren wie in England üblich in ihren Talaren erschienen. Der Saal war brechend voll. 15 bis 20 Personen waren extra aus London angereist, um meinen Vortrag zu hören. Unter ihnen befand sich auch der bekannte Turkologe, Journalist und Fernsehmoderator Andrew Mango. Es erfüllte mich mit besonderem Stolz, dass auch Suat Ürgüplü, der an seiner Dissertation als Historiker arbeitete und der ein Enkel von Suat Hayri Ürgüplü ist, zu der Gruppe der Zuhörer aus London gehörte.

Einladungen nach Frankreich
Die erste Einladung nach Frankreich erhielt ich 1953. Als Gast des französischen Außenministeriums hielt ich Vorträge an der Sorbonne, im Louvre und in dem in der Rue Michelet gelegenen Maison d'Art et d'Archéologie. Mein Aufenthalt dauerte einen Monat, in dem ich im Hotel Montalembert wohnte. Ich aß im "Restaurant Les Ministères" in der Rue du Bac, das nur 20 Meter vom Hotel entfernt lag, und in anderen Restaurants in derselben Straße. Die Straße, in der das Hotel lag, gehörte zu den kürzesten Straßen von Paris. Dennoch beherbergte sie den Verlag Gallimard. Sie führte noch weiter, doch trug sie dann einen anderen Namen. Während meines Aufenthaltes lud mich Charles Picard, dessen früherer Schüler ich war, zweimal zum Essen ein. Daneben luden mich bekannte Archäologen wie René Dussaud, Louis Robert, Pierre Demargne, Pierre Devambez, André Parrot, Jean Charbonneaux und Claude Schaeffer zu sich nach Hause oder in berühmte Restaurants ein. Die Frau von Devambez war eine aus Istanbul stammende russische Emigrantin und sie sprach Türkisch. Alle Wände in ihrem Haus waren mit Souvenirs, mit Fotografien und Ölgemälden behängt, die an Istanbul und an Russland erinnerten. Zur glanzvollsten Essenseinladung wurde ich in das Haus von André Parrot eingeladen, der im Louvre Direktor der Abteilung des Alten Orients war. Seine Frau war die Tochter eines bekannten Abgeordneten. Dennoch hatten sie ein halbes Dutzend Kinder, die alle an dem Essen teilnahmen. Wir aßen gut — in aufgeräumter, vergnügter Stimmung.

Meine Vorträge waren überfüllt. Bei dem Vortrag im Louvre war in dem großen Saal kein freier Platz mehr zu finden. Ich eilte in den Raum, denn mein Vortrag sollte in fünf Minuten beginnen. Parrot wartete an der Tür auf mich und neckte mich: "Warum diese Eile? Ohne Sie können wir doch gar nicht anfangen!" Der Vortrag war dann sehr gelungen.

Ein Vortrag an der Sorbonne

Bei meinem Vortrag an der Sorbonne kam es zu einem interessanten Zwischenfall. Es war nämlich so, dass ausdrücklich Charles Picard mich den Zuhörern vorstellen wollte. Doch an seine Stelle trat dann Pierre Demargne, der aus Straßburg gekommen war. Und so kam es, dass mich zuerst Charles Picard vorstellte. Danach aber wurde ich von Pierre Demargne ein zweites Mal vorgestellt. Meine französischen Fachkollegen befürchteten, dass es während meines Vortrags zu einem weiteren Eklat kommen könnte. Denn die Beziehung zwischen Charles Picard und Louis Robert war denkbar schlecht. Charles Picard war zwar ein Professor mit bekannten Studenten, auch war er beliebt und sehr erfolgreich, doch er war überaus unverträglich. So kritisierte er zum Beispiel die berühmte deutschstämmige amerikanische Archäologin Gisela Richter in seinen Schriften und Vorträgen aufs Schärfste. Der große Philologe Louis Robert kritisierte seine Kollegen unerbittlich. Er war ein außerordentlich gebildeter, jedoch sehr schroffer Wissenschaftler, der auf niemanden Rücksicht nahm. Er erschien zu meinem Vortrag und setzte sich neben mich in die erste Reihe. Die Anwesenden beobachteten mit besorgten Gesichtern, was hier vorging. Ob Robert und Picard wohl einander anpöbeln würden? Charles Picard war mir sehr gewogen, da ich einst sein Student gewesen war; Louis Robert brachte mir große Sympathien entgegen, weil wir uns in der Türkei freundschaftlich verbunden hatten. Robert blieb ganz ruhig sitzen und Picard brach auch keinen Streit vom Zaun. So konnte der Vortrag ohne einen Zwischenfall zu Ende gehen.

Ehrendoktor der Universität von Bordeaux

In späteren Jahren bis 1992 nahm ich noch viele Einladungen nach Frankreich an und bereiste das Land mehrfach. Das bedeutendste Ereignis war die Verleihung der Ehrendoktorwürde der Universität Bordeaux an mich im Jahr 1961. Aus Anlass des hundertsten Geburtstags des berühmten französischen Gelehrten Pierre Paris und des bekannten Wissenschaftlers Georges Radet wurde dem spanischen Archäologen Garcia Y. Bellido und mir der Ehrendoktor verliehen. Zur Feier der Verleihung waren die hervorragenden französischen Archäologen F. Benoit, R. Lantier, P. Demargne und P. Devambez eingeladen worden. Als ich mich 1961 vor der Verleihung einige Tage in Paris aufhielt, lernte ich im Restaurant Les Ministères in der Rue du Bac, wo ich immer aß, den Besitzer der Weinbaufirma Saint Emilion und seine Frau kennen. Sie waren beide schon über neunzig Jahre alt und wohnten zusammen in dem Haus, das dem Restaurant gegenüber lag. Wir trafen uns immer zum Mittagessen im Restaurant. Wenn sie sich verabschiedeten, nahmen sie das vom Essen übrig gebliebene Brot mit nach Hause, um es abends oder am nächsten Tag zum Frühstück zu essen. Als ich ihnen in unserer Unterhaltung erzählte, dass ich den Ehrendoktor der Universität Bordeaux erhalten sollte, entschlossen sie sich dazu, mir ihre Visitenkarte zu geben. Wenn ich mich richtig erinnere, stand darauf "Baron du ..." Doch an den Namen kann ich mich nicht mehr erinnern. Als ich dann nach Bordeaux kam, besuchte ich den Direktor des Weinbaubetriebes und zeigte ihm die Visitenkarte der Besitzer. Daraufhin benahmen sie sich mir gegenüber sehr aufmerksam und schickten mir ein Dutzend Flaschen ihres Weins. Während der ganzen Woche, die ich in Bordeaux blieb, genoss ich den Wein aus Saint Emilion. Bei der Feier zur Verleihung des Ehrendoktors sprach ich über hethitische Kunst.

Eine Ausstellung hethitischer Kunst in Paris

Neben einer Reihe von Reisen nach Frankreich war mein Aufenthalt im Jahr 1964 von größter Bedeutung, denn ich habe zusammen mit Raci Temizer im Pariser Petit Palais eine Ausstellung mit hethitischer Kunst vorbereitet. Die Schau stieß auf großes Interesse. Bekannte Zeitungen wie Le Monde und Le Figaro berichteten auf der ersten Seite darüber. Die Ausstellung wurde vom damaligen französischen Kulturminister André Malraux vorgenommen. Ich führte den berühmten Schriftsteller durch die Ausstellung. Er erzählte mir, er besitze mein Buch "The Art of the Hittites", das er mit großem Interesse gelesen habe. An seinen Einschätzungen und den Fragen, die er mir während unseres Rundgangs stellte, sah ich, dass er sich in der Kunst Mesopotamiens und Anatoliens sehr gut auskannte. Immerhin gab André Malraux zusammen mit André Parrot im Verlag Gallimard die Buchserie "L'Univers des formes" heraus, in der mehr als ein halbes Dutzend Titel zur Kunst Mesopotamiens, Anatoliens und Griechenlands erschienen waren. André Malraux wurde auch dadurch bekannt, dass er in Paris antike Kunstwerke wie Statuen und Reliefs sowie Gebäude von architektonischem Wert durch Hochdruckreinigung mit Wasser säubern ließ.

Wahl zum Mitglied der Académie française

Von 1965 bis 1992 wurde ich häufig und zu verschiedenen Anlässen nach Frankreich eingeladen. Die Einladung mit der größten Bedeutung wurde mir 1992 von der Académie française überbracht. Ich war schon seit 1979 Korrespondierendes Mitglied der Abteilung für Altertumskunde der Académie française gewesen. Doch im Februar 1992 wurde ich von der Académie des Inscriptions et des Belles-Lettres zum Ständigen Mitglied gewählt und erhielt den Titel eines "Académicien". Ich hatte nun das Recht, mein Leben lang auf dem Sessel mit der Aufschrift "Akurgal" Platz zu nehmen. Dies war eine große Ehrung für mich, die auf der ganzen Welt nur 20 Personen zuteil wurde. Vor mir wurde in die Abteilung für Politiker der Académie française unser hervorragender Diplomat Feridun Cemal Erkin gewählt und er nahm seinen Sitz neben den beiden weltbekannten Politikern Roosevelt und Churchill ein.

Im Zuge der Feierlichkeiten hielt ich einen Vortrag mit dem Titel "Naissance de l'art grec archaïque en Anatolie", der mit sehr schönen Farbdiapositiven ergänzt wurde. Ohne eine einzige Notiz vor mir zu haben hielt ich den Vortrag in fließendem Französisch. Dass ich Französisch frei sprach, machte auf die Türken unter den Zuhörern großen Eindruck. Dem Protokoll gehorchend sprachen nach meinem Vortrag Pierre Demargne, Pierre Amandry, Henri Metzger, Jean Marcadé und Jacques Fontaine über meine Verdienste auf dem Gebiet der Archäologie.

Neben den Mitgliedern der Akademie waren bei der Feier auch unser Botschafter in Paris, Tansuğ Bleda, der Kulturattaché der Botschaft, meine Frau Meral Akurgal und Hatice Gonnet, die Professorin für Hethitologie, anwesend. Nach der feierlichen Zeremonie hat Prof. Jean Leclant, der ständige Sekretär der Akademie, mich und meine Frau im historischen Sitz der Akademie zu einem Abendessen eingeladen, bei dem auch unser Botschafter Tansuğ Bleda und seine Frau zugegen waren. Am folgenden Tag lud der Botschafter uns zu Ehren in Paris lebende türkische Wissenschaftler, Künstler und Unternehmer zu einem großen Empfang in die Botschaft ein.

Hatice Gonnet beschreibt meine Besuche in Paris

Die Hethitologin Hatice Gonnet schreibt: *Es ist das Jahr 1961. Als ich im Louvre auf dem Weg zur Vorlesung von André Parrot war, fiel mir ein Plakat auf, das links neben der Tür des Hörsaals hing. Es lud zum Vortrag eines Professors namens Ekrem Akurgal von der Universität Ankara ein. Obgleich ich seinen Namen nicht kannte, interessierte ich mich doch als Studentin der Archäologie für diese Vortragsankündigung.*

Als ich zwei oder drei Tage später wieder in die Universität kam, ließ mir Professor Parrot ausrichten, er erwarte mich in seinem Zimmer. Als ich sein Zimmer betrat war ich sehr überrascht, denn dort saß Ekrem Akurgal. Als ich eintrat erhob er sich — er war ein mittelgroßer, blauäugiger und freundlicher Herr. Er begrüßte mich lächelnd und sagte: "Als Profes-

sor Parrot mir sagte, seine beste Studentin sei eine Türkin, war ich stolz und erfreut und sagte ihm, dass ich Sie kennen lernen möchte." Und er fügte hinzu: "Ich bin wirklich höchst erfreut!" Nachdem wir uns bekannt gemacht hatten, bat Ekrem Akurgal Prof. Parrot darum, sich ein wenig mit mir unterhalten zu dürfen. Als wir den Louvre verließen, schlug Professor Akurgal vor, in ein Café zu gehen und führte mich in das "Les deux Margots". Dort erzählte ich einiges über meine Familie. Akurgal meinte, er kenne meinen Vater dem Namen nach. In Paris sollte er zwei Vorträge halten, einen im Louvre —auf Wunsch von A. Parrot — und einen im Institut d'art et de l'archéologie de l'université de Paris — auf Einladung von P. Demargne. Als wir das Café verließen, lud ich als Studentin den Professor zum Mittagessen in die Mensa ein. Doch er lehnte ab: "Das geht doch nicht! Ich habe die Ehre einzuladen." Und dann führte er mich ins Restaurant "Chez Pussineau", das gegenüber der Akademie der Schönen Künste an der Ecke Rue Bonaparte und Rue de Beaux Arts lag.

Einer der Vorträge Akurgals beschäftigte sich mit Themen der Klassischen Archäologie, beim zweiten ging es um die Kulturen des Nahen und Mittleren Ostens. Beide Veranstaltungen stießen auf großes Interesse und die Säle waren überfüllt.

Ein wichtiger Besuch Ekrem Akurgals in Paris fand 1964 anlässlich der Eröffnung der Ausstellung "L'Art au Pays des Hittites" statt, die im Petit Palais gezeigt wurde. Die Ausstellung wurde in Paris sehr stark beachtet. Die Zeitungen Le Monde und Le Figaro brachten Bilder Akurgals auf der ersten Seite.

Professor Akurgal informierte mich jedes Mal vor seinen Besuchen in Paris und rief mich sogar aus Ankara an, um sein Kommen anzukündigen. Wenn ich selbst nach Anatolien reiste, versäumte ich es nie, ihn bei den Grabungen in Ildırı, Bayraklı und selbst in Çandarlı zu besuchen. Vor meiner letzten Reise im Jahr 1971 war sein Buch "Ancient Civilisations and Ruins of Turkey" neu herausgekommen. Mit dem Buch in der Hand suchte ich ihn bei den Grabungen in Bayraklı auf. Es muss wohl nachmittags gegen zwei oder drei Uhr gewesen sein, als mir jemand gegenübertrat und sagte, der Professor schlafe und man könne ihn nicht aufwecken. Doch da bewegte sich jemand in dem Liegestuhl im Garten und Professor Akurgal schlug die Augen auf. Ganz aufgeregt und sehr freundlich rief er mir zu: "Oh, herzlich willkommen!" Dann unterhielten wir uns ein wenig und tranken Kaffee und Coca Cola. Da bat ich ihn, mir sein Buch zu signieren. Er nahm das Buch und lachte fröhlich. Dann schrieb er mir eine ironische Widmung in das Buch: "Für Hatice, die meinen Mittagsschlaf störte." Das Datum war der 31. August 1971. Ich musste lachen, als ich die Widmung las und auch Akurgal amüsierte sich.

Als Ekrem Akurgal 1975 auf Einladung der UNESCO zusammen mit Prof. Bozkurt Güvenç und Prof. Suat Sinanoğlu nach Paris kam, hatte ich mein Studium abgeschlossen und seit E. Laroche zum wissenschaftlichen Vorstand der CNRS als Experte für Hethitologie gewählt worden war, waren bereits sechs Jahre vergangen. Um diese beiden Ereignisse zu feiern, arrangierten wir ein Treffen, an dem neben Ekrem Akurgal Professoren aus der Türkei, Frankreich und aus sonstigen Ländern teilnahmen.

Zusammen mit Professor Jacques Lefort besuchte ich 1977 die Grabungen in Ildırı. Dabei erklärte uns Ekrem Akurgal ausführlich und ohne zu ermüden die Grabungsarbeiten. Im gleichen Jahr gab unser Freund Prof. Jacques Lefort ein Essen zu Ehren von Ekrem Akurgal. Ich erinnere mich genau, dass an diesem Abend mit dem berühmten Byzantinologen Professor Paul Lemerle vom Collège de France über die byzantinischen Archive in Istanbul diskutiert wurde.

Wiederum ein Jahr später gab Professor Laroche ein prächtiges Abendessen zu Ehren von Ekrem Akurgal. Zu dieser Gelegenheit wurden alle hervorragenden und berühmten Professoren aus Paris eingeladen.

Ekrem Akurgal mochte Paris sehr. Bei jedem seiner Besuche war er sehr daran interessiert, Kinovorstellungen, Konzerte oder Ausstellungen zu besuchen. Meist lud er nicht nur mich ein, sondern noch weitere türkische Landsleute, die in Paris lebten. Einmal hat er uns zusammen mit der Pianistin Ayşegül Sarıca, die im "Salle Gaveau" ein Konzert gegeben hatte, zum Essen in das "Restaurant des Ministères" und später ins Kino eingeladen. Gemeinsam schauten wir uns "Les Liaisons Dangereuses" an, einen der schönsten Filme, der damals auf den Champs Elysées für Furore sorgte.

Ekrem Akurgal liebte es sehr, die Abende nach offiziellen Anlässen in berühmten Cafés und Restaurants zu verbringen, in denen sich Schriftsteller, Künstler und Philosophen trafen. In Montparnasse bevorzugte er das "La Coupole" oder das "Dôme". In Saint Germain des Près besuchte er das "La Flore" oder das "Les deux Magots".

Wie jeder wusste, war Ekrem Akurgal sehr darauf bedacht, sich gut zu kleiden. Bei keinem seiner Parisbesuche versäumte er es, die Herrenabteilung des Kaufhauses Galerie Lafayette aufzusuchen, wo er schon seit vielen Jahren Kunde war. Auch wenn seine Begleiter sich schon kaum noch auf den Beinen halten konnten, verließ er den Laden erst, wenn er die Krawatte in der gewünschten Farbe gefunden hatte.

Das letzte Mal begegnete ich Ekrem Akurgal im Jahr 1992, als er einen Vortrag an der Académie des Inscriptions et des Belles-Lettres hielt. Nach dem Essen, das die Akademie für ihn gab und nach dem Empfang, zu dem der türkische Botschafter Tansuğ Bleda einen Tag später zu Akurgals Ehren eingeladen hatte, verabschiedeten wir uns, um uns bei nächster Gelegenheit in der Türkei wieder zu treffen. Ich bedaure sehr, dass ich ihn nicht anlässlich des von ihm ausgerichteten 3. Internationalen Hethitologenkongresses in Çorum treffen konnte.

Einladungen nach Amerika

1960 erhielt ich von der Princeton University einen sehr erfreulichen Brief. Man bat mich, für ein Jahr auf dem Level der Graduate Studies griechische und römische Kunst zu unterrichten. Dies sollten die ersten Vorlesungen werden, die ich im Ausland hielt. Im Herbst 1960 reiste ich mit meiner Frau Lemis und meinen Söhnen Ali und Murat mit einem türkischen Dampfer nach Neapel und von dort mit einem israelischen Schiff nach New York, das wir nach 14 Tagen erreichten. Danach fuhren wir weiter nach Princeton, der Hauptstadt von New Jersey. Nach einer Woche zogen wir in ein zweistöckiges Holzhaus mit acht Zimmern in Lawrenceville ein, das einem Mitglied des Lehrkörpers der Universität gehörte, das wie ich für einige Zeit an einer anderen Universität unterrichtete. Lawrenceville lag etwa zehn Meilen von Princeton entfernt und war mit seinen schönen Bäumen und Blumen das reinste Paradies. Das Haus hatte auch eine Doppelgarage. Wir durften alle Töpfe, alles Geschirr und alle Gläser des Hausbesitzers benutzen. Während man in Princeton für ein solches Haus 400 bis 500 Dollar im Monat zahlte, betrug unsere Miete lediglich 220 Dollar. Das Haus hatte einen schönen Vorgarten und hinter dem Haus befand sich noch einmal ein Garten, der an einen Wald grenzte und drei bis vier Mal so groß war wie der Vorgarten. Nach türkischer Art stellten wir mit der ganzen Familie gleich am ersten Tag im Vorgarten Tisch und Stühle auf. Doch alle Nachbarn, die vorbeikamen, schauten uns seltsam an. Nachdem wir einige Tage so merkwürdig angeschaut wurden, bemerkten wir, dass es in Amerika nicht üblich war, im Vorgarten zu sitzen. Jedes Haus hatte einen rückwärtigen Garten, wo die Bewohner im Freien saßen. Im Garten hinter unserem Haus gab es verschiedene Geräte um den Rasen zu pflegen und eine Reckstange zur Körperertüchtigung. Wir beobachteten unsere Nachbarn und stellten fest, dass sich die ganze Familie, nachdem sie von der Arbeit nach Hause gekommen war, im Garten beschäftigte. Die Kinder saßen auf der Schaukel und der Herr des Hauses mähte mit der Pfeife im Mund den Rasen — dabei nippte er an einem Whiskey. Nachdem wir dies alles gesehen hatten, wollten wir uns auch wie die Amerikaner verhalten und zogen in den Garten hinter dem Haus um.

Doch unsere unterschiedlichen Verhaltenweisen stachen noch bei anderen Gelegenheiten ins Auge: An den Straßen gab es nicht wie bei uns einen Bürgersteig, denn jeder hatte ein Auto. Wir fuhren als Familie von vier Personen mit dem Bus zum Supermarkt, der weit entfernt war. Als wir vier, beladen mit vielen Tüten mit Lebensmitteln, die wir alle bei einem einzigen Einkauf besorgt hatten, den Bus bestiegen, schauten uns sämtliche Mitfahrenden — ob dunkelhäutig oder weiß — seltsam an. Da begriffen wir, dass dies wohl auch nicht mit dem amerikanischen Lebensstil vereinbar war. Daher kaufte ich sofort einen Wagen. Ich hatte in Deutschland den Führerschein gemacht und hatte ihn auch bei mir. Dennoch wendete ich mich an ein Unternehmen und erhielt nach einer Woche einen neuen Führerschein. Durch Vermittlung unserer türkischen Freunde, die hier lebten, kauften wir für 500 Dollar einen gebrauchten Chevrolet Belair. Es war ein riesiger Wagen, in dem hinten vier und vorne drei Personen Platz hatten. Nachdem wir ihn ein Jahr gefahren hatten, verkauften wir ihn bei unserer Abreise für 350 Dollar wieder an einen Türken. Mit diesem Wagen bin ich fast täglich nach Princeton und ein oder zwei Mal im Monat nach New York gefahren. Einmal bin ich mit diesem Auto auch zu den Universitäten von Yale und Harvard sowie nach Kanada gereist. Wir waren dann auch mit unserem alten Auto zum Supermarkt gefahren, hatten unsere Lebensmittel im Kofferraum verstaut und waren wie die Amerikaner vom Einkauf zurückgekehrt.

Am Tag unseres Einzugs in das Haus hatten wir zum ersten Mal Kontakt mit einem Fernsehapparat, denn damals gab es noch kein Fernsehen in der Türkei. Auch in den Jahren, in denen ich in Deutschland studiert habe, gab es noch kein Fernsehen. Doch mein großer Sohn Ali machte sich sofort an dem Apparat zu schaffen und nach fünf Minuten hatte er ihm Leben eingehaucht. Abends saßen wir mit der ganzen Familie vor dem Fernsehen und sahen uns Nachrichten und Filme an. Wir schauten uns die "late"-Filme und sogar manchmal die um 2 Uhr nachts beginnenden "late-late"-Filme an.

Zehn Tage bevor mein Unterricht beginnen sollte, hatte ich die ersten fünf Wochen der Vorlesungen bereits schriftlich vorbereitet. So konnte ich jederzeit beginnen. Wie ich der Universität schriftlich mitteilte, hatte ich für meinen Unterricht die griechische und die römische Kunst ausgewählt. In diesen Vorlesungen setzte ich auch meine mitgebrachten Diapositive ein. Die erste Hälfte des dreistündigen Unterrichts verging mit meinen Erläuterungen, die zweite Hälfte war für die Diskussion mit den Studenten reserviert. Als ich meine erste Stunde hielt, saßen mir zwölf Doktoranden gegenüber. Da stellte ich fest, dass es keinen Projektor gab. Ich fragte die Studenten, ob kein Projektor verfügbar sei. Sie erklärten mir, das Gerät sei kaputt. "Nun gut", sagte ich und sprach eineinhalb Stunden über griechische Kunst. Ich beobachtete, dass sich keiner der Studenten während der Vorlesung Notizen machte. Ich fragte mich, ob ihnen mein Vortrag vielleicht nicht gefiel. Nach eineinhalb Stunden wurde wie üblich eine Kaffeepause gemacht und wir verließen alle gemeinsam das Haus, um zur Cafeteria zu gehen. Nach der Pause begann die Diskussion. Aus den Fragen der Studenten konnte ich schließen, dass sie mir aufmerksam und interessiert zugehört hatten. Daher führte ich meinen Unterricht in den folgenden Stunden in der gleichen Weise fort.

Hier möchte ich eine Geschichte aus meinen Erinnerungen erzählen: Ich lud meine Hörer einen Monat später zu einem Abendessen — wie in Amerika üblich um 18:30 Uhr — in mein kleines Haus nach Lawrenceville ein. Bei den Gesprächen, die wir bei dieser Gelegenheit führten, erfuhr ich, dass auch meine Hörer in meiner ersten Stunde verunsichert waren. Sie fragten sich, was dieser ausländische Professor nun wohl erklären würde, wenn doch der Projektor defekt war. Und als sie sahen, dass ich — als sei nichts geschehen — ohne irgendwelche Notizen in der Hand zu sprechen begann, freuten sie sich sehr.

Ab der dritten Stunde nahmen als Zuhörer auch Erika Simon aus Deutschland, die in Princeton als Professorin am Institute for Advanced Study arbeitete, und Peter Kahane aus Israel teil. So ereichten meine Vorlesungen ein noch höheres Niveau.

Princeton im Jahr 1961 ohne Studentinnen

Als ich 1961 in Princeton unterrichtete, gab es dort aus religiösen Gründen keine Studentinnen. Am Samstag dagegen erlebte die Stadt Princeton eine Invasion von jungen Mädchen und man verbrachte die beiden letzten Tage der Woche sehr vergnüglich. Ebenfalls aus religiösen Gründen gab es damals auch keine Medizinische Fakultät. Denn es war verboten Leichen aufzuschneiden und an ihnen zu forschen.

Die Princeton University war eines der drei oder vier hervorragenden Wissenschaftszentren in den Vereinigten Staaten. Doch als ein in Deutschland ausgebildeter Archäologe gewann ich auf einer ganzen Reihe von Gebieten negative Eindrücke. In der Abteilung, die die Architektur, die Archäologie, die Kunstgeschichte und die Klassische Philologie umfasste, gab es nicht eine einzige Hilfskraft. Eine Frau aus Korea, die aber nicht dafür ausgebildet war, erledigte alle Arbeiten im Bereich der Fotografie und der Diapositive für alle vier Wissensgebiete. Im Gegensatz hierzu gab es in Deutschland, ja sogar in der Philosophischen Fakultät (DTC) in Ankara einen erstklassischen Fotografen, der nur für die Archäologische Abteilung tätig war.

Mich verwunderte auch sehr, dass an uns persönlich gerichtete Briefe einfach auf einen herumstehenden Tisch gelegt wurden. Dort suchte sich jeder seine Briefe heraus und warf die anderen zur Seite. An der Philosophischen Fakultät (DTC) in Ankara dagegen hatte jeder ein geschlossenes und mit einem Schlüssel zu öffnendes Postfach. In Princeton trugen die Professoren selbst den Projektor in den Unterrichtsraum. Im meinen Unterricht allerdings brachten die Doktoranden das Gerät mit.

Ich möchte noch auf ein anderes Verhalten der Amerikaner zu sprechen kommen, das mich sehr erstaunte. Einmal unterhielt ich mich mit einem Dozenten in seinem Zimmer in der Abteilung für Kunstgeschichte. Ich selbst saß auf einem Stuhl, mein Gesprächspartner saß mir gegenüber und hatte seine Füße auf den Tisch gelegt. Als der Leiter der Abteilung mich in dem Zimmer sah, kam er herein und sagte mir ein paar freundliche Worte. Ich habe mich ganz selbstverständlich von meinem Stuhl erhoben und mich im Stehen mit dem Leiter unterhalten. Der junge Kunstgeschichtler ließ sich jedoch nicht aus der Ruhe bringen. Er blieb weiter mit den Füßen auf dem Tisch sitzen und rührte sich nicht. Als der Abteilungsleiter wieder gegangen war, sagte ich zu meinem Kollegen: "Jetzt ist der oberste Vorgesetzte hier gewesen, ich bin aufgestanden, aber Sie haben keine Anstalten dazu gemacht. Sie haben noch immer die Füße auf dem Tisch und haben dem Leiter nicht den nötigen Respekt erwiesen." Meinen jungen Kollegen beeindruckte dies aber nicht, denn er meinte: "Ich habe höchsten Respekt vor meinem Vorgesetzten, doch ich sehe keinen Sinn darin, dass ich deshalb aufstehen soll."

Bei meinen nur drei Aufenthalten in Amerika kam mir die Art wie sich die Menschen kleiden besonders befremdlich vor. Die Leute zogen sich ganz anders an — Stil und Farben gingen sehr durcheinander. Ganz anders als die europäischen sehr ordentlichen Kleidungsgewohnheiten bevorzugten die Amerikaner ein Stil- und Farbengemisch. Dabei konnte ich nicht sagen, ob sie dies absichtlich machten oder ob sie einfach keinen Geschmack hatten. Doch nachdem inzwischen viele Jahre vergangen sind, muss ich feststellen, dass sich diese amerikanische Nachlässigkeit über die ganze Welt verbreitet hat. Das heißt, wir kleiden uns heute im Allgemeinen wie die Amerikaner.

In Amerika findet man keine Spur von der freundlichen Bedienung, wie wir sie aus den Restaurants und Cafés in Europa und sogar in der Türkei kennen. Die Kellner knallen Ihnen die Teller auf den Tisch, als warteten sie darauf, dass man ihnen hilft. Die Bedienung in den Kaufhäusern ist auf dem gleichen Niveau. Als ich ein Hemd kaufte, konnte ich das Hemd nicht in der passenden Größe finden. Ich fragte die Verkäuferin, ob das Hemd in der entsprechenden Größe vorrätig sei. Da wandte sie den Kopf weg und begann sich mit einem anderen Kunden zu beschäftigen. Als ich mich darüber bei dem Ladeninhaber beschwerte, sagte dieser leise zu mir: “Um Gottes Willen! Ich darf sie nicht verärgern, denn ich würde keinen Ersatz für sie finden.”

Die Amerikaner servieren in den Cafés das Coca-Cola in einem Glas, das zur Hälfte mit Eiswürfeln gefüllt ist. Doch dadurch geht der Geschmack des Cola verloren. Als ich einmal in einem Café ein Glas Cola bestellte, das ich schnell im Stehen trinken wollte, sagte ich: “Bitte geben Sie kein Eis hinein.” Als hätte ich gar nichts gesagt, füllte die Bedienung das Glas dennoch zur Hälfte mit Eis und knallte es vor mich hin. Als ich einwandte: “Aber ich habe es doch ohne Eis bestellt”, sagte sie: “Trinken Sie es oder lassen Sie es stehen.” Darauf verließ ich das Lokal.

Wenn Sie in Amerika zum Friseur gehen, können Sie nicht aussuchen, von welchem der Friseure Sie bedient werden wollen. Man schickt Sie der Reihe nach zu dem Mitarbeiter, der frei ist. Und der Friseur schneidet Ihnen die Haare nach seinem Geschmack, so wie er es bei jedem macht. In Princeton betrat ich einmal einen Friseursalon, in dem wenig Betrieb war. Bei meinem ersten Besuch dort schnitt mir der Friseur die Haare nicht so, wie ich es wünschte, sondern wie er es für richtig hielt. Als ich den Laden verließ, gab ich ihm ein Trinkgeld, das dem Preis eines Haarschnitts entsprach. Wie ich beobachten konnte, war er damit sehr einverstanden. Bei meinem zweiten Besuch trug ich wieder freundlich meine Wünsche vor, doch er schnitt wieder, wie er es wollte. Ich war also gezwungen mich anzupassen, doch gab ich kein hohes Trinkgeld mehr.

In Amerika war billige Ware meistens importiert, Teures wurde dagegen in Amerika hergestellt. In den Läden, in denen der durchschnittliche Bürger seine Lebensmittel kauft, stammen die Angestellten entweder aus dem Fernen Osten oder aus Südamerika. Da auch die meisten Taxichauffeure aus Südamerika stammen, sprechen sie mit ihren Taxizentralen entweder Spanisch oder Portugiesisch. Von den amerikanischen Cafés mochte ich am liebsten die mit Selbstbedienung. Dort drückt man auf einen Knopf und bekommt ein Glas, das in der Spülmaschine gereinigt wurde und man kann sein Cola oder seinen Kaffee so trinken, wie man möchte.

Obgleich man in Amerika den Menschenrechten sehr stark verpflichtet ist, kann man die Rassentrennung nicht übersehen. Der Gegensatz zwischen Farbigen und Weißen springt einem direkt ins Auge. In einem Hotel in Washington, in dem ich mit dem Botschafter Hamit Batu wohnte, waren alle Gäste dunkelhäutig. Wir logierten in diesem billigen Hotel, weil die Reisespesen der türkischen Regierung von nur 18 Dollar nicht für ein besseres Hotel reichten. Wir können sagen, hier gab es drei Klassenstufen: 1. Amerikaner und Nordeuropäer, 2. Einwanderer aus der Mittelmeerregion, 3. Südamerikaner und Menschen aus Fernost. Unter den Ausländern waren die Schweden am angesehensten. Ein amerikanischer Professor mit schwedischem Pass, dem das vorgesehene Zimmer nicht passte, das in einem Hotel für ihn reserviert worden war, schob seinen Pass über den Tresen und fragte: “Können Sie mir nicht ein anderes Zimmer geben?” Der Bedienstete sah den Pass, entschuldigte sich und gab uns, dem Professor und mir — denn ich stand neben ihm — ein schöneres Zimmer.

Das von den Amerikanern gesprochene Englisch, also ihren Slang, mochte ich irgendwie nicht. Wenn ich im Fernsehen eine Sendung der BBC oder einen Sprecher fand, der Oxford-Englisch sprach, hörte ich zur Entspannung gerne zu.

In den zehn Monaten, die wir in den Jahren 1961/62 in Princeton waren, lasen wir mit der ganzen Familie jeden Tag die New York Times. Der Zeitungsbote machte sich schon früh am Morgen mit seinem Lieferwagen auf den Weg und warf uns die gut verpackte Zeitung auf den Rasen im Vorgarten. In den ganzen zehn Monaten erschien in der Zeitung nicht ein einziger Artikel über die Türkei, nur drei Mal brachten sie eine Nachricht über eine Katastrophe oder ein Verbrechen. In den europäischen Gazetten erschien ohnehin bis in die 1990er Jahre kein Artikel über die Türkei und die Türken.

Nun habe ich unsere amerikanischen Freunde ein wenig kritisiert. Doch ich will auch einige ihrer positiven Seiten erwähnen, die uns als Beispiel dienen können: Als ich 1992 wegen der aus Uşak entwendeten Funde nach New York reiste, wurde ich Zeuge von zwei amerikanischen Besonderheiten, auf die ich hinweisen will. Bei unseren Untersuchungen gewährte uns der Museumsdirektor jede nur denkbare Erleichterung. Er öffnete alle Teile des Depots und übergab uns sämtliche Gegenstände zur sorgfältigen Prüfung. Ein solches verständnisvolles und tolerantes Verhalten war weder in der Türkei noch in Europa anzutreffen. Und ein zweiter und noch wichtigerer Punkt war, dass die beiden amerikanischen Professoren Machteld Mellink und C.H. Greenewalt, die zu der Kommission gehörten, die feststellen sollte, ob der Schatz von Uşak geraubt worden war oder nicht, sich unglaublich objektiv verhielten. Indem sie einige Dokumente vorlegten, stellten sie ohne zu zögern klar, dass der Schatz aus Uşak stammte.

Dieses überaus objektive Verhalten wäre in der Türkei und sogar in den europäischen Ländern als eine Art Vaterlandsverrat angesehen worden. Ich glaube diese Art von Toleranz findet man gegenwärtig auf dieser Welt nur in Amerika.

Einladungen nach Österreich

Eines der Länder, die ich nach 1960 mit am häufigsten besuchte, war Österreich. 1968 wurde ich zum Korrespondierenden Mitglied der Österreichischen Akademie und zum Ständigen Mitglied der Kleinasiatischen Kommission gewählt. Häufig wurde ich zu Zusammenkünften der Akademie, bei denen ich auch jeweils einen Vortrag hielt, eingeladen. Bei jeder dieser Reisen wohnte ich als Gast in 4- oder 5-Sterne-Hotels. Im Jahr 1982 unterrichtete ich zwei Semester Griechische und Römische Kunst an der Wiener Universität. 1987 wurde ich zum Ehrenmitglied des Österreichischen Archäologischen Instituts gewählt. Im Herbst 1995 wurde ich Ehrenvorsitzender des Symposium "100 Jahre Österreichische Forschungen in Ephesos", das anlässlich des 100. Jubiläums der ersten österreichischen Grabungen in Ephesos an der Wiener Universität abgehalten wurde. Bei dieser Gelegenheit hielt ich den Eröffnungsvortrag und erläuterte die Bedeutung der Grabungen. Nach meinem Vortrag erhielt ich einen Beifall von mehreren Minuten, zu dem sich die Zuhörer erhoben hatten.

Was die Musik, die Oper, das Theater angeht, so habe ich die schönsten Tage meines Lebens in Wien erlebt. In diesem Zusammenhang möchte ich noch erwähnen, dass ich als Gast von Professor Bernhard Neutsch einen Vortrag an der Universität Innsbruck gehalten habe.

Wie jeder türkische Archäologe beobachte ich die erfolgreichen Ausgrabungen, die österreichische Kollegen seit 100 Jahren in Ephesos durchführen.

Mit Ephesos als wichtigster Ausgrabungsstätte in der Türkei, die von ausländischen Fachleuten betreut wird, haben die Österreicher der Weltkultur und dem türkischen Tourismus einen großen Dienst erwiesen. In diesem Zusammenhang möchte ich die Namen von Joseph Keil, Franz Miltner, Fritz Eichler, Herrmann Vetters, Gerhard Langmann, Stefan Karwiese und von Fritz Krinzinger, der das Institut noch immer als Vorsitzender leitet, erwähnen und ihnen meine Sympathie und Ehrerbietung ausdrücken.

Erinnerungen einer Wiener Osmanistin an Ekrem Akurgal

Die Osmanistin Şule Pfeiffer-Taş schreibt: "*Die durch das Österreichische Archäologische Institut seit 100 Jahren in Ephesos von österreichischen Wissenschaftlern durchgeführten Grabungen, die für die Wissenschaft und die Türkei von großem Nutzen sind, sind ein Beispiel für die bedeutsamen Beziehungen zwischen den beiden Ländern, die im Lauf der Geschichte außer bei der gemeinsamen Arbeit an den Ausgrabungen durch viele weitere Projekte verbunden sind.*

Die einstigen Großreiche, das Österreichisch-Ungarische Kaiserreich der Habsburger und das Osmanische Reich, waren seit Beginn des 16. Jahrhunderts Nachbarn. Diese beiden Mächte

— beides Vielvölkerstaaten — kämpften auf dem Balkan viele Jahrhunderte miteinander. Aus dem Ersten Weltkrieg, in den sie als Alliierte gezogen waren, gingen sie beide als Besiegte hervor. Sie hatten große Teile ihres Bodens verloren und wurden mit neuer Identität als Republiken neu gegründet.

Heute kennt fast jeder Österreicher zwei historische Daten: 1529 und 1683. Diese beiden Jahreszahlen stehen als Symbol dafür, dass die Stadt Wien, die ein Bollwerk gegen den Islam bildete, sich der türkischen Belagerung nicht beugen musste. Noch heute sind in vielen österreichischen Museen, besonders aber im Wiener Stadtmuseum und im Museum für Militärgeschichte Waffen, Fahnen, Standarten, Zelte, Gebetsteppiche und Kleidungsstücke aus der Zeit der Belagerung zu sehen. Diese Ausstellungsstücke werden noch durch Gemälde europäischer Maler ergänzt, auf denen selbst kleinste Einzelheiten der Kämpfe dargestellt werden. Weiterhin werden den Besuchern der Museen Karten und Zeichnungen sowie Zeitungen gezeigt, die in deutscher Sprache über die Kämpfe informieren. Im Jahr 1983 wurden anlässlich des dreihundertjährigen Jahrestags der Belagerung im Wiener Künstlerhaus 1500 Gegenstände aus ehemals türkischem Besitz ausgestellt, die aus verschiedenen Ländern — jedoch nicht aus der Türkei — zusammengetragen wurden. Im Wiener Haus-, Hof- und Staatsarchiv befinden sich als schriftliche Zeugnisse der Beziehungen zwischen dem Habsburger und dem Osmanischen Reich Hunderte Dokumente mit der Korrespondenz zu verschiedenen Themen sowie osmanische Erlasse und Briefe im Zusammenhang mit Grenzproblemen. Daneben stehen wissenschaftlichen Bearbeitern in der Handschriftensammlung der Nationalbibliothek in Wien osmanische Handschriften zur Verfügung, die auf unterschiedlichen Wegen hierher gelangt sind.

Doch in Österreich trifft man nicht nur in den Museen auf Spuren der Türken, man kann ihnen auch in den Straßen begegnen. So kann man als Beispiele der während der Belagerung auf die Häuser in Wien abgeschossenen osmanischen Kanonenkugeln die Kugeln an den Wänden der Häuser Sterngasse 3 und Am Hof 11 im I. Bezirk anschauen. Auf der Tafel, die unter der Kugel an der Wand des Hauses Sterngasse 3 aufgehängt wurde, ist zu lesen, dass diese Steinkugel am 20. Juli 1683 auf den heutigen II. Bezirk, das heißt auf die damalige Leopoldstadt, abgeschossen worden war, und dass sie ein Gewicht von 79 Pfund (ca. 40 kg) hat. An dem Haus der Adresse Am Hof 11 hängt heute eine vergoldete Kugel. Von dieser Kugel hatte das früher hier befindliche Haus und Restaurant seinen Namen "Zur Türkenkugel" hergeleitet. Im gleichen Bezirk befindet sich an dem Haus an der Ecke Heidenschuss und Strauchgasse eine kleine Figur, die einen berittenen Osmanen mit Turban und Krummschwert darstellt. Nach einer Sage, die von Türken und Österreichern erzählt wird, wurde die Figur zum Andenken an den später mumifizieren Dayı Çerkes, der an der ersten Belagerung Wiens im Jahr 1529 teilgenommen hatte, aufgestellt. Auch Evliya Çelebi, der Wien 1665 besuchte, überliefert die Geschichte von Dayı Çerkes. Tatsächlich befand sich an der Stelle der heutigen Figur eine andere Figur, deren alte Form man nicht mehr kennt. Aus welchem Grund man die alte Figur, die einen Türken, Tataren oder Hunnen dargestellt haben soll, aufgestellt hatte, ist heute nicht mehr bekannt. Das Haus, an dem sich die alte Figur befunden hatte, ist Mitte des 19. Jahrhunderts abgerissen worden.

Auf einer Tafel am Haus Ecke Löwelstraße und Teinfaltstraße im gleichen Bezirk wird von den Heldentaten und Opfern der Handwerker berichtet, die sich während der Belagerung Wiens im Jahr 1683 in einer sehr schwierigen Lage befunden haben. Die Figur eines osmanischen Berittenen und eine Tafel erinnern heute am Haus Neustiftgase 32 im VII. Bezirk daran, dass Kara Mustafa Pascha während der Belagerung Wiens hier sein Zelt aufgeschlagen hatte. Daher kommt auch der Name der Zeltgasse im VIII. Bezirk.

Der Ort, an dem sich die Truppen des Kara Mustafa Pascha am Ende der Belagerung verschanzten, wurde 200 Jahre später von Kaiser Franz Joseph für das Volk geöffnet und ist heute unter dem Namen Türkenschanzpark im XVIII. Bezirk eine schöne Grünanlage, an deren Eingang Mond und Stern prangen. Auf einer Tafel wird erklärt, dass die Türken diesen Ort bis zum Ende sehr entschieden verteidigt haben. In dem Park wurde 1991 anlässlich des 750. Geburtstags von Yunus Emre von der UNESCO das Yunus-Emre-Friedensjahr ausgerufen. Gleichzeitig wurde gemeinsam vom Türkischen Kulturministerium, der Vakıflar Bankası und mehreren österreichischen Institutionen ein schöner, mit türkischen Motiven geschmückter Brunnen errichtet, auf dem in türkischer und deutscher Sprache Verse von Yunus Emre zu lesen sind. Unser angenehmer Rundgang mit den Akurgals durch diesen Park wurde durch eine anregende Unterhaltung über historische Themen und über Yunus Emre abgeschlossen. Und wieder einmal wurde offenbar, dass wir nicht genug tun, um die türkische Kultur im Ausland bekannt zu machen. Unser Gespräch drehte sich auch um die Arbeiten im Zusammenhang mit Yunus Emre und dabei fand das von Adnan Saygun komponierte "Yunus Emre Oratorium" größte Anerkennung.

Wir setzten unsere Besichtigungstour mit den Akurgals mit dem Besuch eines Berges in der Nähe des Kahlenbergs im XIX. Bezirk fort, einem der beliebtesten Ausflugziele der Wiener. Diesen Ort, der damals Sauberg hieß, erreichten am 11. September 1683 die vereinigten christlichen Truppen unter dem Kommando des polnischen Königs Jan Sobieski und sie kamen der belagerten Stadt zur Hilfe. Diese Truppen bewirkten, dass sich die Osmanen am folgenden Tag zurückziehen mussten. Und so wurde die Stadt Wien gerettet, in der die Inflationsrate während der Belagerung in zwei Monaten von 400 auf 1000 Prozent gestiegen war. Außerdem gibt es hier in der Josefskirche, in der am 12. September 1683 jener berühmte Gottesdienst abgehalten wurde, und in der Sobieski-Kapelle Karten und eine Tafel, die die damalige Lage zeigen und erläutern. Schaut man von diesem Berg und von dem in der Nähe gelegenen Leopoldsberg ins Tal — Orte die den Wien besuchenden Touristen voller Stolz präsentiert werden — so liegt einem die ganze Stadt zu Füssen. Von hier aus auf die Donau, deretwegen viel Blut vergossen wurde, und über die viele Lieder gesungen werden, und auf den die Stadt umgebenden Wienerwald und die Weinberge zu schauen ist sehr schön. Beim Anblick dieser Weinberge kommt dem Betrachter ein Rotwein in den Sinn, dessen Name "Türkenblut" an die zweite Belagerung Wiens erinnert.

Ein weiteres, auf die Belagerung bezogenes Symbol ist eine Figur, die sich im Eingang des Türkenritt-Hofs befindet, der im XVII. Bezirk in der Hernalser Straße 192 liegt. Diese Statue erinnert an eine alte, aus dem Mittelalter stammende Tradition, die nach der Belagerung der Stadt ihre Form änderte und neu belebt wurde: Das Volk verkleidete sich mit Kostümen und verspottete Kara Mustafa.

Eine andere Spur der Türken in Wien führt zu einem umgekehrt aufgestellten Grabstein in der Mauergasse im XIV. Bezirk, auf dem der Namenszug eines Sultans zu erkennen ist. Der Stein stammt von dem Kommandanten Gideon Ernst von Laudon, der 1789 Belgrad den Türken entrissen hatte, und wurde auf eigenen Wunsch als sein Grabstein — allerdings auf dem Kopf stehend — aufgestellt.

In Österreich gibt es neben anderen Spuren und Geschichten, die wir nicht alle erwähnen konnten, auch noch Nachnamen, die auf Türken zurückgehen. Als Akurgal Wien besuchte, unterhielten wir uns darüber und öffneten das Telefonbuch, wo wir ca. 150 Namen von Österreichern fanden, die Türk, Türke oder Türkl hießen. Woher diese Namen kommen, ist schwer zu sagen, doch steht fest, dass eine ganze Reihe von Türken, die den Habsburgern als Gefangene in die Hände gefallen waren, damals zum Christentum übertraten. Sie ließen sich in der Kirche taufen und nahmen neue Namen an. Am 24. Dezember 1715 hat sich im berühmten Wiener Stephansdom, mit dem viele Erinnerungen an die Belagerung verbunden sind, auf die wir hier nicht eingehen konnten, ein interessanter Zwischenfall im Zusammenhang mit einer Taufe ereignet. Der Imam des damaligen osmanischen Botschafters Imam Mehmet Efendi hatte sich aus unbekannten Gründen in die Karmeliterkirche in der Leopoldstadt geflüchtet. Als Taufpaten für ihn standen Kaiser Karl VI. und Prinz Eugen zur Verfügung, der durch seine Siege über die Türken Berühmtheit erlangt hatte. Daher wurde der Name des Imam Mehmet Efendi in Karl Eugen Leopoldstätter geändert und er begann in Wien ein Kaffeehaus zu betreiben.

Als wir eines Tages mit der Familie Akurgal im berühmten Café Gerstner in der Kärntner Straße Kaffee tranken und von dem dort gebackenen guten Kuchen aßen, führten wir ein sehr vergnügtes Gespräch über den Kaffee und die Kaffeehauskultur. Auch die Vergangenheit der weltberühmten Wiener Kaffeehäuser hängt mit der 2. Belagerung der Stadt zusammen. Gemäß eines im Volk weit verbreiteten Glaubens hat Georg Franz Kalschitzky, der 1683 Spionage betrieb, von den Türken zurückgelassene Kaffeebohnen gefunden und mit ihnen unter dem Namen "Zur blauen Flasche" das erste Kaffeehaus in Europa eröffnet. Tatsächlich gab es in Europa jedoch schon zuvor in Venedig, Oxford, London, Amsterdam, Paris, Marseille, Den Haag und Hamburg Kaffeehäuser, doch es ist unbestritten, dass die Europäer den Kaffee und die Kaffeehauskultur von den Türken übernommen haben. In Prag bekommt man selbst heute noch einen türkischen Kaffee, wenn man einen Kaffee bestellt. Will man einen Filterkaffee oder eine andere Art von Kaffee trinken, muss man diesen ausdrücklich verlangen. Ein Kaffeehaus des Spions Georg Franz Kalschitzky hat es nie gegeben. Nach der Belagerung Wiens haben einige Türken und Armenier erkannt, dass es keine Kaffeehäuser in der Stadt gab, und haben erste Cafés eingerichtet. Der Armenier Johannes Diodato war 1685 der erste Betreiber eines Kaffeehauses. 1703 hat Isaac de Luca das berühmte Kaffeehaus "Zur blauen Flasche" eröffnet. Ein weiteres Café gehörte in diesen Jahren Stephan Joseph Dervich, einem getauften Türken. Trotz alledem wird die Geschichte Kalschitzkys immer noch voller Stolz erzählt und sehr häufig wird er in der Werbung für Kaffee genannt. Nach einer weiteren berühmten Geschichte verdanken die Wiener ihre beliebten "Kipferl" ebenfalls den Türken. Ein Wiener Bäcker namens Peter Wendler hat während der Belagerung das als "Türkenkipferl" in die Geschichte eingegangne halbmondförmige Gebäck in sehr großer Form gebacken, um damit den Türken zu demonstrieren, dass es in der Stadt ausreichend Nahrungsmittel gab. Daneben haben sich Wiens Bäcker und Konditoren der Türken wegen einen Heldenstatus verdient. Denn bei der ersten Belagerung Wiens haben die nachts arbeitenden Bäcker gehört, wie die Türken unter der Stadt Tunnel gegraben haben. Sie alarmierten den Stadtkommandanten und konnten damit die Stadt retten. Aufgrund ihrer Heldentaten wurde ihnen eine Reihe von Privilegien zugestanden und man verlieh ihnen einen Silberpokal, auf dem Szenen der Belagerung dargestellt sind. Der Pokal befindet sich noch heute im Besitz ihrer Berufsorganisation.

Professor Akurgal und seine Frau verbrachten den einzigen Sonntag, den sie sich in Wien aufhielten, als Gäste bei uns zu Hause, denn sie wollten uns nicht enttäuschen. Wir haben die beiden morgens an ihrem Hotel abgeholt und waren den ganzen Tag zusammen. Für sie bereiteten wir österreichische Gerichte zu, die sie gern aßen. Weil er es besser als ich konnte, wollte mein österreichischer Ehemann für Ekrem Akurgal Semmelknödel machen, die dieser so gern mochte. Der ganze Sonntag war erfüllt von Warmherzigkeit, Sympathie und wir teilten Wissen und Informationen. Gemeinsam gingen wir zu dem in der Nähe unserer Wohnung gelegenen Haus, in dem Joseph Freiherr von Hammer-Purgstall (1774-1856) gelebt hatte. Er war österreichischer Diplomat, der erste Vorsitzende der Österreichischen Akademie der Wissenschaften, Orientalist und ein Kenner der osmanischen Geschichte. Sein Haus lag im XIX. Bezirk in der Straße "Hohe Warte", Hausnummer 52. Das Haus ist eine sehr schöne Villa mit Türmchen, die heute jedoch verlassen und heruntergekommen ist. In dem kleinen Bezirksmuseum, das unserem Haus direkt gegenüber liegt, wird neben Gegenständen und Wissenswertem im Zusammenhang mit der Belagerung durch die Türken auch über den großen Kenner der osmanischen Geschichte informiert, da er hier im Viertel lebte. Unser Stadtteil, in dem sich auch der Kahlenberg befindet, war eines der von der Belagerung am härtesten betroffenen Stadtviertel. Die zehnbändige "Osmanische Geschichte", die Hammer-Purgstall, der lange Zeit in Istanbul gelebt hatte, in der ersten Hälfte des 19. Jahrhunderts (1827-1835) schrieb, ist noch heute — trotz einiger Fehler — das wichtigste Nachschlagewerk zu diesem Thema. Daneben gibt es weitere bedeutende Werke Hammer-Purgstalls über die osmanische Geschichte, die osmanische Literatur und das Verwaltungssystem im Osmanischen Reich. Seinem letzten Willen entsprechend trägt sein im osmanischen Stil gestaltetes Grab in Weidling nahe Wien arabische, persische und osmanische Inschriften. In Wien wurde unter seinem Namen ein Institut gegründet, an dem ich gegenwärtig beschäftigt bin. Das Institut setzt noch heute seine wissenschaftliche Arbeit fort.

In diesem kurzen Aufsatz ist es leider nicht möglich gewesen, alle Spuren der Türken in Österreich zu benennen. Auch alle die schönen Erinnerungen an die Zeit, die wir mit der Familie Akurgal hier verbringen durften, können wir hier nicht aufzählen. Dieser schöne Sonntag, an dem wir uns fühlten, als hätten wir ein Familientreffen, verging im Gespräch mit den Akurgals. In unseren Unterhaltungen, die wir auskosteten und derer wir nicht überdrüssig wurden, redeten wir über den Begriff des "Kızıl Elma", des "Roten Apfels", mit dem die Osmanen die Stadt Wien bezeichneten. Wir sprachen auch über die westliche und östliche Kultur sowie über die europäisch-türkischen Beziehungen. Als sie sich am Abend verabschiedeten, um eine andere Einladung wahrzunehmen, haben wir — mein Mann und ich — uns mit einem Mal sehr einsam und traurig gefühlt. Doch das Glück, sie zu kennen und mit ihnen zusammen gewesen zu sein, tragen wir für immer im Herzen. Wir bedanken uns noch einmal für alles!" (18. Mai 1997, Wien)

Einladungen nach Italien

Italien ist das Land, in das ich seit den 1950er Jahren am meisten gereist bin. Einige Male wurde ich vom italienischen Außenministerium, häufig auch von italienischen Universitäten eingeladen. Viele Male war ich nach Italien gefahren, um dort an Kongressen und Symposien teilzunehmen. Daneben habe ich von 1950 bis 1960 als Vertreter des Türkischen Kulturministeriums in bilateralen Kommissionen mitgearbeitet. In Palermo habe ich gemeinsam mit Rüstem Duyuran, dem damaligen Generaldirektor der Verwaltung der Museen, bei der Festlegung der internationalen Grabungsrichtlinien durch die UNESCO die Türkei vertreten.

Zwischen Norditalien und Sizilien gibt es kaum eine Stadt, die ich nicht besucht habe, kaum ein Museum, das ich nicht gesehen habe. 1967 habe ich auf Einladung von Professor Nenci an der Scuola Normale Superiore in Pisa drei Monate Doktoranden betreut. Bei meinen Vorlesungen über die Entstehung der griechischen Kunst sprach ich französisch. Auf Italienisch gestellte Fragen beantwortete ich auf Französisch.

In Italien habe ich bei jeder Reise die Museen in der Stadt meines Aufenthalts besucht. Mit Zeichnungen, die ich im Stehen machte, und mit meinen Notizen habe ich jene Werke dokumentiert, die ich bedeutsam fand. Ein großer Teil der Erfolge in meinem wissenschaftlichen Leben schulde ich den Kenntnissen, die ich in italienischen Museen erworben habe.

1983 wurde ich zum Korrespondierenden Mitglied der Italienischen Akademie der Wissenschaften gewählt. 1986 erhielt ich den sehr besonderen "I Cavalli d'Oro di San Marco"-Preis. 1990 wurde ich mit der Verleihung der Würde eines Ehrendoktors der Universität Lecce geehrt.

Wenn ich mich daran machte, von meinen Erinnerungen im Zusammenhang mit Italien zu erzählen, böte dies Stoff für ein eigenes Buch. Ich liebte Italien und die Italiener sehr und war sehr glücklich über die immer sehr engen Beziehungen zu meinen italienischen Kollegen. Niemals versäumte ich es bei meinen Besuchen in Rom auch der Türkischen Botschaft meine

Aufwartung zu machen. Besonders der Botschafter Fuat Bayramoğlu interessierte sich für meine Arbeit und bemühte sich sehr um mich.

Die Accessoires zu meiner Kleidung, wie Schuhe, Krawatten, Hemden und Socken kaufte ich meist in römischen Geschäften.

Tagung der UNESCO zu internationalen Grabungsrichtlinien

Wie schon oben erwähnt, wurde Mitte der 1950er Jahre in Palermo von der UNESCO ein Treffen zur Beratung von Internationalen Grabungsrichtlinien organisiert. Bei diesem dreiwöchigen Treffen vertrat ich gemeinsam mit Rüstem Duyuran, dem Generaldirektor für die Verwaltung der Museen, die Türkei. Während der Diskussionen beklagten wir zusammen mit den italienischen Delegierten, dass aus Italien und aus der Türkei antike Gegenstände entwendet wurden. Darauf antwortete der Direktor eines Museums in Europa: "Natürlich werden die Dinge gestohlen, denn was Sie in den Händen haben, geben Sie nicht an uns weiter. Wie sollen wir da unsere Museen in Europa versorgen?" Die türkischen und italienischen Delegierten gaben diesem Fachkollegen, der seine Gefühle und Ziele so offen darlegte, die gebührende Antwort. Bei dem dreiwöchigen Treffen trafen uns die grimmigen Blicke der Archäologen, die die europäischen und amerikanischen Museen vertraten. Sie alle forderten die Möglichkeit der rechtmäßigen Ausfuhr von antiken Gegenständen aus den Mittelmeerländern. Die italienischen und die türkischen Delegierten widersprachen dem aufs Schärfste. So kam es, dass die Richtlinien in unserem Sinne formuliert wurden. Dies war eine sehr gute Zusammenarbeit zwischen Italienern und Türken auf kulturellem Gebiet.

Die türkische und die italienische Küche

Diese vier Küchen sind die besten der Welt: Die italienische, die französische, die chinesische und die türkische. Die beiden Küchen, die sich unter ihnen am nächsten stehen, sind die italienische und die türkische. Die französische und die anderen europäischen Küchen stellen proteinhaltige Nahrungsmittel wie Fleisch und Huhn offen heraus. Das heißt beim Kotelett, beim Beefsteak oder beim Schnitzel nehmen sie das Stück Fleisch als Ganzes wahr. Das Brizola der Italiener oder unser Grillfleisch sind eigentlich — wie ein Schnitzel oder Kotelett — konkrete Fleischstücke. Doch ist es die gemeinsame Besonderheit der türkischen und italienischen Küchenkultur, proteinhaltige Lebensmittel wie Fleisch oder Huhn in Form von winzigen Stücken oder als Hackfleisch mit Gemüse oder kohlehydrathaltigen Lebensmitteln zu vermischen. Was Sie essen schmeckt sehr gut, doch Sie wissen nicht, was es ist. Als Türke habe ich die italienischen Gerichte sehr genossen. Wenn ich in Italien in ein Restaurant ging, habe ich als ersten Gang entweder Lasagne oder Cannelloni bestellt, gab es diese Gerichte nicht, orderte ich Ravioli. Lasagne ähnelt unserem "Su Böreği", Cannelloni erinnern mich an "Kol Böreği" und Ravioli sind den "Mantı" sehr ähnlich. Allerdings sind Lasagne und Cannelloni weich, das "Su Böreği" und das "Kol Böreği" sind etwas trockener und enthalten mehr Fett.

Dass auch zwischen den sonstigen Gerichten der beiden Küchen Ähnlichkeiten bestehen, ist offenkundig. Auch wenn ich in Italien in kleinen Städtchen in ein Restaurant ging, erinnerte mich die Art, wie die Tische gedeckt waren, an unsere "Lokantas". Und tatsächlich ist es so, dass die Türken, was die Küche angeht, von den Italienern beeinflusst wurden. Das zeigt sich daran, dass wir im 15. Jahrhundert auf vielen Gebieten unter dem Einfluss der Venezianer und der Genuesen standen und daran, dass wir bis in jüngste Zeit die Restaurants mit dem italienischen Begriff als "Lokanta" bezeichnen. Und wie schon die Übernahme dieses Wortes zeigt, haben die Italiener unsere Küche beeinflusst und wir haben diese Einflüsse mit einer türkischen Identität versehen.

Reise nach Russland

Im Jahr 1966 wurde ich von der Sowjetischen Akademie der Wissenschaften eingeladen in Moskau, St. Petersburg, das damals noch Leningrad hieß, in Tiflis und Taschkent einen Vortrag zu halten. Nachdem ich diese Einladung erhalten hatte, besuchte ich Hamit Batu, den Generaldirektor für Kulturelle Angelegenheiten im Außenministerium, und zeigte ihm den Brief. Er sagte mir, die Angelegenheit ehre die Türkei, doch seien in diesem Fall eine Reihe von Bedingungen einzuhalten, die den Grundsatz der Gegenseitigkeit beträfen. Wenn wir eine Person aus Sowjet-Russland, etwa einen türkischstämmigen Wissenschaftler einladen, dann stellt Russland diesem Gast zwei Personen als Begleiter zur Seite und lässt ihn nicht zu der von uns gewünschten Zeit, sondern erst ein Jahr später reisen. Und wir, das muss ich bedauernd anmerken, müssen diese Bedingungen auch auf Ihre Einladung anwenden. Diesen Regeln gehorchend schrieb ich an die Sowjetische Akademie, ich danke für die Einladung, könne ihr jedoch erst 1967 folgen. Und für diesen Zeitpunkt gab man mir als Begleiter zwei Mitglieder des Lehrkörpers mit. Die Namen dieser beiden Personen, die außerhalb des Bereichs der Archäologie tätig waren, möchte ich aus Gründen der Achtung vor ihnen nicht bekannt geben, denn sie hatten auf dieser Reise keine andere Aufgabe als dass den Formalitäten Genüge getan wurde.

Meinen Vortrag vor der Moskauer Akademie hielt ich in französischer Sprache über ostgriechische Kunstwerke aus der Zeit des 7. bis 6. vorchristlichen Jahrhunderts, die man in Anatolien und in unter sowjetischer Verwaltung stehenden Gebieten am Schwarzen Meer gefunden hatte. Alle Moskauer Archäologen waren zu dem Vortrag gekommen, nach dem wir uns noch eine Stunde über das behandelte Thema unterhielten.

Meinen zweiten Vortrag hielt ich auf Wunsch von Prof. B.B. Piotrovski in deutscher Sprache. Thema meiner Ausführungen im Theatersaal des Petersburger Schlosses waren in der Türkei entdeckte Funde aus Urartu. Professor Piotrovski lud mich am Abend in sein Haus ein und mit seinen Kindern und seiner Frau genossen wir ein gutes Abendessen. Mit seinen beiden Söhnen spielte ich nach dem Essen Tavla (Backgammon). Piotrovskis Frau war armenischer Herkunft und kam aus einer armenischen Familie, die in Adana und Umgebung sehr bekannt war. Die Freundschaft mit der Familie Piotrovski hielt viele Jahre an und für einige Zeit korrespondierte ich mit den beiden Söhnen.

Der dritte besuchte Ort in der Sowjetunion war Tiflis. Dort habe ich über die griechische Kunst in Anatolien gesprochen. Während der drei Tage, die ich in Tiflis verbrachte, konnte ich mit meinen georgischen Fachkollegen ein sehr freundschaftliches Verhältnis aufbauen. Bei einem Abendessen der Georgischen Akademie der Wissenschaften waren wir etwa 15 Archäologen am Tisch. Einer georgischen Tradition gehorchend haben die einheimischen Teilnehmer mich mit einer jeweils ein- bis zweiminütigen Lobpreisung ähnlichen Inhalts begrüßt. Nach den Lobreden, die zusammen etwa eine halbe Stunde dauerten, gingen wir zur geselligen Unterhaltung über. Wir tranken Wein und das anregende Gespräch drehte sich um Gott und die Welt. Ich erzählte meinen Gastgebern von den Georgiern, die in Adapazarı und in Akyazı lebten, und berichtete, dass ich in meiner Kindheit mit georgischen Kindern gespielt und gerungen hatte, dass wir gemeinsam zu Pferde Ausflüge gemacht hatten. Diese Schilderungen haben sie sehr bewegt. Die Gespräche, bei denen Alkohol getrunken wurde, dauerten bis Mitternacht. Einer anderen georgischen Sitte entsprechend wurden alle leeren Weinflaschen auf den Tisch gestellt. Als es 12 Uhr wurde, war kein Platz mehr auf dem Tisch und wir beendeten unsere Unterhaltung.

Die in dieser Nacht geknüpften freundschaftlichen Beziehungen konnten wir in den folgenden drei Tagen noch weiter ausbauen. Am Tag meiner Abreise erhielt ich verschiedene Geschenke, darunter waren die kleinen Packungen mit kaukasischem Tee besonders geschätzt. An die drei Tage in Tiflis erinnere ich mich von Herzen gern zurück.

Obgleich ich nur einmal nach Russland gereist bin, zählt der Aufenthalt von 16 Tagen in diesem Land zu den schönsten und nützlichsten Reisen meines Lebens. Es machte mich sehr glücklich, in Moskau und St. Petersburg zwei Aufführungen des russischen Balletts in unterschiedlichem Stil sehen zu können. Voller Bewunderung bestaunte ich im Museum in St. Petersburg antike Objekte und skythische Ausstellungsstücke von unvergleichlicher Schönheit. In Tiflis beeindruckten mich georgische, in Taschkent türkische architektonische Werke. Die Häuser aus luftgetrockneten Ziegeln in Taschkent und die Mauern um die Gärten aus dem gleichen Material erinnerten mich an Konya. Voller Stolz erinnere ich mich noch heute an die Aufführungen usbekischer Werke, die ich in der usbekischen Hauptstadt in der nach Ali-Şiir-Neva'i benannten Oper sehen und hören durfte.

Einladungen nach Griechenland

Die erste Einladung, die mich aus Griechenland erreichte, war von Spyridon Marinatos im Namen der General Direction of Antiquities ausgesprochen worden. Da zu diesem Zeitpunkt der größte Teil meiner wichtigsten Bücher veröffentlicht worden war, hatte mein Name auch in Griechenland schon einen gewissen Bekanntheitsgrad erreicht. Ich erfuhr die Ehre, als einer der Ehren-Vize-Präsidenten zum "International Colloquium on Pre-Historic Studies" eingeladen zu werden, das 1971 in Vouliagmeni nahe Athen stattfand.

Die Freundschaft zwischen den türkischen und den griechischen Archäologen erlangte besonders durch den 10. Internationalen Kongress für Klassische Archäologie, der von der Türkischen Historischen Gesellschaft (TTK) in Ankara und Izmir abgehalten wurde, eine neue Dimension. Die TTK hatte etwa 30 griechische Archäologen eingeladen und so fanden die Fachkollegen aus den beiden benachbarten Ländern auf diesem erfolgreichen Kongress Gelegenheit einander näher kennen zu lernen.

Ein Teil meiner Reisen nach Griechenland wurde durch die Griechische Regierung und das Goulandris Museum ermöglicht, die anderen Besuche in Griechenland unternahm ich aufgrund von Einladungen des Deutschen, des Französischen und des Englischen Archäologischen Instituts. Somit fuhr ich fast jedes Jahr wenigstens ein oder zwei Mal zu den verschiedenen wissenschaftlichen Zusammenkünften nach Griechenland. Ich war sehr glücklich, als ich in die Internationale Kommission zur Restaurierung der Akropolis gewählt wurde, die der Architekt Manolis Korres durchgeführt hat. In der Zeit, in der die Filmschauspielerin Melina Merkouri Kulturministerin war, nahm ich regelmäßig an diesen Treffen teil. 1983 wurde ich zum "Epitimos Symvoulos" (Ehrenmitglied) der Athener Archäologischen Vereinigung gewählt und 1988 wurde mir von der Athener Universität die Ehrendoktorwürde verliehen. Diese beiden Ehrungen zählen zu den wichtigsten Erfolgen meiner wissenschaftlichen Laufbahn.

Das griechische Wunder

Die Griechen standen im 8. und 7. Jahrhundert v.Chr. unter orientalischem Einfluss. Innerhalb einer nur kurzen Zeitspanne haben sie die geistige Führerschaft bezüglich der Menschenrechte übernommen und eine gänzlich neue Welt erschaffen, die als die Wiege der westlichen Zivilisation anzusehen ist. Die Griechen haben die primitiven Überzeugungen hinter sich gelassen und das Wissen, das sich in der östlichen Welt über 3000 Jahre hinweg angesammelt hatte, rational und im Vertrauen auf die Freiheit der Gedanken in wissenschaftliche Formen transferiert. Damit haben sie ihre zweidimensionale Kultur auf eine dreidimensionale Ebene geführt. Um diese wichtige Entwicklung zu verdeutlichen, möchte ich ins Auge fallende Beispiele aus verschiedenen Bereichen angeben: Thales aus Milet hat die Sonnenfinsternis, die am 28. Mai 585 v.Chr. zu beobachten war, vorausberechnet. Dies ist in der Geschichte das erste Beispiel für die Vorhersage eines Naturereignisses. Auf diese Weise haben die Griechen die Astrologie Ägyptens und Mesopotamiens zur Astronomie weiterentwickelt.

Die ionischen Naturphilosophen begründeten die Mathematik und die Geometrie und haben dabei — wenn auch nur theoretisch — den Kern der Materie, den sie Atom nannten, entdeckt.

Hippokrates aus Kos hat an die Stelle der Praktiken des Aberglaubens, die in der östlichen Welt durch Hierophanten und Wunderdoktoren ausgeführt wurden, die heutige Wissenschaft der Medizin gestellt, die durch Versuch und rationalistische Forschung gekennzeichnet ist.

Die Achtung von Menschenwürde und Menschenrechten finden wir erstmalig bei den Hethitern (1700 bis 1100 v.Chr.). Doch dann stellen wir fest, dass die Menschenwürde und die Menschenrechte in ihrer tieferen Bedeutung erst von den Griechen beachtet wurden. Diese Einsicht, die der große Philosoph Protagoras aus Abdera (Thrakien) mit seinem Ausspruch "Der Mensch ist das Maß aller Dinge" definiert hat, ist ein wesentliches Grundprinzip der griechischen Kultur. Und tatsächlich ist uns aus der griechischen Malerei und Bildhauerei, von denen wir Tausende Beispiele kennen, nicht eine einzige Darstellung bekannt, die zeigt, wie ein Mensch oder gar ein Feind schlecht behandelt wird. In den griechischen Kriegsszenen werden die Feinde in der gleichen würdevollen Form wie die griechischen Kämpfer dargestellt. Es gibt in der griechischen Kunst ohnehin keine Sieges-Darstellungen. Dennoch stellt der berühmte Pergamon-Altar im Grunde den Sieg der Griechen über die Galater dar. Doch dort kämpfen nicht Griechen mit Galatern, sondern es streiten Götter und Giganten miteinander. Die Himmelsgötter stehen für die Leute aus Bergama, die Giganten für die Galater.

Aufgrund der Achtung, die die Griechen den Menschenrechten und der Menschenwürde entgegen brachten, wurden sie auch die Begründer der Demokratie. Wir verdanken den Griechen die Demokratie, wobei der Begriff durch die beiden Wörter "demos" (Volk) und "kratos" (Herrschaft) gebildet wird. Bereits im 5. Jahrhundert v.Chr., das heißt vor 2500 Jahren, wählten die Griechen ihre Regierenden mit aus Ton gebrannten Stimmzetteln. Die Literatur, die in der Welt des Orients noch auf der Stufe des Berichts und der Erzählung verharrte, die also eine ein- oder zweidimensionale Literatur war, erreichte durch die Griechen zum ersten Mal das Niveau des mehrdimensionalen Dramas.

Die zweidimensionale Bild- und Reliefkunst in Mesopotamien wurde unter den Griechen, wie wir mit eigenen Augen oder durch die Linse der Kamera sehen können, zu einer erzählenden, dreidimensionalen Kunst.

Säulenkapitelle sind eigentlich eine Erfindung der Ägypter und der Phönizier. Das ionische Kapitell ist eine griechische Schöpfung, die auf der ganzen Welt bis ins 20. Jahrhundert ihr Wesen bewahren konnte. Die prächtigsten Gebäude in den Hauptstädten Europas und Amerikas wurden unter Verwendung von ionischen Säulen errichtet.

Der von Hippodamos aus Milet entwickelte geometrische Stadtplan, der die Form eines Schachbretts hat, findet selbst heute noch überall auf der Welt Anwendung. Eine weitere Tatsache, die uns sehr in Erstaunen versetzt, ist die Feststellung, dass die griechische Bildhauerei der klassischen Periode des 5. und 4. Jahrhunderts v.Chr. die Entstehung der Periode des neoklassischen Stils in der Bildhauerei Europas beflügelt hat.

Das Alphabet, das wir heute in der Form der lateinischen Schrift verwenden, wurde von den Griechen im ersten Viertel des 8. Jahrhunderts v.Chr. hervorgebracht, indem sie dem phönizischen, aus Konsonanten bestehenden Alphabet Vokale hinzugefügt haben. Das bedeutet, dass die westliche Zivilisation ihr Alphabet den Griechen verdankt. Die Fähigkeit des Lesens und Schreibens war bei den Phöniziern und den Hethitern der späteren Periode weit verbreitet. Doch das erste Volk, das mit der Errichtung von Gymnasien weiten Teilen der Bevölkerung das Lesen und Schreiben beigebracht hat, war das griechische.

Als erstes Volk der Welt haben die Griechen Theater für 5.000 bis 20.000 Zuschauer errichtet, in denen Tragödien und Komödien aufgeführt wurden, in denen geschriebene Werke zur Geschichte, zur Poesie und zur Philosophie der Bevölkerung zu Gehör gebracht wurden.

Anstelle der Inschriften, die von den Erfolgen der ägyptischen und mesopotamischen Könige berichten, haben sich bei den Griechen Herodot und insbesondere Thukydides ihren Ruf als Historiker erworben.

Um der Bevölkerung Gelegenheit zu sportlicher Betätigung zu geben, bauten die Griechen Stadien, und um die Begeisterung des Volkes für den Sport weiter zu steigern, richteten sie die Olympischen Spiele aus, die jedes vierte Jahr abgehalten wurden. Daher kann man die Olympischen Spiele, die von 776 v.Chr. bis 394 n.Chr. veranstaltet wurden, als ein einzigartiges Geschenk der Griechen an ihre Zeitgenossen in der damaligen Welt bezeichnen. Die Spiele wurden 1896 unter dem französischen Baron de Coubertin in Athen wieder aufgenommen.

Zusammenfassend kann man sagen, dass die Griechen — und das ist ganz deutlich zu erkennen — ein großes und unvergleichliches Wunder vollbracht haben. Die kleinen griechischen Stadtstaaten, die nicht nach der Herrschaft über die ganze Welt strebten und die in allen Bereichen des gesellschaftlichen und kulturellen Lebens die freie Entfaltung ihrer Bürger garantierten, hatten eine geeignete Grundlage für zukünftige Entwicklungen bereitet. Die Konkurrenz zwischen Kunst und Ökonomie gehört zu den wesentlichen Grundbedingungen für die Entstehung des "Griechischen Wunders". Händler, Künstler und alle auf sonstigen Gebieten arbeitenden Menschen strebten immer nach dem Schönsten, dem Besten und dem Neuesten. Dies war ein Wettstreit, der die Entwicklung von Forschungsgeist begünstigte. Daher konnte der Schatz des Wissens, der sich im Osten über Jahrtausende gebildet hatte, in die Form von Wissenschaften überführt werden und freies Denken wurde ermöglicht.

Vier türkische Archäologen und ein Historiker in Athen

Im Jahr 1947 wurde in Athen der hundertste Jahrestag der Gründung des Französischen Archäologischen Instituts gefeiert. Aus diesem Anlass wurde eine Delegation gebildet, die die Türkei in Athen vertreten sollte.[62] Die Feier, an der Hunderte von Archäologen, Historikern und Klassischen Philologen teilnahmen, war sehr aufwendig und prächtig. Große Beachtung fand der Leiter der türkischen Delegation Aziz Ogan, der Direktor der Istanbuler Museen. Am ersten Tag wurden die Leiter der Delegationen namentlich vom Direktor des Französischen Archäologischen Institut genannt, gewürdigt und mit kurzen Worten vorgestellt. Als die Reihe an die türkische Delegation kam, hob der Kongress-Vorsitzende als eine besondere Geste die Stimme und kündigte den türkischen Delegationsleiter an: "Seine Excellenz Aziz Ogan!" Daraufhin wurde er mit minutenlangem Beifall empfangen. Auf diese Weise haben die Kongressteilnehmer in der Person von Aziz Ogan eigentlich Osman Hamdi Bey begrüßt, der in der archäologischen Literatur von allen als "Seine Excellenz" bezeichnet wird.

Die Feierlichkeiten verliefen sehr erfolgreich. Ich persönlich konnte mit vielen meiner Kollegen Freundschaft schließen und wie ich schon an anderer Stelle erwähnte, haben wir bei dieser Gelegenheit beschlossen, die Grabungen in Bayraklı gemeinsam mit Prof. John Cook, dem Leiter des Englischen Archäologischen Instituts, durchzuführen. Dass der Dekan Enver Ziya Karal an den Jubiläumsfeierlichkeiten teilnahm, erwies sich als sehr vorteilhaft. Unser verehrter Dekan war in Athen sehr von den Arbeiten der Französischen, Deutschen, Englischen Archäologischen Institute und von weiteren europäischen Einrichtungen dieser Art beeindruckt. Daher hat er sich wohl bereits in Athen in den Kopf gesetzt, durch die Philosophische Fakultät (DTC) eine archäologische Station in Izmir einzurichten. Und wie ich an anderer Stelle darlege, hat er dieses Vorhaben später auch verwirklicht.

In den folgenden Jahren habe ich, wie ich unten noch erzählen werde, Griechenland noch oft besucht.

62 Aus Istanbul wurden Aziz Ogan, Arif Müfid Mansel und aus Ankara wurden der Dekan der Philosophischen Fakultät Enver Ziya Karal, Remzi Oğuz Arık und ich, Ekrem Akurgal, ausgewählt.

Über die türkisch-griechische Freundschaft

Dass die türkisch-griechischen Beziehungen ab dem Jahr 1964 unterbrochen wurden, hat mich, ebenso wie viele unserer Intellektuellen sehr betrübt. Das griechische und das türkische Volk haben über viele Jahrhunderte in großer Harmonie Seite an Seite gelebt. So wie die Werke griechischer Dichter und Schriftsteller ins Türkische übersetzt wurden, hat man die Bücher türkischer Autoren ins Griechische übersetzt. Von Aziz Nesin wurden 20, von Yaşar Kemal fünf, von Demirtaş Ceyhun und Necati Cumalı je drei und von Nedim Gürsel wurden zwei Bücher ins Griechische übertragen. Von Nazım Hikmet jedoch sind sogar alle Werke in griechischer Sprache erschienen. Auch auf dem Gebiet der Musik unterhielten wir sehr gute Beziehungen. Zülfü Livanelis Schallplatten und Musikkassetten werden in ganz Griechenland geschätzt. Trotz dieser Gegebenheiten kam es aus unterschiedlichen Gründen zwischen den beiden Ländern häufig zu feindseligem Verhalten. Dies ist für keines der beiden Länder nützlich und diese Haltungen, die überwiegend emotional bedingt sind, hätten beendet werden müssen. Unter dem Eindruck dieser Gedanken schrieb ich einen Artikel unter der Überschrift "Können Türken und Griechen denn keine Freunde sein?", der am 13. Januar 1979 in der Tageszeitung Milliyet erschien. Der Artikel wurde im gleichen Wortlaut auch in "To Vima" und anderen griechischen Zeitungen veröffentlicht, wo er auf großes Interesse und freundliche Zustimmung stieß. Doch schließlich geriet das Thema wieder in Vergessenheit. Inzwischen waren sieben Jahre vergangen: Am 3. Mai 1986 habe ich das Thema der Freundschaft zwischen der Türkei und Griechenland erneut in einem Artikel unter der Überschrift "Können wir uns denn nicht mit den Griechen vertragen?" bearbeitet. Der Schriftsteller Aziz Nesin hatte meinen Artikel gelesen und mir die Gründung einer "Freundschaftsgesellschaft" vorgeschlagen. Daraufhin haben sich 46 türkische Intellektuelle zusammengetan und im Dezember 1987 die "Türkisch-Griechische Freundschaftsgesellschaft" gegründet.

Die Freundschaftsgesellschaft

Unter den Gründern der "Türkisch-Griechischen Freundschaftsgesellschaft" waren Intellektuelle, die auf vielen Gebieten tätig waren: Schriftsteller, Dichter, Komponisten, Künstler und Unternehmer. Sie gewährleisteten, dass man sich dem in Frage stehenden Thema annäherte. Unter ihnen waren Aziz Nesin und Yaşar Kemal, die als türkische Autoren in vielen Ländern — so auch in Griechenland — gern gelesen wurden. Wie bekannt, wurden auch die Werke von Necati Cumalı ins Griechische übersetzt. Auf einer Griechenlandreise haben wir beobachtet, dass man dort auch die Zeitschrift "Gırgır" liest. Dass die Menschen in Griechenland Zülfü Livaneli kannten und bewunderten, erfüllte uns mit Stolz. Der begeisterte Applaus, den Panayot Abacı und die anderen türkischen Musiker zusammen mit ihren griechischen Kollegen in einem großen Saal in Athen erhielten, war damals ein schöner Beweis für die starke Zuneigung der beiden benachbarten Länder zueinander. Der Gedichtband in türkischer und griechischer Sprache, den unser Botschafter Nazmi Akıman vorgelegt hatte, der bei dem damaligen Konzert zugegen war, hat ebenso wie die Konzertauftritte von türkischen Staatskünstlern wie Suna Kan sehr viel dazu beigetragen, dass sich zwischen den beiden Ländern eine freundschaftliche Atmosphäre entwickeln konnte.

In dieser Zeit haben wir einen kulturellen Austausch unterstützt, der die beiden Länder wieder näher zueinander bringen sollte. Die begeisterten, von Freundschaft getragenen Musikdarbietungen in Ephesos fanden in diesem Rahmen statt. Später, Anfang Oktober 1988 trafen auf der Buchmesse türkische und griechische Autoren zusammen. Zuvor hatten wir am 28. April, das heißt Osman Kavala, Cengiz Çandar, Ogan Soysal und ich selbst, vor einer ausgewählten Zuhörerschaft vor der Athener Handelskammer zusammen mit griechischen Rednern die Probleme der beiden Länder zur Sprache gebracht. Unter den Vortragenden befand sich auch der frühere Außenminister Evangelos Averof. Damals habe ich auch auf Einladung der Goulandris-Stiftung am 7. November 1988 im Goulandris-Museum in Athen einen Vortrag mit dem Titel "Die archaisch-griechische Kunst" gehalten. Im gleichen Jahr haben wir vom 12. bis zum 18. Dezember in Istanbul eine "Woche des griechischen Films" veranstaltet.

Auf Einladung der "Griechisch-Türkischen Freundschaftsgesellschaft" in Griechenland reiste eine Gruppe von fünf türkischen Gründungsmitgliedern Mitte Oktober nach Thessaloniki und Athen. Zu der Gruppe, der unerwartet große Aufmerksamkeit und Sympathie zuteil wurde, gehörten Zülfü Livaneli, Bülent Tanla, Ersin Salman, Oğuz Aral und ich, Ekrem Akurgal, an. Die Vertreter beider Seiten arbeiteten in beispielhafter Harmonie zusammen. Theodorakis sagte: "Uns interessieren politische Themen nicht. Wir wollen nur die alte Freundschaft zwischen den beiden Ländern wieder beleben und noch weiter verstärken." Und auch die türkischen Vertreter stimmten dem mit ganzem Herzen zu. Einstimmig wurden einige Projekte vorgeschlagen. In diesem Zusammenhang besuchten wir auch das Geburtshaus von Atatürk in Thessaloniki und den Venizelos-Platz mit der Statue des Politikers.

Die Mitglieder der Gesellschaft

Die Mitglieder der Gesellschaft versammelten sich zum ersten Mal im Büro von Özer Derbil (Cumhuriyet Cd. 20/5) in Istanbul. Die Mitglieder des Vorstands in alphabetischer Reihenfolge: Panayot Abacı, Ekrem Akurgal, Oğuz Aral, Rona Aybay, Özer Derbil, Yaşar Kemal, Zülfü Livaneli, Aziz Nesin, Ersin Salman, Timur Selçuk und Bülent Tanla. Vorsitzender: Ekrem Akurgal, Generalsekretär: Bülent Tanla.

Die Griechenlandreise

In Griechenland war die "Griechisch-Türkische Freundschaftsgesellschaft" schon 1986 gegründet worden, ihr Vorsitzender war Mikis Theodorakis. Die Mitglieder der griechischen Gesellschaft hatten die Gründung der Gesellschaft in der Türkei und eine erste gemeinsame Sitzung angeregt. Da die griechischen Mitglieder der Gesellschaft aufgekommene Gerüchte sehr bedauerten, nach denen es hieß, die Türken wollten gar keine Freundschaftsgesellschaft gründen, baten sie uns, möglichst bald ihre Einladung anzunehmen und Griechenland zu besuchen. Aus diesem Grund haben sie uns immer wieder Aufforderungen geschickt. Uns war bewusst, dass unsere Gesellschaft zunächst als ein temporärer Zusammenschluss noch nicht gesetzlich anerkannt war und deshalb haben wir den Besuch noch aufgeschoben. Doch als immer mehr Einladungen kamen, haben wir das Thema von Juristen beurteilen lassen und uns dann entschlossen, als Gründungsmitglieder eine inoffizielle Reise zu unternehmen.

Über die Ergebnisse dieser Reise berichtete ich in einem Artikel in der Zeitung Cumhuriyet vom 16. November 1987. Weiterhin kann ich folgende Punkte dazu anführen: Das Thema der türkisch-griechischen Freundschaft wurde von den Intellektuellen und besonders von der Bevölkerung sehr freundlich aufgenommen. Wir haben mit den Vertretern von fünf Parteien (ausgenommen die Vertreter der PASOK) gesprochen — alle standen dem Thema positiv gegenüber.

Die Versammlungen unserer Gesellschaft wurden in den ersten beiden Jahren im Büro von Özer Derbil, in den beiden Folgejahren im Büro von Ersin Salman abgehalten. Die beiden genannten haben als großes persönliches Opfer die Unkosten getragen.

Doch leider gab es ganz ohne Zweifel auch Menschen, die nicht über diese freundschaftlichen Kontakte erfreut waren, denn wie mir unser Auslandsnachrichtendienst mitteilte, veröffentlichte eine armenische Organisation negative Artikel über uns. Bei unserem gemeinsamen Treffen berichtete Theodorakis mit großem Bedauern von einer kurdischen Stellungnahme, die ihn erreicht hatte. Darin wurde behauptet, Ekrem Akurgal sei ein Spion, den Atatürk in Europa habe ausbilden lassen. Es war ja auch ganz natürlich, dass besonders einige ausländische Kreise und spalterische Kräfte gegen die türkisch-griechische Annäherung Front machten. Dieses waren deutliche Zeichen, die offenbarten, wie sehr es doch der türkisch-griechischen Freundschaft bedurfte.

Die Türkisch-Griechische Freundschaftsgesellschaft besteht fort

Allen widrigen Umständen zum Trotz besteht die Türkisch-Griechische Freundschaftsgesellschaft unter dem Vorsitz des bekannten Architekten, Dichters und Autors Cengiz Bektaş fort. Sie hat in der Bevölkerung an Akzeptanz gewonnen und durch die aufopfernde Tätigkeit der beiden herausragenden Künstlerinnen Esin Afşar und Leyla Tekül führte die Gesellschaft ihre nützliche Arbeit weiter. Außerhalb der Aktivitäten der Freundschaftsgesellschaft bemühen sich Prof. Cevat Çapan, Prof. Selçuk Erez und in Bodrum Saynur Gelendost mit ihren Veröffentlichungen, die türkisch-griechische Freundschaft weiter zu entwickeln und zu unterstützen.

Aziz Nesin und die türkisch-griechische Freundschaft

Ich möchte das Thema der türkisch-griechischen Freundschaft mit Erinnerungen an Aziz Nesin abschließen: Mitte der 1960er Jahre wohnten wir im Sommerhaus meiner Schwiegermutter in Dragos. Aus dem Nebenzimmer drang das laute Lachen meines Sohns Ali zu mir, das gar nicht enden wollte. Ich wurde neugierig, ging zu ihm hin und fragte ihn "Was liest du denn?" Er antwortete: "Ich lese ein Buch von Aziz Nesin." Damals kannte ich Aziz Nesin nur dem Namen nach und hatte noch keine seiner Arbeiten gelesen. Doch durch den Einfluss meines Sohnes Ali wurde auch ich später zu einem Leser von Aziz Nesin.

Die Größe dieses Meisters des Humors zeigt sich darin, dass er die bittere Wahrheit ganz unverhüllt in den Vordergrund stellt. Seine wichtigsten Themen waren der freie Gedanke und die Menschlichkeit des Verhaltens. Er stand immer auf gegen Personen oder Ideologien, die die Freiheit nicht achteten. Daher habe ich Vorträge und Reden von Aziz Nesin im Radio und im Fernsehen ebenso wie seine Artikel in der Tagespresse und in Zeitschriften stets mit Interesse und Wohlwollen verfolgt. Seine Bücher werden auf der ganzen Welt gelesen und sind überall geschätzt. Eines Tages sagte einmal ein griechischer Kollege ein Archäologe zu mir, er könne den Büchern von Aziz Nesin entnehmen, wann in der Türkei gerade einmal demokratische Verhältnisse herrschten und wann nicht. Und dies hat er mit einem Ausspruch Nesins bewiesen: "Wenn es in der Türkei Kaffee gibt, dann gibt es auch Demokratie. Gibt es keinen Kaffee, gibt es auch keine Demokratie."

Ich habe Aziz Nesin 1975 persönlich kennen gelernt. Wir hatten ihn zu einer Veranstaltung des Deutschen Kulturzentrums eingeladen, bei der er einen Vortrag über humoristische Literatur halten sollte. Der Saal war überfüllt und viele Zuhörer verfolgten stehend den Vortrag, nach dem Aziz Nesin Fragen beantwortete. Am Ende der etwa zweistündigen Veranstaltung luden wir Aziz Nesin zum Abendessen ein, bei dem wir uns über kulturelle Fragen der Türkei und im Besonderen über die humoristische Literatur unterhielten. Seit diesem Treffen halte ich Aziz Nesin für einen türkischen Intellektuellen, den ich über die Maßen schätze.

Ein zweites Mal traf ich Aziz Nesin im Jahr 1979. Als er einmal nach Ankara kam, rief er mich an und sagte, er habe in der Zeitung Milliyet vom 13. Januar 1979 meinen Artikel "Können Türken und Griechen denn keine Freunde sein?" gelesen und er wolle mit mir darüber sprechen. Als er mich zusammen mit einem Schriftsteller-Kollegen in meinem Haus in der Cinah-Straße in Cankaya besuchte, haben wir uns eine Stunde lang sehr angeregt unterhalten. Bei unserem dritten Zusammentreffen ging es um meinen Artikel "Können wir uns denn nicht mit den Griechen vertragen?", den ich am 13. Mai 1986 in der Zeitung Cumhuriyet veröffentlicht hatte. Nesin hatte meine Artikel über die Freundschaft mit den Griechen in der Milliyet und der Cumhuriyet mit großem Interesse gelesen und war der Meinung, dass es nun an der Zeit sei, in dieser Sache etwas zu unternehmen. Daher schlug er vor, dass wir eine türkisch-griechische Freundschaftsgesellschaft gründen sollten. Nach seiner Rückkehr nach Istanbul begann er sofort mit den Vorbereitungen. Er war die treibende Kraft beim Aufbau der Freundschaftsgesellschaft, nach deren Gründung unsere Beziehung schnell intensiver wurde. Ich bewunderte den Meister der humoristischen Literatur besonders wegen seiner menschlichen Haltung. Der berühmte Autor, der in seinem persönlichen Leben sehr knauserig war, steckte all sein Geld in die Nesin-Stiftung, um Kinder aufzuziehen und auszubilden. Um zu sparen, nahm er nie ein Taxi und in der Stadt fuhr er immer mit dem Bus.

Aziz Nesin war ein Schriftsteller, der von allen Schichten der türkischen Gesellschaft geliebt und geschätzt wurde. Als ich einmal in Izmir mit ihm in einem Taxi fuhr, fragte ich den Fahrer, ob er wisse, wer mein Begleiter sei. Als ich dem Chauffeur sagte, neben mir säße Aziz Nesin, hielt er den Wagen an und begrüßte Aziz Nesin überschwänglich. Er sagte ihm, er verehre ihn und auf dem ganzen restlichen Weg sprach er davon, wie gut ihm die Bücher Nesins gefallen haben. Es gibt nur wenige Autoren, die sich bei ihren Lesern so viel Sympathie erworben haben.

Aziz Nesin war ein linker Autor, doch noch mehr war er ein ganz den Menschenrechten verpflichteter Denker. Deshalb stießen ihn meine liberalen und humanistischen Ansichten nicht ab. Und wenn ich in der Unterhaltung erwähnte, dass ich ja ein Rechter sei, meinte er lächelnd: “Aber das spielt doch keine Rolle!” Sein einzigartiger Charakter gebot ihm, keine Gegenleistung für seine prinzipiellen Einstellungen zu erwarten. In unserer Erinnerung wird er weiterleben.

Mit Esin Afşar und Aziz Nesin (1995)

Mit Güney Din und Aziz Nesim (1992)

Auf dem XVII. Grabungsergebnis- und Archäometrie-Symposium in Ankara (1995)

Mit Kulturminister Mesut Yılmaz, dem Generaldiektor für die Verwaltung der Monumente und Museen Dr. Nurettin Yardımcı auf dem 34. Internationalen Assyriologen-Kongress in Istanbul (1987)

Sedat Alp, Yaşar Önen, Kudret Ayıter und Ekrem Akurgal erhalten den Großen Verdienstorden (1979)

Mitglieder der Türkischen Historischen Gesellschaft (in den 1950er Jahren)

Ehrenbezeugung am Mausoleum Atatürks anlässlich des X. Internationalen Archäologen-Kongresses (1973)

Eintrag ins Gästebuch des Mausoleum

Heirat mit Meral Manyas (1991)

Trauungszeremonie: Meine Schwiegermutter İsmet Manyas, Meral Manyas-Akurgal, mein Sohn Murat Akurgal, ich sowie Nevzat Lakşe (1991)

Neujahrsfeier. Uğur-Banu Kolaylı, Ümit-Buğra Serdaroğlu, Ömer-Suzan Özyiğit, Meral und Ekrem Akurgal (1994)

Feier des 85. Geburtstags von Ekrem Akurgal: Ömer - Suzan Özyiğit, Meral - Ekrem Akurgal, Suna - Ümit Serdaroğlu (1996)

Mitglieder der Ege Kültür Vakfı (1995)

Sonderpreis der TÜRSAB [Türkiye Seyahat Acentaları Birliği = Vereinigung der türkischen Reiseagenturen]

In unserem Haus in Karşıyaka (1998)

Lesen und arbeiten sind meine wichtigsten Tätigkeiten (1999)

KULTURELLE BRENNPUNKTE

Christentum und Islam, die in seldschukischer und osmanischer Zeit in Anatolien nebeneinander bestanden, haben die Varianten im "Mosaik der Zivilisationen" auf zwei Schwerpunkte reduziert. Doch erlangte Anatolien seine kulturelle Einheit erst in der Zeit der Republik Türkei. Atatürk hat einen laizistischen Staat gegründet und sich am Beispiel des modernen Europa orientiert. Dieser Staat, in dem man über eine gemeinsame Sprache verfügte und der sich als nationales Erbe der anatolischen Geschichte verstand, hat die kulturelle Einheit Anatoliens hergestellt. So hat die Türkei die Reformen und die Prozesse der Aufklärung, um die sich Europa viele Jahrhunderte bemühte und deretwegen in Europa Kriege geführt wurden, in kurzer Zeit umgesetzt. Der türkische Staat hat nach dem Tod von Atatürk den von dem großen Reformer vorgezeichneten Weg weiter verfolgt und mit den in kurzer Zeit gebauten Straßen und Häfen die Verkehrprobleme weitgehend gelöst. Und durch neu erbaute Staudämme hat dieser Staat die Entwicklung der Landwirtschaft und der Industrie ermöglicht. Anatolien hat heute die Widrigkeiten, die aus seinen geomorphologischen Gegebenheiten erwuchsen, überwunden und bezüglich der Einheit von Ort und Kultur die günstigste Position in seiner bisherigen Geschichte erlangt.

Ich möchte im Folgenden versuchen, die politische, kulturelle und künstlerische Entwicklung der Periode von 75 Jahren, die die Republik Türkei besteht, zu erläutern.

Diskussionen über kulturelle Fragen in der Philosophischen Fakultät (DTC)

Als ich im Jahr 1941 meine Arbeit an der Philosophischen Fakultät (DTC) der Universität Ankara aufnahm, war ich Teil einer Gruppe von Intellektuellen, die ihre Ausbildung an unterschiedlichen Orten genossen hatten. Neben mir gehörten hauptsächlich diese Kollegen zu jenem Personenkreis: Remzi Oğuz Arık, Osman Turan, Necati Akder, İrfan Şahinbaş, Orhan Burian, Niyazi Berkeş, Nusret Hızır, Behice Boran, Muzaffer Şerif Başoğlu, Pertev Naili Boratav, Samim Sinanoğlu und Suat Sinanoğlu. Im 60 Personen fassenden Hörsaal Nr. 333 veranstalteten wir Vortrags- und Diskussionsabende zu kulturellen Themen. Da unsere regelmäßige Zuhörerschaft, die sich überwiegend aus Studenten rekrutierte, ständig zunahm, wurden zusätzliche Sitzgelegenheiten herbei geschafft — manche Besucher mussten aber auch stehen.

Die Weltsicht der oben genannten Personen zeigte viele Facetten eines großen Fächers. Damit einhergehend drehten sich die Diskussionen im Wesentlichen um drei oder vier geistige Strömungen: 1. Die Bewegung der Traditionalisten und der Erznationalisten, 2. Die Strömung der fortschrittlichen und revolutionären Kräfte, 3. Die Anhänger der westeuropäischen Lebensweise, 4. Die humanistische Bewegung. Doch es wäre nicht richtig, sich jene, die 1940 im Hörsaal 333 ihre Meinung äußerten, nur als die Anhänger einer bestimmten Strömung vorzustellen. Denn einige Vertreter aus der Gruppe der dem Westen Nahestehenden und der Humanisten fühlten sich in einem gewissen Maß auch den Traditionalisten verbunden, andere sympathisierten zusätzlich mit den Fortschrittlichen oder den Revolutionären.

Die Diskussionen, die wir über einen Zeitraum von zwei oder drei Jahren im Hörsaal 333 führten, fanden in einem akademischen Umfeld statt. Doch was hier begann und dann als Artikel seinen Weg in die Zeitschriften fand, hatte am Ende eine harte, kämpferische Form gewonnen. Ich habe daran nicht teilgenommen, denn ich habe mich nie an politischen Bewegungen beteiligt. Ganz im Gegenteil, ich habe mich immer von der Politik ferngehalten und keine politische Richtung vertreten. Dagegen habe ich mich bei kulturellen Unternehmungen und Bewegungen nach Kräften eingebracht. So habe ich als Autor für die Kulturseiten der von Ahmet Kudsi Tecer geleiteten Zeitschrift "Ülkü" und der von Suud Kemal Yetkin geführten Zeitung "Ulus" geschrieben. Daneben verfasste ich Beiträge für Yaşar Nabi Nayırs Zeitschrift "Varlık", wo ich mich in der Gesellschaft berühmter Dichter, Maler und Philosophen befand.

Versammlungen in der İnönü Ansiklopedisi (Enzyklopädie)
Ein weiterer kultureller Kulminationspunkt war die İnönü Ansiklopedisi, die später Türk Ansiklopedisi (Türkische Enzyklopädie) genannt wurde. Dort arbeiteten junge Leute mit unterschiedlichen Ansichten zusammen und diskutierten in angemessenem Ton.

Ich stand den Philosophen und Literaten des Kreises um Hasan Âli Yücel nahe, hielt aber einen gewissen Abstand zu ihnen. Nachdem Hasan Âli Yücel aus dem Ministerium ausgeschieden war, traf ich ihn häufig im Englischen Archäologischen Institut und bei der Türkischen Historischen Gesellschaft und tauschte mich mit ihm über seine humanistische Weltsicht aus. Ich gehörte zum Kreis um Nurullah Ataç, der sich im "Kutlu" Kaffeehaus und beim Konditor "Mutlu" traf. In diesen Cafés beteiligte ich mich an den Gesprächsrunden von Mesut Cemil und Ruşen Kam.

Eng befreundet war ich auch mit den Architekten Paul Bonatz und Clemens Holzmeister. Ich suchte die Gesellschaft von Architekten wie Mithat Yenen, Orhan Alsaç und Kemali Söylemezoğlu und besprach mit ihnen kulturelle Themen.

Gaststätten, Restaurants und Cafés von unterschiedlichem Niveau waren in Ankara in den 1940er Jahren die wichtigsten Orte, an denen man sich kennen lernen und versammeln konnte. In den billigen Kneipen und Lokalen in der Straße beim Postamt im Stadtteil Ulus tranken wir ein Glas Rotwein für zehn Kuruş und aßen einen Fleischspieß, der nur 25 Kuruş kostete. Dort hörte ich Samet Ağaoğlu, Orhan Veli, Oktay Rıfat und Cahit Sıtkı Tarancı bei ihren Debatten zu. In Restaurants wie dem "Cumhuriyet Yıldız Lokantası" trafen sich gewöhnlich hochrangige Bürokraten aus dem Bereich der Pädagogik wie Emin Erişirgil, Cevat Dursunoğlu und Faik Reşat Unat. Auch ich verkehrte dort zusammen mit Sedat Alp fast jeden Tag. Ercüment Ekrem Talu, mit dem ich viele Gespräche führte, war wie ich ein regelmäßiger Besucher des Yıldız Lokantası.

Aber wir trafen uns in Ankara auch in Privathäusern. Oktay Rıfat besuchte uns mit seiner Frau zu Hause. Und meine Frau und ich gingen zu ihnen. Azra Erhat war eine gute Freundin, die wir häufig sahen. Viele Intellektuelle trafen sich im Haus des Architekten Turgut Gökberk, einem Bruder von Macit Gökberk.

Ein Symposium der Poesie im Restaurant Karpiç
Im "Kapiç" aßen Unternehmer, Reiche und besonders die hochrangigen Politiker. Doch zwischen diesen Gästen waren gelegentlich auch ein paar Schriftsteller und Dichter anzutreffen. Auch ich besuchte das Restaurant ab und zu. Ich werde nie vergessen, wie ich eines Abends mit Saib Bey, der mit der Schwester von Halide Edip verheiratet und damals in unserer Vertretung in Athen Botschaftsrat war, und mit dem Schriftsteller Nahit Sırrı Örik zusammen aß und trank. Gegen elf Uhr abends setzten sich Orhan Veli, Oktay Rıfat, Melih Cevdet Anday und Cahit Sıtkı Tarancı zusammen mit weiteren Gästen an die beiden Tische neben uns. Schon bald begannen sie mit lauter Stimme Gedichte vorzutragen und nach einiger Zeit nahmen sie sich Saib Bey aufs Korn, der ein großer Verehrer der Diwan-Poesie war. In hin- und hergehenden, geistreichen Spottreden ging es um die Vorzüge und Nachteile der modernen und der althergebrachten türkischen Dichtung. Die jungen Poeten trugen ihre eigenen Verse vor. Saib Bey dagegen antwortete ihnen mit Gedichten von Nedim, Baki und Fuzulî – und außerdem mit Versen von Yahya Kemal Beyatlı. Hier und da wurden auch Passagen aus Werken französischer Dichter rezitiert. Dieses Symposium der Poesie, das sich aus sich selbst heraus entwickelt hatte, nahm schließlich im Freien seinen Fortgang, da das Karpiç um zwölf Uhr schloss. So machten wir uns also als Gruppe von zehn bis zwölf Personen auf und gingen vom Karpiç aus in Richtung Yenişehir. Vor lauter Begeisterung blieben die Dichter unterwegs immer wieder stehen und sagten Gedichte auf. Bei diesem langsamen Tempo erreichten wir um zwei Uhr nachts schließlich den "Yüksek Palas", der ein weiterer Treffpunkt der Intellektuellen in Sıhhiye

war. Die Schar der Poeten verteilte sich hier und jeder strebte nach Hause. Dieses Symposium der Poesie, bei dem ich zuhören durfte, zählt zu den schönsten Erinnerungen meines ganzen Lebens.

Die Istanbuler Intellektuellen

Nachdem ich 1951 in die "Hohe Kommission für die Historischen Monumente" gewählt worden war, gehörte ich ihr bis 1981 an und fuhr daher dreißig Jahre lang einmal im Monat nach Istanbul. Wenn wir in Istanbul tagten, stand uns im Stadtteil Kalamış ein Haus zur Verfügung, in dem wir uns versammeln und übernachten konnten. Teilweise habe ich im Haus meiner Mutter in Göztepe gegessen, oft aber aß ich auch in verschiedenen Restaurants.

Die "Hohe Kommission für die Historischen Monumente" war eine wissenschaftliche Einrichtung, in der ausgewählte Intellektuelle Mitglieder waren. Bei den Treffen der Kommission arbeitete ich mit bedeutenden und geschätzten Mitgliedern aus den Bereichen von Kunst und Wissenschaft zusammen.[63] Bei unseren Mittagessen, aber besonders an den Abenden sprachen wir oft viele Stunden über unterschiedliche Themen.

Bei meinen Reisen nach Istanbul und auch bei meinen früheren Aufenthalten in den 1940er Jahren ging ich zu verschiedenen Zusammenkünften, die von Mükrimin Halil Yinanç, Ömer Lütfü Barkan, Mustafa İnan und Arif Müfid Mansel abgehalten wurden. Wir trafen uns in verschiedenen Restaurants, etwa in dem Çınar Lokantası im Stadtteil Beyazıt oder in dem dazugehörigen Café. Doch man traf sich auch in Mansels Haus im Stadtteil Nişantaşı oder in seiner Ufervilla am Bosporus in Paşabahçe.

In den Kreisen von Macit Gökberk bewegte man sich überwiegend unter Philosophen und bei den Diskussionsrunden, die Mazhar Şevket İpşiroğlu arrangierte, waren die Kunsthistoriker in der Überzahl. Treffpunkte waren die Konditoreien "Lebon" und "Tilla" sowie die Restaurants "Markiz" und "Degüstasyon". Bei einer dieser Begegnungen lernte ich auch İsmail Tunalı kennen, der auch einige Zeit Mitglied der Kommission war.

Auch mit meinem Klassenkameraden Şevket Rado kam ich oft zusammen. Als ich Anfang der 1940er Jahre als Soldat in Örcünlü stationiert war, habe ich ihn und seine jungen Schriftsteller-Freunde jeden Sonntag getroffen. Bei jedem Beisammensein in Beyoğlu haben wir Gedichte rezitiert und dem Alkohol zugesprochen.

Die Gemeinschaft der Intellektuellen

In Istanbul gab es weitere regelmäßige monatlich stattfindende Zusammenkünfte, die ich als die Gemeinschaft der Intellektuellen bezeichnete. Ich wurde im Jahr 1952 oder 1953 in die Gemeinschaft hinein gewählt. Die Mitgliederschaft setzte sich aus vielen berühmten Intellektuellen zusammen — zu ihnen gehörte auch der Direktor des Deutschen Archäologischen Instituts.[64] Kurt Bittel, Rudolf Naumann und W. Müller-Wiener waren nacheinander Direktoren des Instituts in Istanbul und sie alle gehörten während ihrer Dienstzeit in Istanbul der Gemeinschaft an.

Die Zusammenkünfte fanden der Reihe nach im Haus eines der Mitglieder statt. An diesen Abenden hielt ein Mitglied einen Vortrag über ein bestimmtes Thema und beantwortete die Fragen der Zuhörer. Anlässlich dieser Treffen hatte ich Gelegenheit, die Ufervillen von Sadullah Pascha und der Familie Kıbrıslı, die zu den schönsten Häusern am Bosporus gehörten, zu

63 Mitglieder der Kommission waren unter anderen: Celal Esat Arseven, Ahmet Hamdi Tanpınar, Sedat Hakkı Eldem, Tahsin Öz, Zeki Faik İzer, Kemalî Söylemezoğlu, Ali Saim Ülgen, Orhan Alsaç, Mithat Yenen, Semavi Eyice, Aptullah Kuran und Doğan Kuban.

64 Einige der bedeutenden Mitglieder der Gemeinschaft waren: Arif Müfid Mansel, Ekrem Hakkı Ayverdi, Semavi Eyice, Selim Kıbrızlı, Seyfullah Esin, Muharrem Nuri Birgi, Fuat Bayramoğlu und Afif Erzen.

besichtigen — nicht zu vergessen auch die Villen von Muharrem Nuri Birgi und Fuat Bayramoğlu.

Einladungen von Unternehmern
Wenn ich während des Sommers mit meiner Frau im Haus meiner Schwiegermutter in Dragos wohnte, nahmen wir an Abendeinladungen von Vehbi Koç, Rahmi Koç und Nejat Eczacıbaşı teil. Bei diesen Geselligkeiten, die beispielhaft das inzwischen erreichte hohe kulturelle Niveau der türkischen Gesellschaft zeigten, trafen sich bekannte Unternehmer, hochrangige Politiker und ausgewählte Intellektuelle. Zu den größten Vergnügungen meiner Frau und mir gehörte es auch, die Konzerte des Istanbuler Musik Festivals zu besuchen.

Vorträge beim Türkischen Touring-Club
Die Vorträge über Archäologie und Kunst, die von Çelik Gülersoy, der in Istanbul Dutzende von Gebäuden restaurieren ließ und ihnen damit neues Leben einhauchte, im Namen des Türkischen Touring-Clubs im Kenter Theater organisiert wurden, fanden stets große Beachtung. Der Saal — auch der Rang —war immer brechend voll. Die Zuhörer setzen sich zusammen aus jungen Leuten, aus Teilnehmern, die auf unterschiedlichen Gebieten engagiert waren, und aus eleganten und hervorragenden Damen, die der besten Istanbuler Gesellschaft angehörten. An diesen kulturellen Veranstaltungen habe ich sechs Jahre als Vortragender mitgewirkt.

Entwicklung der Türkischen Historischen Gesellschaft
Die beiden wichtigsten kulturellen Institutionen der Türkei sind zum einen die Türkische Historische Gesellschaft (TTK), zum anderen die Türkische Sprachgesellschaft (TDK). Da ich aktives Mitglied der erstgenannten Institution war, möchte ich erläutern, wie sich diese Einrichtung entwickelt hat und wie sie verstaatlicht wurde. Die Türkische Historische Gesellschaft ist ein Werk von Atatürk. Deshalb möchte ich zunächst auf die Entwicklungen hinweisen, die der große Reformer angestoßen hat.

Die Gründungszeit der Türkischen Historischen Gesellschaft (1931-1938)
Als Atatürk die Türkische Historische Gesellschaft im Jahr 1931 gründete, gab es im Land nur sachkundige Gelehrte für die seldschukische und die osmanische Geschichte. An der Spitze dieser Gruppe standen Persönlichkeiten wie Fuad Köprülü, İsmail Hakkı Uzunçarşılı und Mükrimin Halil Yinanç, die auch in der westlichen Fachliteratur geschätzt wurden.

In dieser Zeitspanne der Gründung, das heißt in den Jahren 1931 bis 1935, befanden sich unter den Mitgliedern der Gesellschaft auch Spezialisten wie Halil Edhem Eldem, Hamit Zübeyr Koşay, Şevket Aziz Kansu und Remzi Oğuz Arık, die ihre Ausbildung im Bereich der Altertumswissenschaften in Europa erhalten hatten. Doch außer ihnen gab es keine weiteren Wissenschaftler, die sich auf Themen des Altertums spezialisiert hatten.

Als Atatürk die Historische Gesellschaft aufbaute, sandte er Studenten in die USA und nach Europa, die dort zu Spezilisten ausgebildet werden sollten und die später sowohl über die seldschukische und osmanische Zeit als auch über die alt-anatolischen Zivilisationen arbeiten sollten. Bis die neu auszubildenden Wissenschaftler ihre Arbeit aufnehmen konnten, legte er großen Wert darauf, die in der Gesellschaft bereits tätigen Wissenschaftler wirkungsvoll einzusetzen. So veranlasste er auch den Beginn erster archäologischer Grabungen. Die Arbeiten, die 1935 unter der Leitung des Sprachwissenschaftlers und Ethnologen Hamit Zübey Koşay, des Archäologen Remzi Oğuz Arık und des Anthropologen Şevket Aziz Kansu aufgenommen wurden, stießen in der ganzen Welt auf großes Interesse. Besonders die unvergleichlich schönen und wertvollen in Alacahöyük ausgegrabenen Objekte wurden in den wissenschaftlichen Kreisen Amerikas und Europas mit großer Bewunderung aufgenommen. Die fremdsprachlichen Werke der drei zuvor genannten Wissenschaftler sicherten der Türkischen Historischen Gesellschaft einen hervorragenden Ruf in der Welt. Denn die in Alacahöyük zu Tage geförderten Objekte überstrahlten die Funde der Grabungen von Troja, Pergamon, Ephesos und Boğazköy.

Die ersten beiden Kongresse der Gesellschaft — der erste wurde vom 2. bis 11. Juli 1932 im Volkshaus in Ankara, der zweite vom 20. bis 25. September 1937 im Istanbuler Dolmabahçe-Palast abgehalten — fielen in die Gründungsphase der Türkischen Historischen Gesellschaft. Da an beiden Kongressen viele Wissenschaftler aus Europa teilgenommen haben, wurden die Zusammenkünfte auch international als erfolgreich gewertet. Besonders der zweite, im Istanbuler Dolmabahçe-Palast in einem prächtigen Rahmen abgehaltene Kongress fand in den wissenschaftlichen Kreisen Europas ein sehr positives Echo. Zu dieser Zeit studierte ich in Berlin. Die deutschen Professoren, die von dem Istanbuler Kongress zurückkehrten, sprachen in der Universität vor einem großen Kreis von Zuhörern voller Bewunderung über ihre Eindrücke, die sie bei dem Kongress gewonnen hatten. Dieser war die erste erfolgreiche Veranstaltung, die den Türken im Ausland viel Sympathie und Zustimmung einbrachte.

Atatürk und die Osmanische Geschichte

In manchen Kreisen herrscht die Ansicht vor, Atatürk habe an der Geschichte des Osmanischen Reichs kein Interesse. Doch der große Reformer wollte nicht, dass die Rückständigkeit des Osmanischen Reiches während seines Niedergangs in den letzten 300 Jahren, der erbärmliche Zustand des Reiches und seine theokratische Verwaltung die Republik Türkei, die er gerade aufbaute, negativ beeinflussten.

Atatürk war jedoch berechtigterweise stolz auf die glänzenden Zeiten des Osmanischen Reiches und gab den Befehl, eine Statue des Architekten Sinan aufzustellen. Er schickte Studenten nach Europa, um die seldschukische und die osmanische Geschichte erforschen zu lassen. Fast ein Dutzend junger Studenten, die zu Zeiten von Atatürk in Europa auf dem Gebiet der türkischen Geschichte ausgebildet wurden, waren später Mitglieder der Türkischen Historischen Gesellschaft. Wenn wir nur der Verstorbenen aus ihren Reihen gedenken, dann ist zunächst Ömer Lütfü Barkan zu nennen, der im Bereich der Forschungen zur türkischen Geschichte neue Wege eingeschlagen hat. Weiterhin können wir in diesem Zusammenhang unter anderen noch diese Gelehrten aufzählen: Mükrimin Halil Yinanç, Cavit Baysun, Tayyib Gökbilgin und Enver Ziya Karal. Auch Fuat Köprülü und İsmail Hakkı Uzunçarşılı sowie weitere große Wissenschaftler, die zur älteren Generation gehörten, folgten zu Zeiten von Atatürk dem von ihm vorgezeichneten Weg und veröffentlichten unter dem Dach der Türkischen Historischen Gesellschaft Werke über Osmanische Geschichte.

Auch unsere geschätzten Gelehrten, die über Themen der Geschichte Zentralasiens, der seldschukischen Geschichte und überwiegend der osmanischen Geschichte arbeiten, wurden zur Regierungszeit von Atatürk im Rahmen der Pläne des großen Reformers ausgebildet. Einige unserer heutigen Historiker, die sich mit osmanischer Geschichte befassen — wobei zuvorderst Halil İnalcik zu nennen ist — unterrichten an amerikanischen Universitäten. Damit erlangten jene, die unter Atatürk und im Zuge seiner Projekte ausgebildet wurden, weltweit in wissenschaftlichen Kreisen eine hervorgehobene Stellung. Dass unsere Historiker in der Türkei und im Ausland Erfolge verbuchen konnten, verdanken sie der Tatsache, dass ihnen seitens der von Atatürk begründeten Türkischen Historischen Gesellschaft jede Art von Hilfe und Unterstützung gewährt wurde. Dies ging so weit, dass die Gesellschaft auch die Werke von Nicht-Mitgliedern wie zum Beispiel die Arbeiten des großen inzwischen verstorbenen Gelehrten Necati Lugal und vieler anderer geschätzter Historiker drucken ließ bzw. deren Forschungen nach Kräften unterstützte.

In der Regierungszeit von İsmet İnönü wurden die Arbeiten im Bereich der türkischen Geschichte nach dem Plan von Atatürk weiterhin gefördert. Bei vielen Gelegenheiten bekundete

İnönü sein Interesse an der Türkischen Historischen Gesellschaft und bemühte sich, ihr erfolgreiches Arbeiten sicherzustellen. Şemsettin Günaltay, der während dieser ganzen Periode Vorsitzender der Gesellschaft war, nahm auch junge Wissenschaftler auf, um diese bedeutende wissenschaftliche Institution personell zu erneuern. Immer wenn ein Mitglied der Gesellschaft, dessen eigentliche Profession jedoch nicht im Bereich der Geschichtsforschung lag, starb oder von sich aus die Gesellschaft verließ, gewann sie mit neuen Mitgliedern hervorragende Persönlichkeiten für ihre Arbeit und geriet langsam immer stärker unter den Einfluss von Historikern, also von eigentlichen Fachkollegen.

Şemsettin Günaltay gewann während der Regierungszeit der "Demokrat Partisi" die jährlichen Wahlen für den Vorsitz der Gesellschaft mit einer Höchstzahl von Stimmen und konnte seine Tätigkeit als Vorsitzender weiterführen. Die Türkische Historische Gesellschaft gewann zunehmend an wissenschaftlichem Profil und erhöhte ihren Wirkungsgrad.

Die Periode des Aufbaus der Türkischen Historischen Gesellschaft (1938-1951)

In dieser Zeitspanne hat sich durch die Rückkehr der jungen Wissenschaftler, die im Ausland oder in der Türkei von deutschen Professoren ausgebildet worden waren, die Zahl der Wissenschaftler, die auf den Gebieten der seldschukischen und der osmanischen Geschichte sowie im Bereich der Anatolischen Zivilisationen arbeitete, mindestens vervierfacht. Unser erster in Europa ausgebildeter Archäologe war Arif Müfid Mansel und er wurde am 20. April 1938 als Mitglied aufgenommen. Diese Entwicklung setzte der zweite in Europa ausgebildete Archäologe Ekrem Akurgal fort, indem er am 9. September 1943 Mitglied der Gesellschaft wurde. Auch diese weiteren in der Türkei oder in Europa von deutschen Professoren ausgebildeten Wissenschaftler wurden zwischen 1945 und 1948 als Mitglieder in die Gesellschaft aufgenommen: Halil Demircioğlu, Afif Erzen, Sedat Alp, Bahadır Alkım, Tahsin Özgüç, Aydın Sayılı, Muzaffer Şenyürek und Semavi Eyice. Zwei hervorragende Vertreter der gleichen Gruppe von Experten wurden in die Gesellschaft aufgenommen — zum einen Nimet Özgüç im Jahre 1970 und zum anderen Jale İnan im Jahre 1975.[65] Auch wenn man mit den besten Absichten neue Mitglieder für die Gesellschaft gewinnen wollte, so war dies doch kein Versuch, diese auszunutzen. Es wurden keine Projekte durchgeführt, die die alt-anatolischen Zivilisationen ins rechte Licht rückten. Ich wurde 1943, also zu einem sehr frühen Zeitpunkt, zum Mitglied gewählt, weil ich in den damaligen Tageszeitungen und in Zeitschriften populäre Artikel über die zentralasiatische, die seldschukische und die osmanische Kunst veröffentlicht hatte. Das heißt, ich wurde nicht als Archäologe sondern als Intellektueller, der über türkische Kunst schrieb, in die Gesellschaft aufgenommen. Wie ich später von Faik Reşit Unat hörte, hat Şemsettin Günaltay der mich ausgewählt hatte, meine Artikel gelesen und gefragt: "Wer ist denn dieser junge Mann?" Als er erfuhr, dass ich von Atatürk zur Ausbildung nach Europa entsandt worden war, hat er mich zum Mitglied der Gesellschaft gemacht.

Erste Fortschritte wurden im Bereich der Ausgrabungen erreicht. Zwischen 1946 und 1947 konnten Arif Müfid Mansel in Perge und Side und Tahsin Özgüç in Kültepe mit den Grabungsarbeiten beginnen. Somit erhielten neu in die Gesellschaft aufgenommene Wissenschaftler Gelegenheit, nützliche Aufgaben durchzuführen.

Dabei wurde die sehr bedeutende wissenschaftliche Gesellschaft weiter nach den 15 bis 20 Jahre zuvor festgelegten Werten und Richtlinien geführt. Betrachtet man zum Beispiel die Druckerei der Gesellschaft so ist festzustellen, dass sie den Werken der Mitglieder keinen Vorrang einräumte, sondern die Bestellungen des Marktes bevorzugte, weil diese Geld in die Kasse brachten. Die Werke einiger Mitglieder wurden gedruckt, die anderer neuer Angehöriger der Gesellschaft wurden zurückgewiesen. Wie ich schon in einem früheren Kapitel dieses

65 Vgl. Amiral Fahri Çoker. Türk Tarih Kurumu, Kuruluş ve Amaçları, Ankara 1983, S. 216f.

Buches erklärt habe, wurde auch der Druck zweier meiner eigenen Arbeiten abgelehnt. Doch nachdem diese beiden Bände durch die Fakultät veröffentlicht worden waren, fanden sie in der ausländischen Fachliteratur große Anerkennung. Es kam zu solchen falschen Entscheidungen, weil die Leitung der Gesellschaft überaltert war. Der Vorstand der Gesellschaft bestand seit 15 Jahren aus denselben Personen. Der Vorsitzende sagte: "Ich stelle die Mitglieder des Vorstandes zur Wahl" und fragte: "Wer stimmt zu, wer nicht?" Ohne auch nur einen Blick auf die Hände zu werfen, die sich gehoben hatten, stellte er fest: "Die Kandidaten sind damit gewählt!"

Ich sprach mit meinen Kollegen Sedat Alp und Halil Demircioğlu über die geschilderten Zustände der Gesellschaft und die beiden dachten ähnlich wie ich. Darauf nahmen wir zu weiteren Mitgliedern Kontakt auf und es stellte sich heraus, dass auch sie mit dieser Art, die Gesellschaft zu führen, nicht einverstanden waren. Bei den Zusammenkünften der Historischen Gesellschaft waren im Allgemeinen zwischen 30 und 35 Mitglieder anwesend. Unseren Nachforschungen entsprechend neigten fast 20 Personen zu der Ansicht, man müsse etwas unternehmen. Deshalb beschlossen wir, bei der Jahresversammlung im April 1951 eine Veränderung im Vorstand herbeizuführen. Dass eine Erneuerung stattfinden sollte, war allen Mitgliedern schon zuvor zu Ohren gekommen und am Tag der Versammlung warteten alle gespannt auf das Ergebnis dieser Bemühungen. Die Kollegen wünschten, dass ich die erste Rede halten sollte. Danach würden dann Halil Demircioğlu und weitere Kollegen sprechen. In meinen etwa zehnminütigen Ausführungen kam ich zunächst auf die Erfolge der Gesellschaft in den letzten 20 Jahren zu sprechen, dann zählte ich einzeln die Punkte auf, die die neu eingetretenen jungen Mitglieder für verbesserungswürdig hielten: 1. Die Druckerei der Gesellschaft sollte nicht den lukrativen Aufträgen vom Markt den Vorzug geben, sondern den Veröffentlichungen der Gesellschaft größere Bedeutung beimessen. 2. Auch im Gebiet der Ägäis sollten Grabungen vorgenommen werden. 3. Die Zeitschrift "Belleten" sollte Themen der seldschukischen und der osmanischen Geschichte vorbehalten bleiben. Für den Bereich der anatolischen Zivilisationen sollte eine eigene Zeitschrift gegründet werden. 4. Wie in der Französischen Akademie und auch in anderen europäischen Akademien sollte auch in der Türkischen Historischen Gesellschaft für die wichtigen Wissensgebiete jeweils ein besonderer Zweig (eine Kommission) eingerichtet werden. So sollten beispielsweise für die sedschukische, die osmanische, die prähistorische und die frühe Geschichte und ebenso für die anatolischen Sprachen eigene Kommissionen geschaffen werden. 5. Die Veröffentlichungen sollten nach einem festgelegten Programm vorgenommen werden. 6. Die Bibliothek der Gesellschaft sollte auf ein ausreichendes Niveau angehoben werden. 7. Die Mitglieder des Vorstandes, die seit zehn Jahren nicht gewechselt hatten, sollten in einer geheimen Wahl bestimmt werden.

Nachdem ich geendet hatte, sagte Şemsettin Günaltay, der Vorstand der Gesellschaft: "Wir wollen die Versammlung für eine halbe Stunde unterbrechen und dann die Fragen in ihren Einzelheiten besprechen." Daraufhin zog er sich in das Zimmer des Vorsitzenden zurück. Kurz darauf rief er mich in sein Zimmer und sagte: "Sie haben Recht! Wir wollen den Vorstand auswechseln. Wir — das heißt, ich im Namen der CHP, Fuad Köprülü im Namen der Demokrat Partisi und Hikmet Bayur im Namen der Millet Partisi — möchten versuchen, einen neuen Vorstand wählen zu lassen, in dem auch die jungen Mitglieder ihren Platz finden." Darauf entgegnete ich: "Was den alten Vorstand angeht, so können nur Sie bleiben, denn Sie haben alle neuen jungen Mitglieder ausgewählt. Außerdem bin ich der Meinung, dass man nicht auf der Grundlage der Parteien den Vorstand einer wissenschaftlichen Gesellschaft wählen kann." Nachdem eine halbe Stunde vergangen war, eröffnete Şemsettin Günaltay die Sitzung erneut und gab bekannt: "Von nun an sind die Wahlen geheim." An der Versammlung nahmen auch Fuad Köprülü und Hasan Âli Yücel teil. Niemand hatte dagegen Einwände. Die Wahlzettel wurden eingesammelt und als Ergebnis der Wahl wurde ein Vorstand gewählt, dessen Mitglieder hier aufgeführt sind: Şemsettin Günaltay, Afet İnan, Hikmet Bayur, Enver Ziya Karal,

Ekrem Akurgal, Sedat Alp und Halil Demircioğlu. Die Verständigung zwischen den alten und den neuen Mitgliedern des Vorstands war nicht leicht. Die Diskussionen zogen sich noch über viele Sitzungen hin. Erst in einer Versammlung im Jahre 1951 sagte Şemsettin Günaltay: "Nun ist es genug. Ich stehe auf der Seite der jungen Mitglieder!" Daraufhin verständigte man sich und von da an war eine harmonische Zusammenarbeit sichergestellt. Jetzt begann eine Zeit, in der die Gesellschaft einen hervorragenden Entwicklungszustand erreicht hatte und sie erlebte eine Periode mit glänzenden Erfolgen. Wir wollen nun einen kurzen Blick auf diese Zeitspanne werfen.

Die Türkische Historische Gesellschaft auf dem Höhepunkt ihrer Entwicklung (1951-1983)
In dieser Periode, das heißt während der Amtszeit der Staatspräsidenten Celal Bayar, Cevdet Sunay und Fahri Korutürk, hat die Türkische Historische Gesellschaft auf dem Gebiet der anatolischen Zivilisationen die gleichen lobenswerten wissenschaftlichen Aktivitäten gezeigt, wie sie dies schon in den Bereichen der seldschukischen und der osmanischen Geschichte getan hat. Die Gesellschaft hat in der genannten Zeitspanne sieben große Kongresse (III-IX) sowie einen viel beachteten, internationalen Kongress für Klassische Archäologie ausgerichtet. In dieser für die Wissenschaft sehr ertragreichen Periode wurden Hunderte von Büchern über die seldschukische und die osmanische Geschichte sowie über die anatolischen Zivilisationen veröffentlicht. Obgleich die Türkische Historische Gesellschaft lediglich die Form eines Vereins hatte und nicht die Bezeichnung "Akademie" trug und obgleich sie niemandem verpflichtet war, wurde sie in der erwähnten Periode in die Vereinigung der Internationalen Akademien aufgenommen. Denn unsere Gesellschaft war der Wissenschaft genauso nützlich und sie war ebenso segensreich tätig wie die europäischen Akademien.

Die Haltung von Celal Bayar und Adnan Menderes
Die Demokratische Partei[66] war beunruhigt, weil in der Türkischen Historischen Gesellschaft viele Mitglieder Gefolgsleute der Republikanischen Volkspartei[67] waren und sogar ein der CHP angehörender ehemaliger Ministerpräsident in den Reihen der Gesellschaftsmitglieder zu finden war. Immerhin hat Adnan Menderes 1951 drei Mitglieder der Türkischen Historischen Gesellschaft — dies waren Halil Demircioğlu, Sedat Alp und Ekrem Akurgal — über den Abgeordneten Dr. Sedat Barı in sein Zimmer in der Großen Nationalversammlung einladen lassen. Er verlangte von den Eingeladenen, dass sich die Gesellschaft von den Mitgliedern, die der CHP angehörten, trennen solle. Doch nachdem die drei Mitglieder, die er zu sich gerufen hatte, dazu Stellung genommen hatten, führte Adnan Menderes aus, dass die Leitung der Gesellschaft in guten Händen liege, und dass sie nützliche Arbeit leiste. Gleichzeitig hat er von seinem ursprünglichen Ansinnen Abstand genommen.

Was die Haltung Celal Bayars anging, so verhielt es sich wie folgt: Die Unzufriedenheit der Demokratischen Partei mit der Türkischen Historischen Gesellschaft wurde 1959 erneut — das heißt, acht Jahre später — von dem damaligen Staatspräsidenten Celal Bayar geäußert. Eines Tages wurde ich vom Generalsekretariat des Staatspräsidenten dem inzwischen verstorbenen Munis Faik Ozansoy angerufen. Er sagte, der Staatspräsident wünsche mich zu sprechen und fügte hinzu, es ginge um die Türkische Historische Gesellschaft. Zu diesem Zeitpunkt war ich der Generalsekretär der Gesellschaft. Ich besorgte mir die erforderlichen Informationen, bereitete mich vor und begab mich zur angegebenen Zeit zum Amtssitz des Staatspräsidenten. Er empfing mich in der Bibliothek und bei ihm befand sich Munis Faik Ozansoy. Nach einigen freundlichen Worten stellte er mit unerwarteter Härte klar: "Sie sind nun seit acht Jahren

66 Demokrat Partisi = DP
67 Cumhuriyte Halk Partisi = CHP

Generalsekretär. Und Sie sind ein Fachmann Ihres Gebiets." Und indem er sich auf Şemsettin Günaltay bezog, fragte er: "Ist es denn richtig, dass ein Politiker an der Spitze einer wissenschaftlichen Vereinigung steht?" Tatsächlich hatte der Staatspräsident recht mit seinen Bedenken. Doch Şemsettin Günaltay war in der Gesellschaft sehr beliebt und erhielt bei den jährlichen Wahlen die meisten Stimmen. Außerdem hatte er sich große Verdienste erworben, weil er Kollegen in die Gesellschaft berief die wirkliche Vertreter ihres Fachs waren. Dies habe ich dem Staatspräsidenten in allen Einzelheiten geschildert und darauf hingewiesen, dass ein Vorgehen gegen Şemsettin Günaltay auf großen Widerstand stoßen würde. Und ich habe ausgeführt, dass eine solche Situation kein gutes Licht auf die Demokratische Partei werfen würde.

Celal hörte sich meine Ausführungen ganz ruhig an. Ich berichtete ihm, dass Şemsettin Günaltay in privaten Gesprächen in Zusammenkünften der Gesellschaft gesagt habe, dass Celal Bayar ein aufgeklärter Intellektueller sei und sich um das Land besonders im Bereich der Wirtschaft verdient gemacht habe. Celal Bayar ging nicht weiter auf meine Worte ein und wechselte das Thema. Er sagte: "Die Historische Gesellschaft veröffentlicht dicke Bände über die türkische Geschichte, die aber nur für Ihre wissenschaftlichen Kollegen von Nutzen sind. Doch es ist auch die Aufgabe der Gesellschaft, Bücher für gebildete Menschen herauszubringen. Atatürk wollte, dass jedermann die türkische Geschichte kennt. Warum also schreiben Sie keine Bücher, die allen nützlich sind? So wären zum Beispiel eine Seldschukische Geschichte in einem Band und eine Osmanische Geschichte in zwei Bänden sehr praktisch und sinnvoll. Warum machen Sie so etwas nicht?" Es bestand kein Zweifel, dass der Staatspräsident in dieser Frage recht hatte. Doch erfordert die Veröffentlichung von populär-wissenschaftlichen Werken einen besonders hohen finanziellen Aufwand. Von solchen Büchern muss man wenigstens 50 000 Exemplare drucken. Alleine die Kosten für das Papier solcher Bücher wären eine große Belastung für die Gesellschaft. Auch dies habe ich dem Staatspräsidenten erklärt und er erwiderte mir: "Schreiben Sie die drei von mir vorgeschlagenen Bücher und ich werde Ihnen sofort das erforderliche Geld dafür beschaffen. Wenn es die Regierung nicht finanziert, werde ich es von den Banken bekommen." Und tatsächlich wurde als Notmaßnahme die jährliche finanzielle Unterstützung von 390 000 Türkischen Pfund, die in der Regierungszeit der Republikanischen Volkspartei und als Şemsettin Günaltay der Gesellschaft vorsaß gestrichen worden war, wieder ausgezahlt. Das war damals eine sehr große Hilfe. Für die Erstellung der von Celal Bayar gewünschten einbändigen Seldschukischen Geschichte und der zweibändigen Osmanischen Geschichte übernahmen 20 Mitglieder jeweils einen Teilbereich und machten sich an die Arbeit. Doch kam es danach zum Staatsstreich vom 27. Mai 1960. Darauf strich die Regierung ihre Hilfe und das Projekt wurde nicht in die Tat umgesetzt. Gleichzeitig gab die Türkische Historische Gesellschaft eine Osmanische Geschichte heraus — wenn auch nicht in zwei sondern in zehn Bänden. Das Werk wurde zu einem ziemlich niedrigen Preis verkauft und die um 40 % reduzierten Bände wurden von vielen Gebildeten und Angehörigen des Mittelstands erworben. Dennoch bleibt es eine wichtige Aufgabe der Türkischen Historischen Gesellschaft die von Celal Bayar geforderte zweibändige Osmanische Geschichte herauszubringen.

Die Angehörigen der Republikanischen Volkspartei [CHP] in der Historischen Gesellschaft nach İnönü und die Türkische Historische Gesellschaft [TTK]

Die unter Geldnot leidende Republikanische Volkspartei [CHP] suchte nach neuen Einnahmequellen. Da richteten einige prominente Parteimitglieder ihren Blick auf die Gelder, die Atatürk zur Unterhaltung der Türkischen Geschichts- und Sprachgesellschaft gestiftet hatte. Nun, am Ende kam die Angelegenheit vor Gericht. Der inzwischen verstorbene Vorsitzende Enver Ziya Karal, der Generalsekretär Sedat Alp und Uluğ İğdemir, der vierzig Jahre lang der Generaldirektor der Gesellschaft gewesen war und der dafür gesorgte hatte, dass die Türkische Historische Gesellschaft den von Atatürk aufgezeigten Weg nicht verließ, sowie die Vertreter der

Schwesterorganisation (Türkische Sprachgesellschaft) haben sich viele Jahre in der Sache engagiert. Am Ende siegte die Gerechtigkeit und die türkischen Justizorgane entschieden, dass Atatürk sein Erbe nicht der Republikanischen Volkspartei (CHP), sondern der Türkischen Historischen Gesellschaft und der Türkischen Sprachgesellschaft (TTK) hinterlassen hat.

Arbeiten über die türkische Geschichte — heute und morgen

Die jungen Leute, die zu Zeiten von Atatürk über historische Themen arbeiteten, wurden unter den erfolgreichsten und fähigsten Studenten der Türkei ausgewählt. Doch seit etwa zwanzig Jahren beginnen die Studenten mit der niedrigsten Punktzahl ein Studium an den Historischen Instituten.[68] Doch um ein guter Historiker zu sein, muss man drei europäische Sprachen sowie Arabisch und Persisch beherrschen. Für die Türkische Geschichte Zentralasiens ist die Kenntnis des Russischen und des Chinesischen erforderlich. Die meisten Studenten, die heute an den Historischen Seminaren ihr Studium aufnehmen, verfügen nicht über die Möglichkeit, die für ein solches Studium erforderlichen Bedingungen zu erfüllen. Daher können wir die zukünftige Situation, in der Arbeiten über die türkische Geschichte entstehen sollen, nur als bedauernswert bezeichnen.

Die Verstaatlichung der Türkischen Historischen Gesellschaft (1983)

Obgleich die Türkische Historische Gesellschaft über einen Zeitraum von 50 Jahren beispielhafte Veröffentlichungen über die seldschukische und die osmanische Geschichte sowie über die Zivilisationen des Altertums vorgelegt hatte, wurde sie 1983 auf Betreiben gewisser rückschrittlicher Strömungen verstaatlicht. Atatürk hat jedoch vorgesehen, dass diese Kultur- und Wissenschaftszentrale in der Form eines Vereins ihre Aufgaben erfüllen soll. Die seit 15 Jahren als staatliches Organ arbeitende Türkische Historische Gesellschaft hat ihre schöpferische und produktive Kraft verloren. Es wäre ein sehr lobenswerter Vorstoß, wenn der heutige Vorsitzende der Türkischen Historischen Gesellschaft Prof. Dr. Yusuf Halaçoğlu beim Staatspräsidenten Demirel und bei der 57. Regierung der Türkei beantragen würde, der Türkischen Historischen Gesellschaft wieder die Rechtsform eines Vereins zu geben.

68 Bei der zentralen Aufnahmeprüfung für die Universität werden Punkte vergeben. Für sein jeweiliges Fach muss ein Student in der Prüfung eine Mindestzahl an Punkten erreichen. [Anm. d. Übers.]

POLITISCHE STRÖMUNGEN AN DEN UNIVERSITÄTEN

Der in den USA ausgebildete Professor Muzaffer Şerif Başoğlu und die Professorin Behice Boran waren zwei Hauptvertreter der linken Aktivitäten an unserer Fakultät. Lange Zeit unterhielt ich zu diesen beiden Kollegen enge freundschaftliche Beziehungen. Einige Male nahm ich auch als Gasthörer an ihren Seminaren teil. Mit Behice Boran tanzte ich auf den Abendgesellschaften im Ankara Palas, zu denen ausländische Botschaften eingeladen hatten. Doch da die Weltanschauung dieser beiden Universitätslehrer nicht mit den Prinzipien von Atatürk übereinstimmte, hielt ich mich mehr und mehr von ihnen fern.

Wie in der Philosophischen Fakultät (DTC) gab es auch bei der İnönü Ansiklopedisi Intellektuelle, die unterschiedliche Weltanschauungen vertraten. Anfänglich waren die Intellektuellen dort Anhänger linken Gedankenguts. Später wurden auf Druck von rechten Parlamentariern auch Wissenschaftler mit nationaler Gesinnung in die Redaktion aufgenommen. Zu diesen gehörte auch ich. Doch zog ich es vor, in dem einen Jahr, in dem ich für die Enzyklopädie arbeitete, wie einige andere Kollegen mit rechten Ansichten nicht in Diskussionen mit links eingestellten Kollegen einzutreten. Wie ich mich auch nicht an den Diskussionen beteiligte, die sich in Beiträgen in Zeitungen und Zeitschriften niederschlugen. Ich legte vielmehr Wert darauf, ein liberal denkender Staatsbürger zu sein, der dem von Atatürk vorgezeichneten Weg folgt.

Ich blieb diesem Grundsatz treu, indem ich meine Weltanschauung in Artikeln ohne politische Absichten über kulturelle Themen vertrat, die ich in Tageszeitungen wie "Ulus" oder "Zafer" und in Zeitschriften wie "Ülkü" und "Varlık" veröffentlichte. Ich beschleunigte meine unter dem Vorzeichen des kemalistischen Nationalismus durchgeführten Arbeiten in der Fakultät und in der Türkischen Historischen Gesellschaft. Ich achtete ganz besonders darauf, mich in Zeitschriften und Zeitungen politischer Forderungen zu enthalten.

Der Kampf zwischen rechter und linker Ideologie wurde später zwischen den nationalistischen Abgeordneten im Parlament und den linken Professoren der Fakultät der Sozialen Wissenschaften weitergeführt. Auch unter den deutschen Professoren in der Türkei, die der Faschismus aus der Heimat vertrieben hatte, gab es einige, die an diesen kulturpolitischen Auseinandersetzungen teilnahmen. Natürlich beteiligten sie sich, denn sie waren ja Opfer des harten deutschen Nationalismus, das heißt, sie waren Opfer des Nazi-Regimes und hielten es daher für angebracht, sich in der Türkei an die Seite der linken Professoren zu stellen. Und aus diesem Grund wurden durch Intervention einiger aus Professorenkreisen stammender Abgeordneter an unserer Fakultät fünf türkische und drei deutsche Mitglieder des Lehrkörpers entlassen. Daher hat unsere Fakultät zwei so wichtige Professoren wie Benno Landsberger und Hans Gustav Güterbock verloren. Dass die Trennung von den beiden Wissenschaftlern, die sehr bedeutende Dienste geleistet haben, auf diese Weise geschah, war einerseits nicht mit der türkischen Gastfreundschaft zu vereinbaren und führte außerdem zu einer für unser internationales Ansehen nicht förderlichen Situation. Besonders einen Freund der Türken wie Güterbock, der sich überhaupt nicht politisch betätigte und auch keine Erklärungen zu politischen Fragen abgegeben hatte, aus dem Amt zu entfernen, war ein großer Fehler. Noch bedauerlicher war, dass diesem Beschluss, unliebsame Professoren zu entlassen, auch eine einzigartige Wissenschaftlerin wie Azra Erhat zum Opfer fiel. Dabei hatte sie doch gar keine politischen Ambitionen.

Nach dem Ausscheiden der extremen Linken waren an unserer Fakultät nur noch die drei Strömungen vertreten, die schon von Anfang an aktiv gewesen waren: Der traditionelle Nationalismus, der zeitgenössische Nationalismus und eine liberale Gruppe, die auch für Linke offen war. Diese politischen Strömungen bestanden bis in die 1960er Jahre nebeneinander weiter ohne sich zu bekämpfen. Doch eine Haltung möchte ich besonders lobend erwähnen: Von den 1940er

Jahren bis 1968 fühlten sich die Mitglieder des Lehrkörpers an den türkischen Universitäten in ehrenvoller Weise den Prinzipien von Atatürk verbunden. Und auf ein anderes Verhalten möchte ich noch gesondert hinweisen: In dem oben genannten Zeitraum haben alle Universitätslehrer — obwohl sie der Religion die gebührende Achtung erwiesen — stets darauf geachtet, die Religion nicht in die politische Diskussion hineinzuziehen.

Leider wurde dieses Einvernehmen durch die Ende der 1960er Jahre im Westen aufkommende Bewegung der Jugend beendet, die im Folgenden beschrieben wird.

Das Aufbegehren der Jugend im Westen

Das Aufbegehren, von dem hier die Rede ist, wandte sich gegen die durch extreme Disziplin gekennzeichneten Strukturen, und die linken Intellektuellen bekannten sich zu diesem Aufstand. Diese soziale und politische Bewegung, die im Wesentlichen von Aktivisten in jugendlichem Alter getragen war, stellte einen Aufruhr dar, bei dem sich die Kinder gegen die von ihrem Vater vertretene Autorität auflehnten. Die Jugend hatte recht, denn zu Hause nahm der Vater, ja sogar die Mutter die Stelle ein, die in der Bürokratie der Vorgesetzte oder in der Arbeitswelt der Chef innehatte. Die Gedanken und die Wünsche der Jugendlichen fanden keine Beachtung. Als die Verantwortlichen statt einen Weg der Verständigung und der Einigung zu suchen, sich gegen diese aufbegehrende Strömung wandten, griffen die Jugendlichen zur Gewalt. Aus diesem Grund durchlebten wir eine zehn Jahre andauernde Periode sinnloser Kämpfe. Gegen Ende der 1960er Jahre wurde ich in der Türkei und 1971 als Gastprofessor in Berlin Zeuge dieses Aufruhrs der "68er Generation".

Ende der 1960er Jahre traten auf den Korridoren der Philosophischen Fakultät (DTC) Jugendliche mit Fahnen in der Hand in Aktion. Sie besetzten die Seminarräume und wendeten sich gegen die Ordnung in der Universität. Im Institut für Archäologie riefen die Aktivisten an einem Tag alle Universitätslehrer zusammen, um sie in einer Diskussionsveranstaltung zur Verantwortung zu ziehen. An diesem Treffen, das in einem Gebäude außerhalb der Fakultät stattfand, nahm auch ich teil. Bei der Eröffnung der Diskussion war die Kritik der linken Studenten hart aber doch einigermaßen respektvoll. Da sich außer mir kein anderer Professor eingefunden hatte, stürzten sich alle auf mich. Sie fragten mich ganz direkt, was ich davon hielte, dass in der Archäologie besonders häufig Kinder aus reichen Familien studierten. Und sie wollten wissen, warum ich mich damit begnügte, in der Woche nur vier Stunden zu geben und warum ich den Studenten nicht mehr Wissen vermittelte. Und sie kritisierten in meiner Anwesenheit noch weitere Einzelheiten meines Verhaltens. Die Frage, warum ich wollte, dass Kinder aus reichen Familien das Studium der Archäologie wählten, habe ich so beantwortet wie schon in einem anderen Abschnitt dieses Buches beschrieben. Warum ich nur vier Stunden pro Woche gab, habe ich ihnen in allen Einzelheiten genau auseinandergesetzt. An Beispielen habe ich ihnen erklärt, warum es nicht sinnvoll ist, wenn der Universitätslehrer die Studenten Faktenwissen auswendig lernen lässt, und dass es nützlicher ist, den Studenten Arbeitsmethoden zu vermitteln. Da bei der Versammlung neben linken Studenten auch Studenten als Zuhörer teilnahmen, die nicht linksorientiert waren, verhielten sich meine Gegner noch recht angemessen. So endete die Diskussion, die in einer aufrührerischen Atmosphäre begonnen hatte, mit Beifall.

Als ich 1971 in Berlin Gastprofessor war, unterschied sich die Lage dort nicht wesentlich von der unsrigen. Allerdings war das dortige Aufbegehren provokativer und einschüchternder. Das Parlament der Bundesrepublik Deutschland, das damals in Berlin zusammentrat, war das wichtigste Ziel der Linken. Extreme Linke lauerten den Abgeordneten in den Hotels auf, in denen diese wohnten, und kritisierten sie öffentlich, indem sie schwere Beschuldigungen gegen sie erhoben. An zweiter Stelle in ihrer Kritik standen, wie in ganz Deutschland so auch in Berlin, die Professoren an den Universitäten. In dem Jahr, in dem ich in Berlin unterrichtete, war ein

Assistent Rektor der Berliner Universität. Damals betrug das Monatsgehalt eines einheimischen und eines ausländischen Professors etwa 5.000 DM. Das Gehalt einer sehr berühmten sozialistischen Anführerin, einer dunkelhäutigen Professorin, war doppelt so hoch, sie verdiente 10.000 DM. Extremistische linke Studenten stürmten gut besuchte Vorlesungen und teilten den Dozenten mit: "Wir halten jetzt hier eine Soziologie-Vorlesung". Dann propagierten sie in hitzigen Reden ihre systemkritischen Positionen. Da in den archäologischen Seminaren im Allgemeinen 40 bis 50 Studenten saßen, habe ich persönlich nie eine solche Besetzung erlebt. Wäre es dazu gekommen, hätte ich mich den Besetzern wohl nicht entgegengestellt. Wie bekannt, haben in dieser Zeit an den Ratssitzungen der Professoren auch Arbeiter der Universität, Beamte und Sekretärinnen teilgenommen und besonders in den Durchführungskommissionen mitgeredet. Die Mitarbeiterin, die als Sekretärin für den Vorsitzenden der Archäologischen Abteilung der Universität Berlin tätig war, handelte nach eigenem Gutdünken, als sie sagte: "Ich schreibe nur Ihre offiziellen Briefe, Ihre private Post tippe ich nicht." Doch die Briefe, die die Sekretärin als privat bezeichnete, hatten in ihrem Kern ganz sicher einen wissenschaftlichen Charakter. Vielleicht kam in einem solchen Brief ein privater Satz vor, doch bei dem eigentlichen Thema des Schreibens ging es etwa um ein Treffen oder um eine Veröffentlichung. Wenn man der Sekretärin zugesteht auswählen zu dürfen, welchen Brief sie schreibt, dann wird der Vorsitzende der Abteilung, der bereits durch viele Formalitäten belastet ist, gezwungen sein, die Hälfte seiner Korrespondenz selbst zu schreiben. Doch das wäre ein schwerer Schlag für die wissenschaftliche Arbeit gewesen.

An diese Bewegung, die mir vorkam wie das Aufbegehren eines Kindes gegen seinen Vater, habe ich eine interessante Erinnerung: Wenn ich mich recht entsinne, geschah es Ende der 1960er Jahre. Anlässlich des Besuchs des Deutschen Bundeskanzlers Kurt Georg Kiesinger in der Türkei bat mich der damalige türkische Außenminister İhsan Sabri Çağlayangil, diesen wichtigen Gast durch das Museum in Ankara zu führen und ihn auf seiner Reise durch West-Anatolien zu begleiten. Während dieses Programms saß ich bei einer Besichtigung von Ephesos mit dem Deutschen Bundeskanzler und mit İhsan Sabri Çağlayangil in einem Auto. An einer Stelle sah Kiesinger eine Gruppe von Leuten, die offensichtlich Deutsche waren und ließ den Wagen anhalten. Er sagte zu İhsan Sabri Çağlayangil, er wolle einen Augenblick mit den Landsleuten reden und verließ den Wagen. Kiesinger fragte die Gruppe von Reisenden, wie es ihnen gehe und was sie machten. Ein junger Mann aus ihren Reihen antwortete, sie seien in die Türkei gekommen, um die Menschen aufzuklären. Der Bundeskanzler fragte, um welches Thema es ihnen ginge. "Es geht um soziologische Fragen", gaben sie zur Antwort. Und sie sagten weiter: "Die Türken sind uns hier voraus. Was wir in Deutschland nicht fanden, haben wir hier gefunden." Der Deutsche Bundeskanzler wunderte sich und wusste nicht, wie er sich verhalten sollte. Lachend hob er die Hand und grüßte sie, dann stieg er wieder in den Wagen und wir fuhren weiter.

Die linke Bewegung, die manchmal in unverschämtes Benehmen abglitt, verlor bei uns — wie auch sonst in der Welt — schon nach kurzer Zeit an Bedeutung. Danach herrschten bis 1998 wie schon zuvor wieder extremer Nationalismus, zeitgenössischer Nationalismus und gemäßigtes linkes Gedankengut vor.

Mit der Bewegung, die von Tony Blair in England angestoßen wurde, hat sich die Linke in der Welt zu einer neuen Geisteshaltung entwickelt. Bei uns jedoch hat sie sich in zwei Blöcke gespalten, die sich gegenseitig bekämpfen. Dabei wäre es doch richtiger, wenn sich diese beiden Parteien, die sich so nahe stehen, vereinigen würden. Eine vereinigte Linke könnte die Stimmen vieler türkischer Wähler gewinnen. Und dies wäre der erste Schritt, damit die Türkei Stabilität und Sicherheit erlangen könnte.

Nationalistische Parteien
Es ist ganz natürlich, dass der Mensch dem Land verbunden ist, in dem sich sein Haus und sein ganzer Besitz befinden und in dem er selbst, seine Eltern und seine Kinder leben. Zwangsläufig achtet er die in diesem Land gesprochene Sprache, die dort verbreitete Religion und die in diesem Land herrschenden Sitten und Gebräuche. Aus diesem Grund wird keine Gesellschaft verleugnen, dass sie national denkt, dass sie versucht ihre eigene Identität zu bewahren. Als jedoch in den 1930er Jahren in Europa der Faschismus und der Nationalsozialismus den nationalen Gedanken für ein brutales Regime missbrauchte, hat der Nationalismus als politische Strömung an Achtung verloren. Auch wenn andere ihn missbrauchten, so heißt das doch nicht, dass wir den nationalen Gedanken (den Nationalismus) aufgeben müssen. Vielmehr sollten wir anderen Gesellschaften und deren nationalen Einstellungen mit Achtung begegnen. Nach dem Zweiten Weltkrieg haben sich die Menschen für eine nationalistische Weltsicht entschieden, die nicht gewalttätig ist und die die Existenz anderer Gesellschaften achtet. Im Allgemeinen entwickelt sich gegenwärtig bei uns eine solche Einstellung.

Verschiedene Kommentatoren des zeitgenössischen türkischen Nationalismus
Die Bücher von Niyasi Berkes aus dem Jahren 1965 bis 1985 und die auf Türkisch erschienenen zwei Bände "Bewegungen zur Annäherungen an den Westen 1.2"[69] von Zafer Tunaya hatten eine Vorreiterfunktion. Den neuen Weg, den die Türkei beschreiten sollte, haben Muammer Aksoy, Uğur Mumcu und Bahriye Üçok mit ihren wissenschaftlichen und realistischen Arbeiten vorgezeichnet. Denn seit der Herrschaft der Demokratischen Partei liegen die zwischenzeitlich aufgekommenen, einander widersprechenden weltanschaulichen Gedanken miteinander in heftigem Kampf. Aufgrund dieser Situation begann schon nach kurzer Zeit wissenschaftliches Verhalten die Oberhand zu gewinnen. So verfasst zum Beispiel unser berühmter Historiker Halil İnalcık Werke, die auf dem zeitgenössischen Nationalismus aufbauen. İlber Ortaylı legt Arbeiten mit denselben Vorzeichen vor. Hervorragende Intellektuelle wie İsmail Cem, Sina Akşin und Server Tanilli haben mit ihren fundierten und umfassenden Büchern einerseits linke Positionen gewürdigt, andererseits aber auch eine Weltanschauung propagiert, die die Türkei den Vorgaben von Atatürk zufolge übernehmen sollte. Erdal İnönü folgt in seinem Buch "Anı" (Erinnerungen) dem Weg von Atatürk und den Spuren seines Vaters İsmet İnönü. Bozkurt Güvenç, der ein erfolgreiches Buch über die türkische Identität geschrieben hat, ist der herausragendste Intellektuelle bezogen auf die Bewegung des modernen Nationalismus.

Was ist demokratisch und was nicht?
Die unverantwortliche Ausbeutung der Mehrheit eines Volkes durch eine Einzelperson wie einen Tyrannen oder einen Diktator oder durch eine reiche Minderheit wie etwa die Oligarchie oder die Plutokratie hat letztlich das Entstehen der Demokratie bewirkt. In einer Demokratie ist es von größter Bedeutung, dass die Menschen gegenseitig ihre Rechte achten. Doch die Achtung dieser Rechte hat auch ihre Grenzen, denn die Rechte einer Person enden dort, wo die einer anderen beginnen. Wenn einer denkt, es herrsche Demokratie und jeder könne machen was er will, dann hebt er mit seiner Haltung die Demokratie auf. So hat sich zum Beispiel nach dem Ende des Ersten Weltkrieges in Sowjet-Russland der Kommunismus, der auf sehr guten Gedanken basierte, innerhalb kurzer Zeit zu einer Diktatur gewandelt, die die Menschenrechte der Herrschaft einer führenden Minderheit unterworfen hat. Das gleiche Verhalten hat in Deutschland in der Weimarer Republik zu Beginn der 1930er Jahre durch die unbegrenzten Möglichkeiten der politischen Betätigung den Nationalsozialismus auf den Plan gerufen. Hitler, der die demokratischen Freiheiten nutzte, hat die Demokratie mit allen Wurzeln ausgerottet. Gleiches

69 Batılılaşma Hareketleri 1.2

gilt für den italienischen Faschismus. Die Demokratie muss die Regeln zur Achtung der Menschenrechte, der Moral, der Sitten und der Gebräuche festlegen. Das hat auch Atatürk getan, denn er hat — wie in den modernen europäischen Staaten üblich — die demokratischen Regeln aufgestellt, die in der Verfassung genau definiert sind.

Die Prinzipien von Atatürk haben sich in den 75 Jahren seit 1923 in bedeutendem Maße weiterentwickelt. Die Türkei, in der man nach dem Ersten Weltkrieg sehr primitiv und erbärmlich lebte, hat heute Ziele erreicht, derer sie sich rühmen kann. Die Republik Türkei hat während der Regierungszeiten von Atatürk und İsmet İnönü durch Reformen im religiösen Bereich und durch gezielte Entwicklungen — wenn auch in begrenztem Maße — innerhalb kurzer Zeit das gewünschte Niveau, das heißt einen Zustand der Aufgeklärtheit erreicht, den man in Europa erst nach Jahrhunderten und erst nachdem Millionen von Menschen zu Tode gekommen waren, erlangt hat. In den 1950er Jahren hat die Demokratische Partei das Wirtschaftssystem aufgebaut und das Land hat mit der Übernahme der Marktwirtschaft in den 1980er Jahren im Bereich von Handel und Industrie mit Europa Schritt gehalten. Doch wie schon zuvor festgestellt, konnte diese Entwicklung nicht alle Erwartungen erfüllen. Dennoch können wir, wenn wir auf das zurückblicken, was wir in 75 Jahren erreicht haben, feststellen, dass wir den besten Weg eingeschlagen haben. Wenn wir die Schulpflicht im ganzen Land auf 8 Jahre verlängern, dann muss es unser Ziel sein, unser Land auf das Niveau der europäischen Länder zu heben.

Die Vielzahl der nationalistischen Parteien

Während in der Türkei die linken Kräfte in zwei Parteien aufgespalten sind, zerfleischen sich die nationalistischen Intellektuellen in fast einem Dutzend von Schwester-Parteien gegenseitig. Dabei besteht in der Türkei doch ein großer Bedarf an Stabilität, Sicherheit und Entwicklung. Wenn diese Intellektuellen dieses schöne von Atatürk gegründete Land am Leben erhalten wollen, müssen sie möglichst sofort einen Weg zu ihrer Vereinigung finden. Dieses Opfer erwarten wir voller Sehnsucht von ihnen.

Wird uns der Sozialismus oder der moderne Nationalismus auf den Beinen halten?

Der Sozialismus hat wie auch der moderne Nationalismus positive und negative Seiten. Da der Sozialismus die Arbeiter- und die Menschenrechte schützt, ist er eine unentbehrliche, unbedingt erforderliche Regierungsform. Doch da die sozialistischen Parteien die Arbeitszeit verkürzen, die Zahl der Wochenarbeitstage auf fünf reduzieren und die Frühverrentung einführen wollen und da sie ihre Forderungen mit Streiks durchzusetzen versuchen, nehmen sie sich selbst die Möglichkeit, als kreative und produktive Kräfte des Landes zu wirken. Was den modernen Nationalismus angeht, so ist dieser, weil er den kreativen und produzierenden Unternehmern den Weg geebnet hat, eine sehr sinnvolle Regierungsform. Doch die Unternehmer und die von ihren Zinserträgen lebenden Kreise könnten in eine Lage kommen, in der der Imperialismus erstarkt. Daher müssen die Staatsbürger, wie wir es in Amerika, in England, in Frankreich, in Deutschland oder in einer Reihe weiterer europäischer Länder beobachtet haben, der jeweiligen Lage entsprechend entweder die Linken oder die Rechten wählen. Wenn die an der Macht befindliche Partei einen guten Weg einschlägt, dann sollte der Wähler den Staat der anderen Partei anvertrauen. Wir wünschen uns sehr, dass die Türkei in den kommenden Wahlen, so wie wir es in den fortschrittlichen Ländern der westlichen Welt gesehen haben, Möglichkeiten findet, um den Ausgleich zwischen rechten und linken Kräften herzustellen.

Wir sind auf dem besten Weg

Im Laufe der Geschichte waren die Menschen im religiösen Bereich immer Gefangene von ausbeuterischen Kräften. In den mit dem Christentum verbundenen europäischen Staaten wurden erste Schritte zur Trennung von Staat und Religion durch Reformbewegungen im 16.

Jh. unternommen. Ein zweiter bedeutender Schritt in diese Richtung war die französische Revolution im Jahr 1789 und im 19. Jh. hatte sich das Prinzip des Laizismus in der ganzen westlichen Welt durchgesetzt.

Bis zur Gründung der Republik hatten in der Türkei die Imame und Scheichs die Schaltstellen der islamischen Sekten, der Derwischorden, der regionalen mystischen Gruppen und der Derwischkonvente besetzt. Da sie an diesen Stellen sehr unterschiedliche Positionen vertraten, waren sie dafür verantwortlich, dass die Einheit des Staates zerstört wurde. Daher hat Atatürk sich die Entwicklung in den europäischen Ländern zum Vorbild genommen und die laizistische Republik Türkei gegründet, in der die Verfassung die Angelegenheiten des Staates und der Religion voneinander trennt. Somit wird in der Türkei, die ein Rechtsstaat ist, durch die Verfassung verhindert, dass eine Partei entsteht, die an ein religiöses Bekenntnis gebunden ist.

Die Trennung von religiösen und staatlichen Angelegenheiten hat das religiöse Leben des Einzelnen in keiner Weise behindert. Der beste Beweis dafür ist, dass in den ersten 75 Jahren des Bestehens der Republik Türkei so viele Moscheen errichtet werden konnten wie gewünscht. Die türkische Bevölkerung, die zu 98% muslimisch ist, kann zu Hause oder in der Moschee fünf Mal am Tag beten, sie kann fasten, ein Tier schlachten und unter staatlichem Schutz die Pilgerfahrt durchführen. Das heißt, die Türkei achtet einerseits die religiösen Gefühle der Menschen, andererseits versucht sie in vernünftiger Weise unsere Interessen in der Welt durchzusetzen.

ANSIEDLUNG IN IZMIR

Nachdem ich mich 1991 mit der in Izmir beheimateten Meral Manyas verheiratet hatte, habe ich von diesem Zeitpunkt an in Izmir gelebt, in dieser schönen Stadt in der Ägäis, in der ich bereits seit 1945 wissenschaftlich gearbeitet habe. In den ersten beiden Jahren nach der Heirat haben wir in Vali Konağı an der Brücke gewohnt, 1993 haben wir uns dann in Karşıyaka — wo wir noch heute wohnen — niedergelassen.

Warum Izmir?
Izmir ist aufgrund seiner verschiedenen kulturellen Aktivitäten in der Türkei — nach Istanbul und Ankara — die bedeutendste Stadt. In unserem Land ist Izmir das kulturelle Zentrum, das den "westlichsten" Anblick bietet. Und tatsächlich ist Izmir die fortschrittlichste Stadt in der Türkei, zieht man in Betracht, dass sie nach einem geordneten Plan angelegt ist.

Sicherlich gibt es in Istanbul an vielen Stellen schönere Gebäude, die stärker ins Auge fallen und die eher als meisterhafte architektonische Werke anzusehen sind als vergleichbare Bauten in Izmir. Doch in Istanbul wird der Gesamteindruck dadurch getrübt, dass in manchen Straßen auch nicht passende Häuser stehen. Doch den harmonischen Anblick, den die Häuser an den Ufern zwischen dem ersten und dem zweiten Ring und zwischen Karşıyaka und Üçkuyular bieten, finden wir in der Türkei nur hier. Antalya ist von ähnlicher Schönheit, doch reicht die Stadt nicht an das Niveau von Izmir heran. Weder in Istanbul noch in Ankara gibt es auch nur einen einzigen Platz, der wie in Izmir an allen vier Seiten von Häusern umsäumt ist. Da in Istanbul die Plätze von Karaköy und Eminönü sowie der Taksim- und der Beyazıt-Platz oder in Ankara die Plätze in Ulus, Kızılay und in Tandoğan noch nicht fertig bebaut sind, können sie Ort und Stil noch nicht in einem einheitlichen Bild darstellen. Ganz im Gegensatz hierzu ist der Cumhuriyet-Platz in Izmir, der am Meer liegt und die Form eines "U" hat, der einzige Platz in der Türkei, der von schönen und miteinander harmonierenden Häusern umrandet wird.

Das hohe Niveau des Städtebaus, das in Izmir ins Auge fällt, muss wohl zufällig entstanden sein. Und auch wenn wir uns die Bevölkerung von Izmir anschauen — die gut angezogenen und attraktiven Männer mit athletischer Figur und die Mädchen und Frauen von angenehmer Gestalt — dann erregen diese Menschen mit ihrem modernen, aufgeklärten Verhalten und ihren Ansichten zu politischen und weltanschaulichen Themen unsere Aufmerksamkeit, denn sie gehören zu den fortschrittlichsten Bewohnern der Türkei.

Die Küste, die wir schon zuvor erwähnt haben, umfängt die Bucht von Izmir an drei Seiten wie ein schmückendes Collier. Entlang dieser Küstenlinie erstreckt sich das modernste Wohngebiet der Türkei. Blickt man von den Balkons der Häuser herab, fühlt man sich, als sei man in Europa. An einzelnen Stellen befinden sich 20 bis 40 Meter breite, direkt am Meer gelegene Kinderspielplätze mit Bäumen und Blumenbeeten sowie Wege für Fußgänger und Radfahrer. Auf diesen breiten Wegen, die Teil einer zivilisierten Ordnung sind, kann man in aller Ruhe spazieren gehen. Auf diesen sehr ordentlichen, allen Anforderungen genügenden Wegen kann man sich erholen und den Kopf frei bekommen.

Warum Karşıyaka?
Als Wohnort wählten wir den Stadtteil Karşıyaka, denn die natürlichen Gegebenheiten dieses Viertels machen es zu einem geeigneten Wohnort. Die Sonne dort wird nicht als lästig empfunden. Die Nachmittagssonne, die auf den Häusern des Ersten Rings liegt, die Meerblick haben, brennt so heiß, dass es dort kein Mensch aushalten kann. In Karşıyaka dagegen hat ein großer Teil der Häuser nachmittags überhaupt keine Sonne. Die Morgensonne wirkt nicht störend, sie ist sogar eher angenehm. Sie können also auf Ihrem Balkon frühstücken. Sie können auf den Balkons der Häuser ohne Nachmittagssonne sitzen und neben vielen weiteren Sehens-

würdigkeiten das schöne Meer, den lichtglitzernden Ersten Ring, die Bozdağlar Berge, den Stadtteil İnciraltı und die beiden Hügel betrachten, die die Angehörigen der NATO in Izmir die Brüste der Marilyn Monroe nennen.

Wie schon oben erwähnt, ist der Ring der Ansiedelungen um die Bucht von Izmir insgesamt sehr attraktiv. Doch der Uferstreifen von Karşıyaka ist der schönste Abschnitt der Küstensiedlungen. Und tatsächlich sind die Häuser von Alaybey bis Bostanlı besonders angenehm anzuschauen. Wenn wir nach Izmir fahren, bewundern meine Frau und ich immer diese Häuser und die Palmen — so lassen wir es uns gut gehen. Ihre Schönheit beeindruckt uns immer wieder, als sähen wir sie zum ersten Mal. Die Vorgärtchen der Häuser mit ihrem gepflegten Rasen und ihren Blumen sind wirklich herzerwärmend. Die ordentlichen Wege am Rand der Bucht mit ihren Palmen verleihen Karşıyaka einen ganz besonderen Reiz. Bei winterlichem Sonnenschein oder an Sommerabenden auf diesen breiten und bequemen Wegen zu promenieren, ist ein außerordentliches Vergnügen. Einen unordentlichen, orientalisch anmutenden und lärmerfüllten Eindruck bietet Karşıyaka nur auf einer Strecke von wenigen hundert Metern zwischen der Anlagestelle und dem Markt. Danach führt die 10 Kilometer lange Cemal-Gürsel-Straße durch den Stadtteil Yalı nach Westen. Hier stehen moderne Häuser im europäischen Stil. Eine weitere Besonderheit Karşıyakas ist, dass man hier Kunst und Kultur willkommen heißt. In dem sehr netten und freundlichen Standesamt können Sie abends wunderbare Konzerte hören. Im Café im oberen Stock des Gebäudes können Sie an kulturellen Veranstaltungen teilnehmen. Das Menschenrechtsdenkmal ist ein Ort von internationalem Rang. Im Park am Ufer von Bostanlı werden Konzerte, Bankette und andere Feierlichkeiten veranstaltet.

Die dem Standesamt gegenüberliegende Klinik der Dokuz Eylül Üniversitesi (Universität des 9. September) ist eine mustergültige und zentrale medizinische Einrichtung. Hier können Sie kleinere Gesundheitsprobleme in kurzer Zeit beheben lassen. Hier müssen Sie nicht wie in den anderen Krankenhäusern in einer langen Schlange warten. Vielmehr verbringen Sie die Wartezeit in sauberen, ansprechenden Räumen und blicken auf das Meer und die Bucht hinaus. Wenn Sie möchten, schauen Sie sich das Fernsehprogramm an.

Das Einkaufsviertel in Karşıyaka ist nicht so orientalisch und unordentlich wie das Marktviertel von Kemeraltı. Obgleich hier viele Menschen vorbeikommen, herrscht kein Lärm und alles sieht sehr geordnet und modern aus. Und das Wichtigste: Hier gibt es keine — oder jedenfalls nur sehr wenige — fliegenden Händler.

Es gibt noch Vieles in Karşıyaka, das zu loben wäre — und die Zahl dieser Besonderheiten steigt weiter an. In dem nach Ziya Gökalp benannten Kunst- und Kulturpalast in Soğukkuyu befindet sich ein Kino für 300 Zuschauer, eine Ausstellungshalle für Bilder und Skulpturen, ein Theater mit 351 Plätzen und ein Vortragssaal. Dieses Kulturzentrum befriedigt den Bedarf an Versammlungsräumen und Sälen in Karşıyaka und leistet einen wichtigen Beitrag zum Kulturleben und zum Kunstbetrieb. Mit dem vom Postacılar-Kultur-Zentrum im gleichnamigen Stadtteil eröffneten Theatersaal, der Platz für 300 Zuschauer bietet, mit dem Freilufttheater für 2500 Personen im Stadtteil Yamanlar Onur Mahallesi und mit dem von der jüdischen Gemeinde der Stadtverwaltung zur Verfügung gestellten historischen Gebäude, in dem das Konservatorium untergebracht ist, wurden so viele Orte für die Kultur und die Kunst geschaffen und eingerichtet, dass Karşıyaka in diesem Bereich zu einem mustergültigen Bezirk wurde. In diesem Zusammenhang möchte ich auch noch die Beşikçioğlu-Moschee erwähnen, ein Bauwerk, dessen Anblick unser Herz erfreut. Unser Landrat Kemal Demir, der ein aufgeklärter Mensch ist und unser Mufti Nadir Kuru, der einen modernen Islam vertritt, wirken segensreich für die Bewohner von Karşıyaka.

Viele Projekte zur Verschönerung von Karşıyaka werden weiter vorangetrieben. Das große Kanalisations-Projekt, das sowohl Izmir als auch Karşıyaka nach einer Bauzeit von zwei Jahren von dem schlechten Geruch befreien soll, der aus der Bucht von Izmir aufsteigt, wird uns wieder ein blaues Meer bescheren – wie wir es von früher kennen. Dann werden die Bewohner von Karşıyaka wieder in aller Herrgottsfrühe auf die Bucht hinausfahren und jedes Boot wird bis zu 70 Meerbarben fangen. Wie glücklich müssen jene sein, die diese Tage noch erleben werden.

Kulturelle Schwerpunkte in der Ägäis

Die Ägäis war während der ganzen 75 Jahre seit Gründung der Republik Türkei eines des wichtigsten Wirtschaftsgebiete des Landes. So wurde der erste Wirtschaftskongress in Izmir abgehalten. Wie die wirtschaftliche Entwicklung der letzten Jahre in der Ägäis zeigt, wird dieses Gebiet in Zukunft in der historischen Entwicklung der Welt eine bedeutende Rolle spielen.

In Izmir gibt es drei Universitäten, die der lobenden Erwähnung wert sind. Eine vierte Hochschule ist eine private Universität. In diesen Bildungszentren sind die Wissenschaftsbereiche Medizin, Ingenieurwesen, Naturwissenschaften und Sozialwissenschaften hervorragend vertreten. Während in der Ege Universitesi Forschung in den Fächern Archäologie und Türkische Kunst betrieben wird, ist an der Dokuz Eylül Üniversitesi die Theaterwissenschaft, die an unseren anderen Universitäten nicht unterrichtet wird, in mustergültiger Form vertreten. Es ist auch ein großer Gewinn, dass an der Dokuz Eylül Üniversitesi die Mal- und Bildhauerklassen stark vertreten sind. In Izmir gibt es zwei bedeutende Kulturzentren: Einmal die Atatürk Kulturzentrale, und zweitens den Sabancı Kulturpalast. An Orten in Izmir wie dem Museum für Malerei und Bildhauerei, dem Archäologischen Museum, der Handelskammer, dem Rotary- und dem Lions-Club, der Architektenkammer, der Ingenieurskammer und der Ärztekammer können sich Intellektuelle zu Steh-Empfängen treffen.

Doch wie erfolgreich ist Izmir bei der Entwicklung unserer nationalen Kultur? Hier liegt unser wichtigstes Problem. Unsere Ärzte, Architekten und Literaturwissenschaftler mögen auf ihren Spezialgebieten Erfolge verbuchen können, doch auf dem Weg zur Ausbildung einer nationalen Identität müssen die Erkenntnisse aller Wissenschaftler zum Zwecke der gegenseitigen Information zusammengeführt werden. Die wichtigste Voraussetzung hierfür ist, die erforderlichen Orte und Räume zur Verfügung zu stellen.

So fehlt es Izmir an einem Opern- und Schauspielhaus und es mangelt der Stadt an Vortragssälen, die der Entwicklung von Kunst und Wissenschaft dienlich sind. Es ist auch sehr interessant, dass die schönsten und nutzbringendsten Kulturveranstaltungen nicht von den türkischen Kulturzentren sondern von den amerikanischen, französischen, italienischen und deutschen Kultureinrichtungen veranstaltet werden. Daher verbringt die Bevölkerung von Izmir mehr Zeit mit Vergnügungen als mit kulturellen Aktivitäten. Wenn ich ein Taxi besteige und den Fahrer auffordere: "Bitte bringen Sie mich zum Archäologischen Museum!" Dann fragt der Chauffeur zurück: "Ja, wo liegt das denn?" Und bittet man, zum Atatürk Kulturzentrum gefahren zu werden, dann trifft man auf ähnliche Reaktionen und Rückfragen. Erklärt man dem Fahrer, es handele sich um das Gebäude neben dem Musiktheater "Maksim Gazinosu", dann erhält man die interessante Aussage "Ach, so! Das oben ausgebrannte Haus!"

Obgleich es ein geschätztes und reich ausgestattetes Museum ist, wird seine Vorderfront durch öffentliche Toiletten und Baracken des Finanzamtes der Stadtverwaltung von Konak verstellt. Die Messe von Izmir war als Kulturpark geplant, doch heute ist es mehr ein Ort der Vergnügungen und das İnönü Kulturzentrum verliert sich irgendwo auf dem Gelände.

Wenn jedoch ein Land oder eine Stadt eine hohe Zivilisationsebene erreichen will, dann sollten sich die einzelnen Einwohner nicht in den Kaffeehäusern mit dem Tricktrack-Spiel die Zeit vertreiben. Sie sollten auch nicht zu Hause sitzen und Conquian oder Bridge spielen, tratschen oder in den Kasinos ihr Geld verschwenden. Vielmehr sollten sie sich um die drängensten Probleme des Landes auf den Gebieten des Sports, der Musik, der Umwelt und der Gesundheit kümmern, denn dann könnten sie die Ergebnisse ihrer Aktivitäten zum Wohle des Landes einsetzen. Diese Probleme lassen sich nur lösen, wenn der Bestand der Kulturzentren gewährleistet ist.

Wir wollen uns nun einige Schwerpunkte im kulturellen Leben von Izmir näher anschauen.

Die Yaşar Bildungs- und Kulturstiftung

Seit ihrer Gründung im Jahr 1974 hat die Yaşar Bildungs- und Kulturstiftung viele Beiträge zum kulturellen Leben und zur Bildung geleistet. Sie investiert in Aktivitäten, die die Bildung von Jugendlichen verbessern. Die Stiftung kommt in hervorragender Weise ihrer Hauptaufgabe nach, indem sie moderne Kunst- und Kulturprodukte bekannt macht und verbreitet.

Das "Selçuk Yaşar Resim Müzesi" (Selçuk Yaşar Museum für Malerei), das nach seiner Restaurierung im Jahr 1985 in der Cumhuriyet Straße im Stadtteil Alsancak eröffnet wurde, ist ein sehr attraktives typisches Haus von Izmir und das erste Museum für Malerei in Privatbesitz. Das Museum, das nach dem Geschmack der osmanischen Zeit im Stil des 19. Jhs. eingerichtet ist, kann heute als eines der kulturellen Zentren der intellektuellen Kreise von Izmir betrachtet werden.

Um die kommenden Generationen an die Kunst heranzuführen und die Wirkung der Kunst bei der kulturellen Entwicklung der Gesellschaft zu unterstützen, hat das "Selçuk Yaşar Museum für Malerei" seit 25 Jahren Werke ausgestellt, die bei den Malerei-Wettbewerben des Farbenherstellers "DYO" Preise gewonnen haben. So werden die wertvollen Werke der zeitgenössischen türkischen Malerei der Gesellschaft noch besser nahe gebracht und bekannt gemacht. Diese überaus geschätzte Sammlung wurde 1993 auch in Istanbul und zusätzlich in Ankara den Kunstliebhabern präsentiert. Und im Untergeschoss des Selçuk Yaşar Museums für Malerei, das als Galerie dient, werden in regelmäßigen Abständen Wechselausstellungen gezeigt und Gespräche und Diskussionen über Kunst geführt.

Die Yaşar-Bildungs- und Kulturstiftung, die auch Veröffentlichungen zu verschiedenen Themen von Kultur und Kunst herausgibt, ist sehr glücklich darüber, dass sie auch in den Sommermonaten in der Kunstgalerie in Çeşme Altın Yunus Ausstellungen von Meistern der türkischen Malerei eröffnen und damit den Kunstinteressierten dienen kann.

Die Yaşar-Bildungs- und Kulturstiftung, die ebenfalls einen Beitrag zur Restaurierung des Atatürk Museums in Izmir geleistet hat, stellt den Grundschulen von Izmir und Umgebung Atatürk-Büsten und die dazugehörigen Sockel zur Verfügung. Weiterhin unterstützt die Stiftung Symposien und Kongresse, die von Universitätseinrichtungen im Rahmen der "Zentren für die Anwendung und Erforschung der kemalistischen Prinzipien sowie der Geschichte der Reformen von Atatürk" abgehalten werden.

Der verstorbene Durmuş Yaşar, der die Verfügungsgewalt über die Yaşar-Bildungs- und Kulturstiftung besaß, hat viele Jahre in Karşıyaka in der 1743. Straße in einem historischen restaurierten Gebäude gewohnt, das heute — nachdem man die erforderliche Infrastruktur bereitgestellt hat — als "Durmuş Yaşar Bildungszentrum" in Dienst gestellt wurde. Außerdem hat die Yaşar-Firmengruppe an vielen Stellen in Izmir die Statuen bedeutender Persönlichkeiten aus der türkischen Geschichte aufstellen lassen. Neben den Büsten des Dichters Eşref, des Generals Kâzım Dirik, des Seefahrers und Seldschuken-Bey Emir Çaka und des Generals Fahrettin Altay, hat die Stiftung vor der historischen Festung von Çeşme auch ein Denkmal für den türkischen Großadmiral Cezayirli Hasan Paşa errichten lassen.

Ganz besonders muss darauf hingewiesen werden, dass die Yaşar-Bildungs- und Kulturstiftung — wie schon zuvor erwähnt — die Ausgrabung der alten ägäischen Stadt Erythrai großzügig unterstützt hat. Damit hat die Yaşar-Firmengruppe einerseits dem türkischen Tourismus großen Nutzen gebracht, andererseits hat sie sich auch um die Erhellung der Menschheitsgeschichte verdient gemacht.

Die von der Yaşar-Bildungs- und Kulturstiftung gegründete Zeitung "Gazete İzmir" führt im gleichen Maß, in dem sie über wirtschaftliche Themen berichtet, auch kulturelle Veranstaltungen durch. Das Arbeitszimmer des für kulturelle Angelegenheiten zuständigen Ahmet Yazıcıoğlu im Zentralgebäude der Yaşar-Holding ist ein Treffpunkt der Intellektuellen.

Die Kunst- und Kulturstiftung Eczacıbaşı
Die Kunst- und Kulturstiftung Eczacıbaşı, die in Istanbul von Dr. Nejat Ferit Eczacıbaşı gegründet wurde und heute von Şakir Eczacıbaşı geleitet wird, ist eine der geschätzten Institutionen in der Türkei, die die Kultur fördern. Auch in Izmir unterhält die Stiftung eine sehr erfolgreich arbeitende Zweigstelle, der Filiz Sarper vorsteht. Dieses kulturelle Zentrum, das heute auch internationale Festivals durchführt, ist die wirkungsvollste Kulturstiftung in Izmir wie auch in der ganzen Türkei. Besonders der 1. Nationale Kulturkongress, der im November 1997 in Izmir abgehalten wurde, war eine wegweisende Veranstaltung für die Türkei.

Intellektuelle Kreise in Izmir
In Izmir, das ich seit 1945 jeden Sommer besuchte, hatte ich Gelegenheit, ausgezeichnete Intellektuelle kennen zu lernen. Von diesen möchte ich besonders auf den Wissenschaftler und Kulturschaffenden Prof. Dr. Kemal Karhan und auf den Mathematiker und Wissenschaftshistoriker Celal Saraç, der auch Rektor der Ege Üniversitesi war, hinweisen. Ihnen folgen aus den Reihen der Universitätslehrer der Spezialist für Landwirtschaft Yusuf Vardar, die Vertreter türkischer Kunstgeschichte Gönül Öney und Hüseyin Rahmi Ünal, die Professoren für Theaterwissenschaft Özdemir Nutku, Murat Tuncay und Hülya Nutku, der Cineast Oğuz Makal und unsere Historiker Salih Özbaran, Ergun Aybars und Zeki Arıkan.

Nach der Aufzählung von Wissenschaftlern möchte ich Künstler nennen, die mit ihren Werken gesellschaftliche Anerkennung errungen haben und die ich bewundere: Es sind der Maler Adem Genç und Künstler wie Cuma Ocaklı und Yavuz Seçkin, die Izmir seine Identität verleihen.

Der Forscher Yaşar Aksoy nimmt mit seinen Artikeln über kulturelle Themen in der Zeitung "Yeni Asır Gazetesi" und mit seinen Büchern zur gleichen Thematik den ersten Rang unter den Autoren der Kulturgeschichte der Ägäis ein und beteiligt sich sehr erfolgreich an der Bekanntmachung und Vermittlung der Kultur des ägäischen Raums und Izmirs. In Aksoys Büchern wird über die berühmten und sehr bedeutenden Intellektuellen von Izmir informiert und es werden wichtige Kenntnisse über die kulturellen Veränderungen in der Ägäis und über neue Unternehmungen vermittelt.

Über die Geschichte des Handels in Izmir geben die folgenden beiden Veröffentlichungen Auskunft: "Örgütleşmeyen kent Kemeraltı"[70] (Ankara 1972) von Prof. Dr. Mübeccel Kıray und der Artikel "Ege Mimarlık 1993-1994"[71] von İlhan Tekeli in der Architekten-Zeitschrift von Izmir. Zusätzlich zu diesen Titeln möchte ich noch das Werk "Tarihi, Ekonomisi ve İnsanları ile bizim İzmir'imiz (İzmir 1993)[72] von Melih Gürsoy erwähnen. Die bis heute bedeutendste Untersuchung über die Wirtschaft Izmirs ist meiner Ansicht nach das von der Handelskammer von Izmir im Jahr 1992 veröffentlichte Werk "İzmir Stratejik Planı"[73], das den Zeitraum von 1992 bis 2007 behandelt. In diesem Plan, der von einer Gruppe ausgewählter Spezialisten erstellt und von Projektkoordinator Prof. Dr. Kenan Mortan vorgelegt wurde, werden die auf die Natur und die Umwelt bezogenen Probleme – besonders die wirtschaftlichen Fragen — erörtert und es werden Lösungswege vorgestellt.

70 Kemeraltı ein Stadtteil, der sich nicht organisiert.
71 Architektur in der Ägäis 1993-1994. In: İzmir Mimarlar Dergisi, S. 78-83.
72 "Unser Izmir mit seiner Geschichte, seiner Wirtschaft und seinen Menschen."
73 "Strategischer Plan für Izmir." İzmir 1993.

Ich möchte hier noch einige Bücher über die Stadt Izmir und ihre Geschichte aufzählen: Das beste Buch zu diesem Themenkreis ist das Werk von Tuncer Baykara mit dem Titel "İzmir Şehri ve Tarihi"[74]. Das Buch von Prof. Dr. Çınar Atay hieß zunächst "Tarih içinde İzmir"[75]. Eine zweiten Auflage wurde von der ESİAD[76] unterstützt und erneut unter dem Titel "İzmir'in İzmir'i[77] herausgebracht. Der Fachmann für Mythologie und Journalist Dozent Dr. Şadan Gökovalı hat 1971 ein in fünf Sprachen verlegtes Buch mit dem Titel "İzmir" herausgegeben, das fünf Neuauflagen erlebt hat und an der Spitze der Veröffentlichungen zu diesem Thema steht. Voller Dankbarkeit wollen wir uns auch an den Band "İzmir Hanları"[78] von Bozkurt Ersoy erinnern.

Prof. Dr. Bilge Umar, Professor für Römisches Recht, der sich in seiner Freizeit mit Archäologie und Alter Geschichte beschäftigt und der auf diesen Gebieten erfolgreiche wissenschaftliche Werke veröffentlicht hat, zeichnete mit seinem Werk "Türkiye'deki Tarihsel Adlar"[79] mir und allen Wissenschaftlern den zu beschreitenden Weg vor. Voller Bewunderung lese ich seine Bücher über Alte Geschichte.

Viele Autoren aus Izmir, die im Bereich der Literatur arbeiten, wohnen heute in anderen Städten unseres Landes. Als ich nach Izmir kam, habe ich zu meiner großen Freude Samim Kocagöz kennen gelernt, der einer unserer berühmten Romanschriftsteller ist und dessen Bücher ich mit Vergnügen gelesen hatte. In diesen Tagen behandeln die beiden Journalisten Muzaffer İzgü und Hüseyin Yurttaş in ihren Artikeln in der Zeitung Yeni Asır, die in Izmir für die ganze Ägäis herausgegeben wird, sehr geschickt die anstehenden kulturellen Fragen. Auf dem gleichen hohen Niveau wie bei der Berichterstattung über die Literatur schreibt in derselben Zeitung Mehmet Şakir Örs über Wirtschaftsthemen. Kemal Anadol, Hidayet Karakuş und Zeki Büyüktanır arbeiten daran, mit ihren Büchern die türkische Identität zu stärken. İsmail Sivri ist ein hervorragender Vertreter der Pressevereinigung der Ägäis. Das Buch, das er über Nasreddin Hoca verfasste, ist noch heute ein Beispiel für seine geschätzten Arbeiten.

Nachdem ich meinen Wohnsitz in Izmir genommen hatte, sind mir noch viele weitere gebildete Persönlichkeiten aufgefallen. Unter ihnen sind Hasan Denizkurdu, Ekrem Demirtaş, Şinasi Ertan, Ali Nail Kubalı, seine Frau Meral Kubalı, Şevki Figen, Prof. Dr. Ünal Öziş, seine Frau, die Pianistin Tomris Öziş, Mustafa-Yaşar Tınar, Alpaslan Bilen, Halil Akşehirli, Enis und Burçin Kipman, Prof. Dr. Mahmut Birsel, Şükrü Kocagöz, der Rechtsanwalt Güney Dinç, der Mitglied des Türkisch-Griechischen Freundschaftsvereins ist, und der Richter Veysel Gültaş, die alle zu jenen intellektuellen Persönlichkeiten gehören, die mit ihren schriftlichen und mündlichen Beiträgen die Identität Izmirs formten.

Den berühmtesten türkischen Vertreter der zeitgenössischen westlichen Musik Adnan Saygun, der aus Izmir stammt, durfte ich in Ankara näher kennen lernen. Besonders glücklich bin ich auch darüber, dass ich in Izmir die Bekanntschaft von Avni Anıl und Sadi Hoşses machen konnte, die berühmte Künstler aus dem Bereich der traditionellen türkischen Musik sind.

Bei der Entwicklung einer gemeinsamen, ägäischen Identität hat Sancar Maruflu eine bedeutende Rolle gespielt. Die Gespräche, die er im Fernsehen im ägäischen Raum führte, und die von ihm organisierten Podiumsgespräche gestatteten einen Blick auf das lebendige kulturelle Leben Izmirs. Şükrü Tül, der Programme und Rundreisen durchführte, um über die Antike zu

74 "Die Stadt Izmir und ihre Geschichte." Izmir 1974.
75 "Izmir im Laufe der Geschichte."
76 ESİAD = Egeli Sanayici ve İşadamları Derneği = Verband der Industriellen und Unternehmer aus der Ägäis.
77 "Izmirs Izmir." [Hiermit ist vermutlich gemeint: Die Stadt Izmir in der Provinz Izmir.]
78 "Große Büro- und Gewerbegebäude in Izmir."
79 "Historische Namen in der Türkei." Istanbul 1993.

informieren, hat uns auf die schönste Weise gezeigt, wie man der Kultur der Antike Achtung und Sympathie entgegenbringen kann.

Die Ägäische Kulturstiftung

Den Intellektuellen von Izmir mangelte es, wie schon oben ausgeführt, an einem Versammlungsort, den man bequem und leicht erreichen konnte. Die Orte, die sie jeweils zufällig für Veranstaltungen wählten, waren alle nicht für regelmäßige Treffen geeignet. Daher bestand das dringende Bedürfnis nach einem kulturellen Zentrum. Während diese schöne Stadt über ein Symphonieorchester von internationalem Rang verfügte und auch auf dem Gebiet des Theaters Einrichtungen besaß, die von dem Professor für Theaterwissenschaft an der Dokuz Eylül Üniversitesi Özdemir Nutku und seiner Frau Hülya Nutku geleitet wurden, mussten sie sich doch bedauerlicherweise für ihre Veranstaltungen mit Sälen begnügen, die nur etwa 50 bis 60 Zuschauern Platz boten. Dadurch wurde die Bevölkerung Izmirs nicht in ausreichendem Maße mit Veranstaltungen auf musikalischem und literarischem Gebiet versorgt.

Den Intellektuellen kam eine bedeutende und umfassende Rolle bei der Entwicklung Izmirs zu, damit die Stadt auf ein noch umfassenderes westliches Niveau gehoben werden konnte. Um dazu beizutragen, dass dieses Ziel erreicht wurde, habe ich begonnen, als Gastautor in der Zeitung Yeni Asır verschiedene Artikel zu veröffentlichen. Auch andere Intellektuelle haben mit Nachdruck auf das zu erreichende Ziel hingewiesen. So wurde ein Bewusstsein geschaffen, das die Einrichtung einer Kulturstiftung für Izmir für längst erforderlich hielt.

Die Ägäische Kulturstiftung wurde 1993 von einer 85 Personen umfassenden Gruppe ausgewählter Intellektueller gegründet. Den Anstoß dazu gaben Zuhal Yorgancıoğlu, Azra İnmeler, Burçin Kipman, Okan Bakman und ich selbst. Auf Anweisung des damaligen Kulturministers Namık Kemal Zeybek wurde uns für die laufenden Arbeiten im Museum für Bildhauerei und Malerei in Izmir auf Dauer ein Raum zur Verfügung gestellt. Diese wichtige Unterstützung wurde uns später auch von Emre Kongar — solange er Staatssekretär im Kulturministerium war — gewährt. Unser Erfolg beruhte auch in großem Maße auf der Hilfe des Regierungspräsidenten Kutlu Aktaş. Ülkü Karacaovalı, der gastfreundliche Direktor des Museums für Bildhauerei und Malerei bewirkte, dass wir unsere Versammlungen ohne Schwierigkeiten abhalten konnten. Er unterstützte die Arbeit unserer Stiftung mit Rat und Tat. Auf diese Weise haben Volk und Staat gemeinsam daran gearbeitet, die kulturellen Probleme Izmirs zu lösen und sie haben damit eine sehr wichtige Aufgabe erfüllt.

Als erste Maßnahme wurden Arbeitsbereiche eingeteilt: Zuhal Yorgancıoğlu, Burçin Kipman und Gülperin Sertdemir übernahmen die Aufgabe, die traditionelle türkische Kultur zu bewahren. Okşan Zazaoğlu, İlgin Günöy und Özgül Birsel führten Maßnahmen durch, die die Sicherung archäologischer Werke zum Ziel hatten. Um den Umweltschutz kümmerten sich Adnan Akyarlı und Meral Akurgal. Die keramische Kunst war das Arbeitsfeld von Yıldız Şima und die Entwicklung der zeitgenössischen türkischen klassischen Musik war das Gebiet von İclal Kardıçalı. Bijen Molay bemühte sich die Kunst des Balletts bekanntzumachen und im Bereich des Gesundheitswesens hat Güzin Oralkan wichtige Aufgaben übernommen und überwiegend erfolgreich durchgeführt. Außerhalb dieser Arbeitsgebiete haben weitere Kollegen vielfältige lobenswerte Aktivitäten ausgeführt.[80]

Der Stellvertreter des Regierungspräsidenten der Provinz Izmir, Fahri Işıksız, hat bei allen unseren Zusammenkünften den Regierungspräsidenten vertreten und wertvolle Beiträge zu unserer Arbeit geleistet. Auch Alev Bursalıoğlu hat als Vertreterin der Stadtverwaltung von Izmir unsere Bemühungen in vielfältiger Weise unterstützt.

80 Hier sind unter anderen zu nennen: Aykut Güsar, Ahmet Çetinbudaklar, Uğur Belger, Sabri Karabacak, Aysel Öztezel, Sevil Sezen, Nihat Uman, Aytaç Altıncık und Yeşim Uziş.

Um die Ägäische Kulturstiftung der Öffentlichkeit bekanntzumachen, hat Ahmet Çetinbudaklar ein Podiumsgespräch organisiert, das vom Güngör Mengi, dem Redaktionsleiter der Zeitung Sabah, durchgeführt wurde. Nach dieser Veranstaltung wurden in einem weiteren Podiumsgespräch, das auf einem am Kai von Izmir liegenden Schiff stattfand, die Stadt betreffende Umweltfragen behandelt. An dieser Veranstaltung nahmen auch Bedrettin Dalan, der frühere Oberbürgermeister von Istanbul, und der Filmschauspieler Ediz Hun teil. Vor den Regionalwahlen des Jahres 1995 habe ich im Atatürk-Kultur-Zentrum in einem Saal mit 750 Plätzen ein Podiumsgespräch moderiert, bei dem die Bürgermeister-Kandidaten aller Parteien der Bevölkerung von Izmir Informationen über ihre Programme gaben. Im gleichen Saal dieses Kulturzentrums habe ich ein weiteres wichtiges Podiumsgespräch geleitet, an dem auch Kaya Erdem und Erdal İnönü teilnahmen, und bei dem die Abgeordneten der Provinz Izmir darlegten, was sie für ihre Städte geleistet haben. In einer anderen Veranstaltung im Jahr 1996, die sehr großen Zuspruch fand, wurde mit geistiger und materieller Unterstützung des Regierungspräsidenten Kutlu Aktaş über Izmirs kulturelle Identität diskutiert. Die Modenschau von Zuhal Yorgancıoğlu und das Feuerwerk rundeten den Abend in prächtiger Weise ab.

Alle diese Aktivitäten der Ägäischen Kulturstiftung wurden — ausgenommen die Podiumsdiskussion mit dem Regierungspräsidenten von Izmir — mit den Jahresbeiträgen in Höhe von jeweils USD 50.— der beteiligten 85 Stiftungsmitglieder finanziert, wobei einige Mitglieder, wie zum Beispiel Hilal Aslan Yıldırım und Bijen Molay, zusätzliche Mittel spendeten.

Durch dieses Verhalten stellt die Ägäische Kulturstiftung ein für die ganze Türkei nachahmenswertes Beispiel dar. Doch die bedeutendste Unterstützung kam auch diesmal vom Staat. Diese Hilfe bestand darin, dass die staatlichen Stellen der Stiftung einen Raum im Museum für Malerei und Bildhauerei zur Verfügung stellten. Doch leider wurde uns 1997, als Emre Kongar die Funktion eines Staatssekretärs im Kulturministerium aufgab, dieser Arbeitsraum im Museum weggenommen, weshalb die Stiftung nicht mehr in der Lage war, ihre Aktivitäten in der gewohnten erfolgreichen Weise fortzusetzen. Zurzeit wird versucht, die Arbeiten mit Hilfe von opferbereiten Mitgliedern und unter einer neuen Leitung fortzuführen. Alle Stiftungen und Vereine in der Türkei, die sich auf kulturellem Gebiet betätigen, konnten nur so lange überleben, als sie einen Raum für ihre Arbeit fanden. War dies nicht der Fall, war auch ihre segensreiche Tätigkeit beendet. Ich halte es für meine Aufgabe, bei den Unternehmern in der Türkei auf diese bedauernswerte Situation hinzuweisen.

Weitere kulturelle Brennpunkte in Izmir

An dieser Stelle möchte ich noch kurz eine Reihe weiterer Kulturzentren erwähnen, die opferbereite Intellektuelle aus Izmir eingerichtet haben. Eine solche Einrichtung ist die Turgut Pura Stiftung. Die in einem traditionellen Haus in Izmir untergebrachte Stiftung veranstaltet Vortragsabende, Podiumsdiskussionen, Gespräche und Zusammenkünfte zu kulturellen Themen, die Izmir und die Ägäis betreffen. Ich verfolge diese Aktivitäten mit großer Bewunderung und wünsche mir, dass die Stiftung ihre Tätigkeit erfolgreich fortsetzen kann.

Eine weitere Einrichtung mit einem etwas anderen Charakter ist die von İbrahim Armağan geleitete Bilses Stiftung. Sie agiert international und wurde von fast 150 Wissenschaftlern, Autoren, Politikern, Bürgermeistern, Pädagogen, Gewerkschaftern, Journalisten, Verwaltungsbeamten und Künstlern gegründet. Sie unterhält zwar ihre Zentrale in Izmir, doch ihre Veranstaltungen führt sie in vielen anderen Städten durch. Die Stiftung, die seit 1996 Podiumsdiskussionen, Symposien und Vorträge zur demokratischen Kultur und wissenschaftlichen Pädagogik organisiert, die sich besonders an Jugendliche wenden, hat bedeutende Projekte durchgeführt, die den gesellschaftlichen Frieden, die Menschenrechte, die Freiheit des Einzelnen und die wissenschaftliche Pädagogik stärken sollen.

Der Verein zur Verbreitung des humanistischen Gedankens, der von eine Gruppe von 50 bis 60 hervorragenden Intellektuellen getragen und der von Sadun Koşay in aufopferungsvoller Weise geführt wird, hält in kurzen Abständen viele Diskussionsrunden, Symposien und Zusammenkünfte ab, die nach Lösungen für die gesellschaftlichen und kulturellen Fragen Izmirs suchen. Ich bin glücklich darüber, dass auch ich ein Mitglied dieses Vereins bin.

Ein weiterer bedeutender Verein wurde von dem Unternehmer Yılmaz Temizocak aus Karşıyaka ins Leben gerufen, sein Name: Karşıyaka İşadamları Derneği (KASİAD).[81] Diese Vereinigung, in der sich die Unternehmer Izmirs versammeln, lädt sich einen Vortragenden zu ihren abendlichen Festessen ein, der über Fragen der Industrie, der Wirtschaft und der Kultur in der Ägäis spricht. Mit berechtigtem Stolz nehme ich seit drei Jahren an diesen Zusammenkünften teil. Ich bin davon überzeugt, dass es unserer wirtschaftlichen Entwicklung sehr nützen würde, wenn man solche Zusammenkünfte in allen Städten der Türkei abhielte.

Weil ich nicht von Dingen reden wollte, von denen ich nicht so viel verstehe, habe ich die Handelskammer von Izmir (İTO),[82] die Industrievereinigung der Region Ägäis (EBSO)[83] und den (ESİAD)[84] Verband der Industriellen und Unternehmer aus der Ägäis nicht erwähnt. Dennoch nehme ich gern an den Versammlungen dieser Institutionen teil. Ich bin der Meinung, dass es erforderlich ist, diese Art von Vereinen, Stiftungen und Institutionen im ganzen Land einzurichten, um die Türkei zu einem modernen Land zu machen.

Der heutige Entwicklungsstand ist ein deutliches Zeichen dafür, dass wir während des 75jährigen Bestehens der Republik Türkei den richtigen Weg beschritten haben.

81 KASİAD = Karşıyaka İşadamları Derneği = Verein der Unternehmer von Karşıyaka
82 İTO = İzmir Ticaret Odası = Handelskammer von Izmir
83 EBSO = Ege Bölgesi Sanayi Odası = Industrievereinigung der Region Ägäis
84 ESİAD = Egeli Sanayici ve İşadamları Derneği = Verband der Industriellen und Unternehmer aus der Ägäis.

SCHLUSSWORT

Bis zum Jahre 1997 war mein körperlicher Zustand wie der eines Jugendlichen, denn ich habe von Jugend an darauf geachtet, gesund zu leben. Das Rauchen habe ich im Alter von 45 Jahren aufgegeben. Ich habe Gerichte, die mit tierischem Fett zubereitet waren, gemieden und darauf geachtet, täglich Obst und Gemüse der Saison zu essen und jeden Morgen ein Glas Milch zu trinken. Ich habe Alkohol getrunken, war aber nie davon abhängig. Dass ich dieses Alter erreichte, habe ich auch meinem täglichen Mittagsschlaf zu verdanken. Als Student habe ich nach den Essen in der Bibliothek meine Arme auf den Arbeitstisch gestützt, meinen Kopf in die Hände gelegt und bin in einen kurzen Schlaf von 5 bis 10 Minuten versunken. Nachdem ich an der Universität angestellt war, habe ich mich nach dem Mittagessen in einen Sessel gesetzt und ein Nickerchen von 15 bis 20 Minuten gemacht. In den 1980er Jahren habe ich mich für meine halbstündige Siesta ins Bett gelegt. In den 1990er Jahren dauerte meine Siesta dann eine Stunde. Für mein langes Leben war auch förderlich, dass ich mich bewegte, dass ich morgens 15 bis 20 Minuten Gymnastik und tagsüber einen Spaziergang machte. Wenn ich tagsüber Zeit hatte, bin ich eine halbe Stunde gelaufen. Hatte ich dazu keine Zeit, bin ich 8 bis 10 Mal schnell die Treppen zum 4. Stock hinauf und wieder herunter gestiegen.

Als Grundschüler habe ich in Akyazı gerungen. Als Mittelschüler bin ich im Sommer auf unserem Gut in Akyazı geritten und in meiner Gymnasialzeit habe ich als Rechts-Innen-Stürmer Fußball gespielt. Während meines Studiums von 8 Jahren in Deutschland habe ich bei Gelegenheit Tennis gespielt und ich bin geritten. Doch darf ich nicht vergessen zu erwähnen, dass ich mich nie gequält habe. Um Ungerechtigkeiten habe ich mich nicht gekümmert, weshalb ich gute Nerven habe. Ich habe vielmehr versucht, ein angenehmes Leben zu führen.

Wie ich schon in meinem Vorwort gesagt habe, wendet sich dieses Buch, das mein Leben erzählt, sowohl an Archäologen als auch an gebildete Personen in unserem Land. Auch wird hier die 75jährige Kulturgeschichte der Republik Türkei behandelt. Ich habe in meinem Buch Erkenntnisse dargelegt, die sowohl die bildende Kunst als auch unterschiedliche Weltanschauungen betreffen. Und ich vertrete die Ansicht, dass die Türkei nur dann einer glänzenden Zukunft entgegensehen wird, wenn die Vorgaben von Atatürk befolgt werden.

Der türkischen Jugend rate ich, wenn sie glücklich leben will, dem Bereich in dem sie tätig ist, Vorrang einzuräumen und sich dazu ein Hobby auf einem Feld wie der Musik, der Kunst, der Geschichte oder der Archäologie auszusuchen.

Mein Leben, das ich ruhig und glücklich verbracht habe, wird an einem nicht mehr fernen Tag sein natürliches Ende finden. Deshalb möchte ich — inspiriert vom Testament des hethitischen Königs Hattuşili — meiner lieben Frau Meral Akurgal schon jetzt sagen:

"Lass meinen Leichnam waschen, wie es der Brauch ist! Drücke mich an dein Herz, behalte mich in deinem Herzen und begrabe mich."[85]

85 Akurgal, Anadolu Kültür Tarihi 63.

MITGLIEDSCHAFTEN UND EHRUNGEN

Ekrem Akurgal, der auch Ehrenmitglied der Türkischen Akademie der Wissenschaften ist, wurde in sieben europäische Akademien als Mitglied gewählt: In die Österreichische Akademie (1968), die Britische Akademie (1968), die Schwedische Akademie (1969), die Dänische Akademie (1972), die Französische Akademie (1979), die Westfälische Akademie (Deutschland 1983), die Italienische Akademie (1983). Ekrem Akurgal wurde auch als ständiges Mitglied in die Sektion für Antike Geschichte der Académie française gewählt. Dort wird ein Sitz seinen Namen tragen, so lange Ekrem Akurgal lebt.

Ekrem Akurgal wurde auch zum Ehrenmitglied der unten aufgezählten ausländischen Wissenschaftlichen Institutionen gewählt: Hellenic Society in London (1954), Archäologisches Institut in Washington (1961), Deutsches Archäologisches Institut in Berlin (1979), Griechisches Archäologisches Institut (1983), Österreichisches Archäologisches Institut (1987).

Folgende Universitäten haben Ekrem Akurgal die Würde eines Ehrendoktors verliehen: Universität Bordeaux (Frankreich 1961), Universität Athen (Griechenland 1988), Universität Lecce (Italien 1990) und die Anadolu Üniversitesi in der Türkei (1990).

Universitäten, an denen Ekrem Akurgal als Gastprofessor wirkte: 1961-1962 Princeton Universität, 1971-1972 Universität Berlin, 1976 Scuola Normale Superiore in Pisa, 1980-1981 Universität Wien.

Preise, Orden und Plaketten, die Ekrem Akurgal im Ausland erhalten hat, werden unten in chronologischer Reihenfolge aufgezählt:

— Im Ausland —

Das Große Verdienstkreuz der Bundesrepublik Deutschland (1979)
Die Goethe-Medaille (1979)
Der italienische Preis "I Cavalli D'Oro di San Marco" (1986)
Die Auszeichnung als Commendatore (Italien 1987)
Der Rang eines Offiziers der Ehrenlegion verliehen vom französischen Staatspräsidenten (1987)
Aufnahme in den belgischen Orden "Ordre de la Couronne" (1991)
Das Große Verdienstkreuz mit Stern der Bundesrepublik
Deutschland (1991)

— Im Inland —

Großer Preis des Kulturministeriums der Republik Türkei /
Ministerpräsident Bülent Ulusu und Minister Cihat Baban (1981)
Die İş Bankası der Türkei, Großer Preis für Archäologie (1983)
Preis der Türk Tanıtma Stiftung (TÜTAV) (1985)
Außerordentlicher Abdi İpekçi-Friedens- und Freundschaftspreis (1991-1992)
Rüştü Koray-Preis (1992)
Handelskammer von Izmir, Preis für Verdienste um Izmir (1994)
Dr. Behçet Uz-Preis für besondere Verdienste (1996)
Wissenschafts-, Verdienst- und Ehrenpreis der "Prof. Dr. Mustafa Parlar-Stiftung für Bildung und Forschung" an der ODTÜ (Orta-Doğu Teknik Üniversitesi)
Truva (Troja) Kultur und Kunst Preise — Truva Sonderpreis (1997)
Preis der Vereinigung zur weltweiten Verbrüderung (1998)

Plaketten — Medaillen

Dankesplakette der Generaldirektion für Monumente und Museen des Kulturministeriums der Republik Türkei / Minister Mükerrem Taşçıoğlu (1985)
Dankesplakette der TÜRSAB (Türkiye Seyahat Acentaları Birliği)(1989)
Dankesplakette der Generaldirektion für Kultur und für den Naturschutzschutz beim Kulturministerium der Republik Türkei / Minister Namık Kemal Zeybek (1990)
Dankesplakette des Museums der Anatolischen Zivilisationen (1993)
Dankesplakette des Kulturministeriums der Republik Türkei / Minister Fikri Sağlar (1993) (Für die Mitwirkung bei der Rückführung des Schatzes von Karun)
Dankesplakette der Kammer der Elektroingenieure TMMOB (1994)
Dankesplakette der ESİAD (1995)
Ehrenplakette der Stiftung für die Umsetzung von Ideen (1995)
Dankesplakette der Stadtverwaltung von Karşıyaka (1995)
Dankesplakette der USİAD (1996)
Dankesplakette des Vorstands der CHP im Distrikt Konak (1996)
Ehrenplakette der Turgut Pura Stiftung (1996)
Dankesplakette der Nesin-Stiftung (1997)
Dankesplakette der TÜYAP (1997)
Dankesplakette des Lions-Club von Konak (1997)
Dankesplakette des Vereins für die Idee des Humanismus (1998)
Dankesplakette des Bürgermeisters von Kadıköy (1998)
Ehrenplakette des Archäologischen Museums in Izmir (1998)

SCHRIFTENVERZEICHNIS

Monographien

(Die Abkürzungen der hier in den Anmerkungen zitierten Titel sind jeweils kursiv in Klammern beigefügt.)

Griechische Reliefs des VI. Jahrhunderts aus Lykien, DAI Istanbul 1942.

Remarques Stylistiques sur les Reliefs de Malatya, Istanbul 1946.

Späthethitische Bildkunst, Ankara 1949.

Phrygische Kunst, Ankara 1955.

Zwei Grabstelen vorklassischer Zeit aus Sinope, 111. Winckelmannsprogramm der Archäologischen Gesellschaft zu Berlin 1955.

Vorläufiger Bericht über die Ausgrabungen in Sinope, Ankara 1956.

Die Kunst Anatoliens von Homer bis Alexander, W. de Gruyter, Berlin 1961 (Akurgal, *Die Kunst Anatoliens*).

Die Kunst der Hethiter, Max Hirmer, München 1961 (Akurgal, *Hethiter*) 2. Aufl. 1976.

The Art of the Hittites, Thames and Hudson, London 1962.

Arte degli Ittiti, Sansoni, Firenze 1962.

Orient und Okzident, Holle, Baden-Baden 1966 (Akurgal, *Orient und Okzident*) 2. Aufl. 1981.

The Birth of Greek Art, Methuen, London 1968.

Orient et Occident, Albin Michel, Paris 1969.

The Art of Greece, Its Origins, Crown, New York 1969.

Oriente e Occidente, Il Saggiatore, Milano 1969.

Treasures of Turkey (Akurgal, Mango, Ettinghausen), Skira, Geneva-New York 1966 (Deutsche, französische, italienische und spanische Ausgabe).

Urartäische und Altiranische Kunstzentren, Türk Tarih Kurumu, Ankara 1968 (Akurgal, *Urart. Kunstzentren*).

The Art and Architecture of Turkey, Oxford Univ. Press 1980;

Kunst in der Türkei, Office du Livre, Fribourg und Würzburg 1980;

L'Art en Turquie, Office du Livre, Fribourg 1981.

Erythrai, An ancient Ionian city, İzmir 1979.

Griechische und römische Kunst in der Türkei, München 1987 (Akurgal, *G.R.K.*).

Turquie, (Ekrem Akurgal, Robert Mantran, Jean-Poul Roux, Pierre Bordas) Paris 1990.

Ancient civilizations and ruins of Turkey, NET Yayınları, Istanbul 1969-1993, acht Auflagen.

Civilisations et sites Antiques de Turquie, Istanbul 1986.

Eski İzmir I, Yerleşme Katları ve Athena Tapınağı, Türk Tarih Kurumu, Ankara 1983. 2. Aufl. 1993. 3. Aufl. 1997.

Alt-Smyrna I. Wohnschichten und Athenatempel (Ankara 1983), (Akurgal, *Alt-Smyrna*).

Eski çağda Ege ve İzmir, Yaşar Holding Yayınları, Vertrieb NET Yayıncılık, Istanbul 1993 (Akurgal, *Ege ve İzmir*).

Hatti ve Hitit Uygarlıkları, İzmir 1995 (Akurgal, *Hatti ve Hitit*).

Anadolu Uygarlıkları, NET Yayınları, 6. Aufl., Istanbul 1998 (Akurgal, *Anadolu Uygarlıkları*).

Anadolu Kültür Tarihi, TÜBİTAK, Ankara 1998 (Akurgal, *Anadolu Kültür Tarihi*).

Türkiye'nin Kültür Sorunları, Bilgi Yayınevi, Ankara 1998.

Bir Arkeoloğun Anıları. Türkiye Cumhuriyeti kültür tarihinden birkaç yaprak. Ankara 1999. 2. Auflage 2002.

The Aegean. Birthplace of Western Civilization. Izmir 2000.

The Hattian and Hittite Civilizations. Ankara 2001. (Akurgal, *Hattian and Hittite*)

Aufsätze

Pazarlı'da çıkan eserler üzerinde yeni araştırmalar (Bemerkungen zu den Architektonischen Terrakottareliefs aus Pazarlı in Phrygien), Belleten VII, Sayı: 25, Ankara 1943, 1-43.

Eski Anadolu (Yayınlar üzerine) (Altanatolien. Über die Veröffentlichungen), Ankara Üniversitesi Dil ve Tarih-Coğrafya Fakültesi Dergisi Cilt II, 3. Sayı, 1944, 474-479.

İslam sanatında Türklerin rolü (Die Rolle der Türken in der islamischen Kunst), Ankara Üniversitesi Dil ve Tarih-Coğrafya Fakültesi Dergisi, Cilt II, 4. Sayı, 1944, 527-533.

Arkeoloji Araştırmaları, İzmir ve dolaylarındaki eski eserler hakkında birkaç not (Archäologische Forschungen, einige Bemerkungen über antike Werke in Izmir und Umgebung), Ankara Üniversitesi Dil ve Tarih-Coğrafya Fakültesi Yayınları 47. Sayı, Ankara 1945, 1-40.

Tarihte Şark-Garp Münasebetleri bakımından Hatay Bölgesinin önemi (Bedeutung des Gebiets von Hatay im Bezug auf die historischen west-östlichen Beziehungen), Ankara Üniversitesi Dil ve Tarih-Coğrafya Fakültesi Yayınları, 37. Sayı, Ankara 1945, 68-81.

Arkaik ve Klasik Çağlarda İzmir (Smyrne à l'Époque Archaique et Classique), Belleten XXXXVII, 1946, 55-80.

Bayraklı Kazısı (Die Grabung in Bayraklı), Ankara Üniversitesi Dil ve Tarih-Coğrafya Fakültesi Dergisi, Cilt VIII, 1. Sayı, Ankara 1950, 1-97.

Fouilles de Phoceé, de Kymé à Cyzique et à Ergili et de Daskyleion, Anatolia I, 1956, 1-51, Pl. 1-12.

1953 Yılı Foça Kazıları, Kyme Sondajları (Die Grabungen des Jahres 1953 in Foça, die Sondagen von Kyme), Türk Arkeoloji Dergisi VI-1, Ankara 1956, 13-24.

Sinop Kazıları (Die Grabungen in Sinope), Türk Arkeoloji Dergisi VI-1, Ankara 1956, 47-61.

Tarih İlmi ve Atatürk (Die Geschichtswissenschaft und Atatürk), Belleten XX, Sayı: 80, Ankara 1956, 572-584.

Die Kunst der Hethiter, Historia 7, 1957, 74-118.

Yortankultur-Siedlung in Ovabayındır bei Balıkesir, Anatolia III, Ankara 1958, 156-164, Taf. 23-29.

Forschungen in Phrygien, Anatolia III, 1958, 145-155.

Chronologie der Phrygischen Kunst, Anatolia IV, 1959, 115-121.

Urartu Medeniyeti (Urartäische Kunst), Anatolia IV, 1959, 67-114, Taf. XIII-XXXII.

Çandarlı (Pitane) Kazısı (Die Grabung von Çandarlı (Pitane)), Türk Arkeoloji Dergisi X-1, 1960, 3-4, Lev. 1-2.

L'Art Plastique Hittite, Revue des Etudes Anciennes LXIII, No. 3-4, 1961, 259-263, Pl. VI-XI.

The Early Period and the Golden Age of Ionia, American Journal of Archaeology 66, No. 4, 1962, 369-379, Pl. 96-103.

Les Problèmes de l'Art Phrygien, VIII Congrès International d'Archéologie Classique, Paris 1963, 467-474, Pl. 113-118.

Die Kunst der Hethiter. – In: Neuere Hethiterforschung (Wiesbaden 1964) 74-118.

Neue Archaische Bildwerke aus Kyzikos, Antike Kunst, Heft 2, 8. Jahrgang 1965, 99-103, Taf. 26-28.

Zwei archaische Bildwerke aus Kyzikos (Kyzikos'ta bulunan iki Arkaik eser), İstanbul Arkeoloji Müzeleri Yıllığı 11-12, İstanbul 1964, 216-231, Lev. LIV-LX.

Griechisch-Persische Reliefs aus Daskyleion, Iranica Antiqua VI, 1966, 147-156, Pl. XXXIV-XXXIX.

Eine Silberschale aus dem Pontos, Antike Kunst, Heft 1, 10. Jahrgang 1967, 32-38, Taf. 8-9.

Influences Orientales sur l'Art Grec aux VIII et VII siècles av. J.-C., Annales Archéologiques Arabes Syriennes XXI, 1,2, 1971, (IXème Congres International d'Archéologie Classique, Damas 1969), 5-23, Pl. I-II.

Bibliyoğrafya (Bibliographie), Belleten XXXVII, Sayı 145, 1973, 129-131.

Zur Datierung der Grabstelen aus Daskyleion, Mansel'e Armağan, Mélanges Mansel, Ankara 1974, 967-970 Taf. 363-368.

Recai Seçkin, Örnek İnsan, Recai Seçkin'e Armağan'dan (Recai Seçkin, ein Vorbild, aus der Festschrift für Recai Seçkin), Ankara 1974, 5-7.

Ord. Prof. Dr. Arif Müfid Mansel, Belleten XXXIX, 1975, 309-311.

Fragments de Figurines en Terre Cuite de Style Phrygien Récent, Rev. Arch. 2, 1976, 195-204.

Sinan, The Great Architect of the 16th Century, Turkish Treasures, 1978/1, Istanbul, 3-9

Analyse Iconographique, Stylistique et Structurale de l'Architecture et de la Sculpture de Tell Halaf, Florilegium Anatolicum, (Mélanges offerts à Emmanuel Laroche), Paris 1979, 9-23.

Früharchaische Kapitelle vom Tempel der Athena in Alt-Smyrna, Annuario della Scuola Archeologia di Atene delle Missioni Italiena in Oriente LIX N.S. XLIII 1981, 127-132

Türkiye'nin Kültür Sorunları (Kulturelle Probleme der Türkei), Belleten C, XLVI, Sayı: 182, 1982, 261-269.

Das Dunkle Zeitalter Kleinasiens, in: Griechenland, die Ägäis und die Levante während der "Dark Ages" vom 12. bis zum 9. Jh. v.Chr., Akten des Symposiums von Stift Zwettl (NÖ), 11.-14. Oktober 1980, Wien 1983, 67-78.

Zur Datierung der ältesten ionischen Münzen mit Löwenkopfdarstellungen, Festschrift für Kurt Bittel, Mainz am Rhein 1983, 1-11, Pl. 1.

Ulusal Mimarlığın Yeniden Doğuşu, Mimaride Türk Millî Üslubu Semineri (Neugeburt der nationalen Architektur, Seminar zum nationalen Stil in der türkischen Architektur), 11-12 Haziran 1984, 31-33.

1983 Erythrai Çalışmaları, VI. Kazı Sonuçları Toplantısı (Die Arbeiten in Erythrai im Jahre 1983, VI. Sitzung zu den Ergebnissen der Grabungen), 16-20 Nisan 1984, 279.

Bayraklı 1983 Çalışmaları, VI. Kazı Sonuçları Toplantısı (Die Arbeiten in Bayraklı im Jahre 1983, VI. Sitzung zu den Ergebnissen der Grabungen), 16-20 Nisan 1984, 280-281.

Eine ephesische Elfenbeinstatuette aus Erythrai, Festgabe zur Vollendung des 70. Lebensjahres von Hermann Vetters, 1985, 43-49, Pl. IX-X.

Bayraklı Kazıları 1985 Raporu, VIII. Kazı Sonuçları Toplantısı II (Bericht über die Grabungen in Bayraklı im Jahre 1985, VIII. Sitzung zu den Ergebnissen der Grabungen), 26-30 Mayıs 1986, 1-6.

Neue Archaische Skulpturen aus Anatolien, Akten des Internationalen Kolloquiums vom 22.-25. April 1985 Athen, Mainz 1986, 1-14, Taf. 1-5.

Anadolu Tarihinin oluşmasında Jeomorfolojik özelliklerin rolü (Die Rolle der geomorphologischen Besonderheiten bei der Entstehung der anatolischen Geschichte), Anadolu Araştırmaları X, Istanbul 1986, 21-30.

Bayraklı Nekropolis Çalışmaları, IX. Kazı Sonuçları Toplantısı II (Arbeiten in der Nekropole von Bayraklı, IX. Sitzung zu den Ergebnissen der Grabungen II), 6-10 Nisan 1987, 37-40.

L'Art Classique en Asie Mineure, Praktika tou XII Diethnous Synedriou Klasikis Archaiologias, Tomos D, Athen 1988, 12-19, Pl. 3-5.

Aiolisches Kymation, IstMitt. 39, 1989, 11-15, Taf. 1.

Bayraklı'dan gelen Arkaik Kadın Başı (Ein archaischer Frauenkopf aus Bayraklı), Festschrift für Jale İnan, Istanbul 1989, 1-4, Lev. 1-2.

Bemerkungen zur Frage der örtlichen und zeitlichen Einordnung der griechischen archaischen Großplastik Kleinasiens, Festschrift für Nikolaus Himmelmann, Bonn 1989, 35-45, Taf. 7-8.

Are the Ritual Standards of Alacahöyük Royal Symbols of the Hattian or the Hittite Kings?, Anatolia and the Ancient Near East, Tahsin Özgüç'e Armağan, Ankara 1989, 1-2.

Grundzüge der Hermogeneischen Architektur, Hermogenes und die Hochhellenistische Architektur, Mainz am Rhein 1990, 123-127.

Greek Archaic Art in Asia Minor, Dialexeis 1986-1989, Idruma Nikolaou P. Goulandre, Athen 1990, 15-20.

1989 Yılı Bayraklı (Eski İzmir) Kazısı Çalışmaları, XII. Kazı Sonuçları Toplantısı II (Grabungsarbeiten im Jahre 1989 in Bayraklı (Alt-Smyrna), XII. Sitzung zu den Grabungsergebnissen II), 28 Mayıs-1 Haziran 1990, 19-21.

Augustus Tapınağı ve "Yazıtlar Kraliçesi" (Der Augustustempel und die "Königin der Inschriften"), Ankara Dergisi 1, Ankara 1990, 16-34.

Zur Entstehung der ostgriechischen Klein- und Großplastik, IstMitt. 42, 1992, 67-81, Taf. 7-9.

L'Art Hatti, Festschrift für Sedat Alp, Ankara 1992, 1-5.

Zur Entstehung des griechischen Greifenbildes, Festschrift für Erika Simon, Mainz am Rhein 1992, 33-52, Taf. 8-14.

Die einheimischen und die fremden Elemente in der lykischen Kunst und ihre Eigenheiten, Akten des Internationalen Lykien-Symposiums, Wien 6.-12. Mai 1990 (1993), 149-159.

Naissance de l'Art Grec figuré Archaïque en Anatolie, Académie des Inscriptions & Belles Lettres, Séances de l'Année 1993 Janvier-Mars, 259-273.

Darstellung von seelischen Stimmungen im späthethitisch-phönikisierenden Stil, IstMitt. 43, 1993, 283-285, Taf. 29-30.

La Grece de l'Est, Berceau de la Civilisation Occidentale, Phocée et de la Fondation de Marseille, Musées de Marseille 1995, 31-47.

Tre opere d'arte anatoliche, Studi di Antichità (Lecce) 8, 1995, Nr. 1, 7-11.

Housing, Settlement and Urban Planning in Western Anatolia (3000-30 B.C.), A Historical Perspective, Istanbul 1996, 122-145 (Akurgal, *Housing*).

Anatolia (3000-700 B.C.), History of Humanity II, 1996, 205-223.

Tanzender Satyr als Stützfigur eines Kandelabers aus Alt-Smyrna, IstMitt. 46, 1996, 203-212, Taf. 34-36.

Classification and Chronology of the Hattian and Hittite Periods in Anatolian History (2500-1100 B.C.), Karatepe'deki Işık, Halet Çambel'e sunulan yazılar (Das Licht in Karatepe, Halet Çambel zugeeignete Aufsätze), Istanbul 1998, 25-34.

Önsöz – Vorwort, Studien zur Religion und Kultur Kleinasiens und des ägäischen Bereiches. Festschrift für Baki Ögün zum 75. Geburtstag, Bonn 2000, XI-XII.

Cevdet Bayburtluoğlu'nun Anadolu arkeolojisine katkıları, Cevdet Bayburtluoğlu için yazılar. Essays in honour of Cevdet Bayburtluoğlu, Istanbul 2001, 1.

Arif Müfid Mansel, Anadolu Araştırmaları, Jahrbuch für kleinasiatische Forschung 16,2002,19-21.

The Hellene miracle, Synergia, Festschrift für F.Krinzinger, 2, Wien 2005, 79-82.

Beiträge der Aiolier und Ionier zur Bereicherung und Gestaltung der griechischen Kunst und Kultur, Frühes Ionien. Eine Bestandsaufnahme. Panionion-Symposion Güzelcamlı 26. September – 1. Oktober 1999, Mainz 2007, 637-644.

NAMENSINDEX

Bild-Nachweise (und Kommentare)

Die Zusatztafeln sind von uns Herausgeberinnen beigefügt worden, um das Buch über die in der Originalausgabe enthaltenen Personenaufnahmen hinaus zu illustrieren und für den Leser attraktiver zu machen. Die der Bildunterschrift jeweils beigefügten Seitenverweise stellen die Verbindung zu dem Text von Ekrem Akurgal her.[1] Sofern es sich um eines der dort nur pauschal erwähnten Stücke handelt, werden unter den Abbildungs-Nachweisen noch kurze Angaben nachgetragen; sie orientieren sich, wenn möglich, an den Datierungen, stilistischen Einordnungen und Deutungen von Ekrem Akurgal.

Taf. I
a. Foto Landesschule Pforta, BS.Pf 0024. ABLS Pforta.
b. Diapositiv des Winckelmann-Instituts (Aufnahme 1939).

Taf. II
a. Aufnahme M.Akurgal (2011)
b. Ege ve Izmir Taf. 27 a (Aufnahme 1970)

Taf. III
a. Ege ve Izmir Taf. 32 a (= Akurgal, Alt-Smyrna Taf. 5 a).
b. Ege ve Izmir Taf. 53 a (= Akurgal, Alt-Smyrna Taf. 27 a). Das Haus wurde in der orientalisierenden Periode (640-600 v.Chr.) erbaut, nach der Zerstörung durch Alyattes um 600 v.Chr. repariert und auch im 6.Jh.v.Chr. bewohnt.

Taf. IV
a. Aufnahme M.Akurgal.
b. G.K.T. Taf. 98 a (= Akurgal, Alt-Smyrna Taf. 82 a).

Taf. V
a und b. Ege ve Izmir Taf. 42 b und c (Aufnahmen von 1930).
c. Belleten 10,1946 Taf. 18 Abb. 2 (= Akurgal, Ege ve Izmir Taf. 43 b, Aufnahme von 1945).

Taf. VI
a. Akurgal, Alt-Smyrna Taf. 157 b.
b. Akurgal, Ege ve Izmir Taf. 44 b. 1967 bei den Grabungen der Westterrasse des Tempels in Alt-Smyrna gefunden. Dieser Fund ermöglicht dessen Bestimmung als Athenatempel.
c. Akurgal, G.R.K. Taf. 99 a.

Taf. VII
a. Ege ve Izmir Taf. 36 c. Das Kapitell ist kleiner als die aiolischen Kapitelle des Athenatempels und stammt von einem unbekannten Bau.
b. Foto B.Freyer-Schauenburg (1990). Das Kapitell Taf. VII a wurde in zweiter Verwendung zusammen mit weiteren Kapitellfragmenten der gleichen Serie als Baustein in einer späteren Mauer verwendet.

Taf. VIII
a. Akurgal, Ege ve Izmir Taf. 16 a.
b. Akurgal, Ege ve Izmir Taf. 81 a.

Taf. IX
a. Akurgal, G.R.K. Taf. 24 a.
b. Akurgal, G.R.K. Taf. 24 b.

Taf. X-XI
Die Aufnahmen (Fotos B. Freyer 1960) betreffen alle den Abschnitt "E-çukuru" der Grabungen in der Nekropole von Çandarlı (Pitane), der der Aufsicht von Brigitte Freyer-(Schauenburg) unterstanden hat.

Taf. X a.b.
Fundsituation des Sarkophages III D 1. Der unverzierte Tonsarkophag war in zweiter Verwendung mit einem überstehenden Deckel aus lokalem Stein (Länge 2 m, Breite 57 cm) verschlossen. Die Fragmente des ursprünglichen tönernen Deckels waren oben rings um den Sarkophagkasten gelehnt (Taf. X a). Neben der Langseite des Sarkophags schloss sich eine Kremation an, zu beiden Seiten von dieser waren kleine Gefäße deponiert (sowohl orientalisierende Keramik als auch die attische Schale hier Taf. XXVIII a). Um Sarkophag, Kremation und Beigaben wurde ein Kreis aus großen Steinen gesetzt (III/IV D). Beschreibung und Fotos der Kleinfunde befinden sich bei den Grabungs-Unterlagen in Izmir.

Taf. XI
a. Pithos V E 3 mit Körperbestattung, Neben Schädel und Knochen der Leiche lag eine lokale Kanne. Diese Form der Bestattung kam im E-çukuru mehrfach vor; in der Regel wurde dann die Mündung des Gefäßes mit einer Steinplatte oder einem ionischen (Fuß-)Teller verschlossen, mehrfach wurde der Boden des Gefäßes abgeschlagen und vor die Öffnung ebenfalls eine Steinplatte gesetzt.
b. Amphora III D 1 (größter Durchmesser 35,8 cm, über der Schulter zwei umlaufende dunkle Streifen) mit Körperbestattung. Auch Gefäßbestattungen konnten, wie in diesem Fall, mit großen Steinen umgeben werden.
c. Blick auf den E-çukuru, in dem die folgenden Bestattungsarten nebeneinander Verwendung gefunden haben: Körperbestattungen in Stein- und Tonsarkophagen sowie in Gefäßen und Brandbestattungen sowie Körperbestattungen auf der bloßen Erde. Die Tonsarkophage waren auf dem oberen Rand bestenfalls ornamental (mit Kymatien, Mäander und Wellenlinien) verziert.

Taf. XII
Akurgal, Hethiter Taf. XXII. Dieses Felsrelief gehört zu den Werken, die Akurgal in dem Hirmerband behandelt hat (Akurgal, Hethiter 83 f.). Es wird schon bei Herodot II 106 erwähnt, der den Dargestellten unzutreffend für den ägyptischen König Sesostris hielt.

Taf. XIII
Akurgal, Hethiter Taf. 140.

Taf. XIV
a. b. Akurgal, Izmir ve Ege Taf. 39 a.b. Das Elfenbeinköpfchen ist das einzige Importstück aus dem Nahen Osten, das im Athenatempel von Alt-Smyrna gefunden worden ist (Akurgal, Alt-Smyrna I, 101 f. Taf. 136 a.b).
c. E.Strommenger – M.Hirmer, Fünf Jahrtausende Mesopotamien (München 1962) Taf. XLI. Mit 16,1 cm ist es der größte erhaltene Elfenbeinkopf aus Nimrud und diente, wie die meisten phönizischen Elfenbeine, als Schmuck eines Möbelstücks oder Geräts.

Taf. XV
a. Akurgal, Ege ve Izmir Taf. 87 a.
b. Museumsaufnahme wie in E.Simon, Ausgewählte Schriften IV (Ruhpolding 2012) 26.

Taf. XVI
a. Akurgal, G.R.K. Taf. 77. Die Marmorfigur misst im

1 In den laufenden Text eingefügt sind nur die Verweise auf Taf. XIII und XV a.b, da sie die kleinen Fotos und Umzeichnungen von den jeweiligen Stücken ersetzen, die wir in dem ursprünglichen Tafelteil gestrichen haben.

jetzigen fragmentierten Zustand 1.80 m, ist also überlebensgroß. Der Kopf war gesondert gearbeitet und in den Torso eingesetzt. Stilistisch steht sie in milesischer Tradition.
b. Akurgal, Die Kunst Anatoliens Abb. 195. Der Typus einer mit langem Mantel bekleideten männlichen Figur ist vor allem im ostionisch-anatolischen Raum belegt. Die lebensgroße Kalksteinfigur aus Çandarlı misst 1.62 m; sie ist noch in ihre antike Basis eingelassen und mit einem Bleiverguss gesichert.

Taf. XVII
a. b. Akurgal, Istanbuler Mitteilungen 42,1992 Taf. 8 und 7 ((Foto W.Schiele). Der 20 cm hohe Kopf gehörte zu einer Statue im Bildtypus der ionischen "Schleiermädchen" (loc. cit. 80), bei dem Haar und Rücken von einem langen Mantel bedeckt sind. Drei Ritzlinien über der rechten Stirnseite kennzeichnen die Falten des eng anliegenden Tuchs. Über dem Schleier liegt eine breite Binde, die mit einem gemalten Mäanderornament verziert ist.

Taf. XVIII
a. Akurgal, Die Kunst Anatoliens Abb.88. Der (unzutreffende) Name Harpyienmonument kommt von den Sirenen, die zu Seiten des Krieger-Abschieds Psychen (Seelen) tragen.
b. loc.cit. Abb. 87.

Taf. XIX
a. Akurgal, Die Kunst Anatoliens Taf. VII c. Teil eines architektonischen Tonfrieses. Die mit Rundschild, ionischem Helm und Speer ausgestatteten Krieger sind provinzielle phrygische Kopien nach griechischen Vorbildern.
b. Postkarte British Museum. Der liegende Löwe diente zusammen mit einem Gegenstück an der Nordseite des Grabbaus als apotropäischer Wächter.

Taf. XX
a. Akurgal, G.R.K. Taf. 66 b. Die in Phrygien angefertigten Bronzefibeln waren die "große Erfindung ihrer Zeit" (Akurgal, Anatolia 4,1959,118 Anm. 14) und gehören in den Zeitraum zwischen 730/25 – 685/680 v.Chr. (loc.cit. 115 ff.). Sie sind auf Reliefs wie dem von Ivriz (Taf. XIII) dargestellt worden.
b. Akurgal, G.R.K. Taf. 66 a. Die fibelartigen Aufsätze der Bronzegürtel stehen den phrygischen Bronzefibeln formal sehr nahe. Wie diese, waren sie im ionisch-kleinasiatischen Raum verbreitet und wurden von dortigen Werkstätten auch nachgeahmt.

Taf. XXI
a. I.Özgen – J.Öztürk, The Lydian Treasure (Istanbul 1996) 90 Nr. 36.
b. loc.cit. 93 Nr. 41.

Taf. XXII
a. Akurgal, Die Kunst Anatoliens Abb. 3.
b. Akurgal, Ege ve Izmir Taf. 111 b.

Taf. XXIII
a. Akurgal, G.R.K. Taf. 105 a.
b. Akurgal, G.R.K. Taf. 105 b.

Taf. XXIV
a. Akurgal, Ege ve Izmir Taf. 103 b. c.
c. Akurgal, Die Kunst Anatoliens Abb. 125. Der Tierfries (hier Löwe und Greif) ist für orientalisierende Keramik typisch.

Taf. XXV
Akurgal, G.R.K. Taf. 101 b. Die Tiere (Löwe, Eber, Steinböcke und Hund) ergeben zusammen mit den dicht gestreuten kleinformatigen Füllmustern die charakteristische teppichartige Verzierung der Kanne.

Taf. XXVI
a. Umzeichnung (von Cevdet Bayburtluoglu) der figürlichen Szene des Kelches Taf. XXVI b.
b. K.Schauenburg, Jahrbuch des Deutschen Archäol. Instituts 85,1970,50 Abb. 14. 15. Der Kelch sticht zusammen mit einem zweiten Gefäß von der gleichen Fundstelle zum einen durch sein Format (H. 29,7 cm), zum anderen durch die Darstellung eines mythologischen Themas in der Gattung der chiotischen Kelche hervor.

Taf. XXVII
a. H.Brijder, Siana Cups II (Amsterdam 1991) Taf. 149 a.
b. Y.Tuna-Nörling, Die Ausgrabungen von Alt-Smyrna und Pitane. Die attisch-schwarzfigurige Keramik und der attische Keramikexport nach Kleinasien (Tübingen 1995) Taf. 22 a. Die stattliche Schale (Höhe 13,8 cm, Durchmesser 24,5 cm) wurde im Abschnitt E (E çukuru) gefunden (s. den Kommentar zu Taf. X und XI), zusammen mit weiteren Gefäßen als Beigabe in dem Steinsarkophag II G 1. Sie gehört zur Gattung der Sianaschalen (die nach derem ersten Fundort, Siana auf Rhodos, benannt ist) und wird dem sogenannten Heidelbergmaler zugeschrieben.

Taf. XXVII
a. – c. Tuna-Nörling, op. cit. Taf. 27,26; 44,149; 47,175; Höhe 8,8 cm/4 cm/3,7 cm. Die Gefäße wurden ebenfalls im E- çukuru gefunden. Die dünnwandige Schale Taf. XXVIII a ist ein Vertreter der sogenannten Kleinmeisterschalen, so benannt nach ihrem miniaturistischen Dekor. Sie wurde neben dem Sarkophag III D 1 im Inneren des Steinkreises gefunden (Taf. X).
d. Ege ve Izmir Taf. 120 a. Höhe 10,3 cm. Aus dem Grabungsabschnitt I. Das Alabastron diente zur Aufbewahrung kostbarer Essenzen. Es ist in der frühen Sandkerntechnik hergestellt, bei der das pulverisierte Glas über einem Kern aus Ton und Sand geformt und mit heißen Glasfäden umwickelt wurde, die zu verschiedenen Mustern gekämmt werden konnten. Nach Erkalten wurde der Kern entfernt. Das Gefäß ist wahrscheinlich Import aus dem syrisch-phönizischen Raum.

Taf. XXIX
Stumme Karte von H.J.Frey (Tübingen), Beschriftung von M. Blömer (Münster). Nicht dokumentiert werden konnte der Geburtsort von Ekrem Akurgal *(S. 14)*, da die Karte bei einer Ausdehnung bis Haifa zu klein geworden wäre; das Gleiche gilt für den Fundort der "Mona Lisa", dem weiter östlich gelegenen Nimrud *(S. 98)*.

Taf. XXX
a. b. Akurgal, Ege ve Izmir Taf. 63. Gesamt-Höhe 13,8 cm, Höhe der Statuette 9,5 cm. Stützfigur eines Kandelabers. Der stupsnäsige Satyr mit Pferdeschwanz ist bis in die Spitzen von Fingern und Füßen vom Rhythmus des Tanzes erfüllt.
b. Akurgal, Ege ve Izmir Taf. 98 a.

Die hier aufgelisteten Fotos wurden den erwähnten Publikationen entnommen. Trotz intensiver Recherche war es nicht in allen Fällen möglich, die Rechtsinhaber der Abbildungen ausfindig zu machen. Berechtigte Ansprüche werden selbstverständlich im Rahmen der üblichen Vereinbarungen abgegolten.

Gesamtansicht von Schulpforta von Westen (zu S. 21-24)

Berlin, Humboldt-Universität, Hauptfassade. Das Archäologische Institut (Winckelmann-Institut) ist im Hauptgebäude untergebracht. (zu S. 24-34, 94-95)

a. Alt-Smyrna, Luftaufnahme von Osten (zu S. 64-65, 66-67, 70-73)

b. Alt-Smyrna, Stadthügel von Nordwesten (zu S. 64-65, 66-67, 70-73)

a. Alt-Smyrna, Ovalhaus, 925 – 900 v.Chr. (zu S. 71)

b. Alt-Smyrna, Doppelmegaron. 650-500 v.Chr. (zu S. 72)

a. Alt-Smyrna, Brunnenhaus aus Andesitblöcken, letztes Viertel 7.Jh.v.Chr (zu S. 52, 64, 73)

b. Alt-Smyrna, Athenatempel, Westliche Korridormauer des Haupteingangs von Osten, aus polygonalen Tuffsteinblöcken, 590 v.Chr. (zu S. 66-67, 72, 73)

a – c. Izmir, Tantalosgrab, um 600 v.Chr. (zu S. 73)

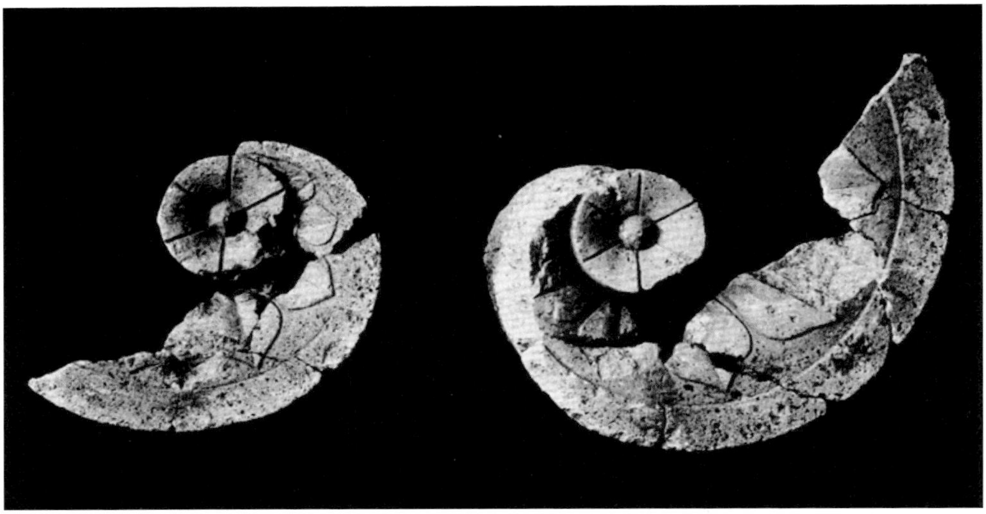

a. Fragmente eines aiolischen Kapitells vom Athenatempel in Alt-Smyrna. Um 600 v.Chr. (zu S. 72)

b. Alt-Smyrna, Bronzestange mit Weihinschrift an Athena, frühes 6.Jh.v.Chr. (zu S. 70)

c. Izmir, Archäologisches Museum. Pilzförmiges Kapitell vom Athenatempel in Alt-Smyrna. Tuffstein. Um 600 v.Chr. (zu S. 72)

a. Izmir, Archäologisches Museum. Aiolisches Kapitell aus Alt-Smyrna. Tuffstein. 570-560 v.Chr. (Zu S. 72)

b. Alt-Smyrna. Fundsituation des aiolischen Kapitells Taf. VII a

a. Ansicht von Erythrai (Ildırı) (zu S. 64, 73-74)

b. Erythrai, Athenatempel, Gesamtansicht, 630-530 v.Chr. (zu S. 73)

a. Ansicht von Phokaia (Foça) (zu S. 67-68, 73)

b. Ansicht von Çandarlı (Pitane) (zu S. 68-70)

a. b. Nekropole von Çandarlı (Pitane). Sarkophag, von einer Steinsetzung umgeben (zu S. 68-70)

Nekropole von Çandarlı (Pitane) a. b. Tongefäße mit Körperbestattungen. c. Gräberfeld (zu S. 68-70)

Felsrelief von Karabel bei Izmir. Hethitischer Großkönig Tuthalija IV (1250-1220 v.Chr.) (zu S. 78)

Felsrelief bei Ivriz. König Warpawalas (2. Hälfte 8. Jh.v.Chr) vor dem Vegetationsgott (zu S. 79)

a. b. Izmir, Archäologisches Museum. Phönizisches Elfenbeinköpfchen aus dem Athenatempel von Alt-Smyrna, 1. Hälfte 7. Jh.v.Chr. (zu S. 72)

c. Baghdad, Iraq Museum. Weiblicher Elfenbeinkopf ("Mona Lisa") aus dem Nordwest-Palast von Nimrud, phönizisch, letztes Viertel 8. Jh.v.Chr. (zu S. 97).

a. Izmir, Archäologisches Museum. Weibliche Bronzestatuette (Stützfigur) aus Erythrai, aus einer anatolischen Werkstatt, um 670 v.Chr. (zu S. 73, 79-80)

b. Antalya, Archäologisches Museum. Elfenbeingruppe aus dem Tumulus "D" in Elmalı, aus einer anatolischen Werkstatt, um 670 v.Chr. (zu S. 80)

a. Izmir, Archäologisches Museum. Frauentorso aus Erythrai, um 560-550 v.Chr. (zu S. 48, 73)

b. Bergama, Archäologisches Museum, Manteljüngling aus Çandarlı (Pitane), 530-520 v.Chr. (zu S. 68)

a. b. Izmir, Archäologisches Museum. Marmorkopf eines Mädchens aus dem Schutt des Athenatempels in Alt-Smyrna, um 550 v.Chr. (zu S. 72)

a. London, British Museum. Harpyienmonument von Xanthos, Nordseite, 500-480 v.Chr.

b. Dasselbe Monument, Westseite (zu S. 34. 35)

a. Ankara, Archäologisches Museum. Tonrelief aus Pazarlı. Krieger im Angriff.
2. Hälfte 6. Jh.v.Chr. (zu S. 77)

b. London, British Museum. Löwengrab von Xanthos, Südseite. Mitte 6. Jh.v.Chr. (zu S. 33).

b. Izmir, Archäologisches Museum. Ostgriechische Gürtelschnalle im phrygischen Typus aus Erythrai. 1. Hälfte 7. Jh.v.Chr.

a. Uşak, Archäologisches Museum. Silberne Phiale aus dem Tumulus von Ikiztepe mit 18 männlichen Kopfprotomen. Lydisch, 2. Hälfte 6. Jh.v.Chr. (zu S. 60, 109)

b. Uşak, Archäologisches Museum, Silberne Omphalosschale aus dem Tumulus von Ikiztepe. Lydisch, 2. Hälfte 6. Jh.v.Chr. (zu S. 60, 109)

a. Izmir, Archäologisches Museum. Fragment eines spätgeometrischen Tonkessels aus Alt-Smyrna mit siebensaitiger Leier. 1. Viertel 7. Jh.v.Chr. (zu S. 69)

b. Izmir, Archäologisches Museum. Spätgeometrischer Tonkessel (Ausschnitt) aus der Nekropole von Çandarlı (Pitane) mit siebensaitiger Leier. Anfang 7. Jh.v.Chr. (zu S. 69)

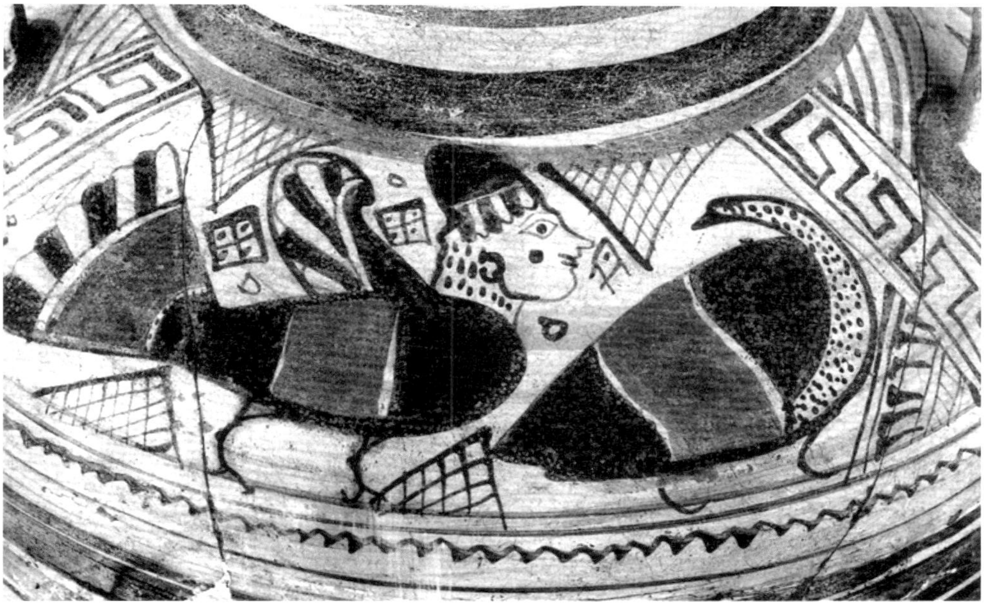

a. Istanbul, Archäologisches Museum. Aiolische Amphora aus der Nekropole von Pitane, Schulterbild, Sirene. Um 575-550 v.Chr. (zu S. 69)

b. Istanbul, Archäologisches Museum. Aiolische Amphora aus der Nekropole von Pitane, Schulterbild, Bärtiger als Karikatur. Um 575-550 v.Chr. (zu S. 69)

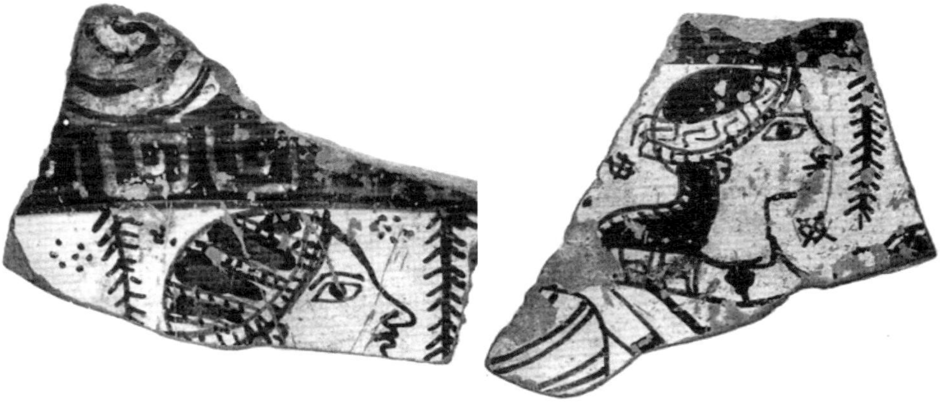

a. b. Zwei Tonscherben aus Foça (Phokaia), frühes 6. Jh. v.Chr. (zu S. 68)

c. Izmir, Archäologisches Museum. Schulterbild einer orientalisierenden Kanne aus Alt-Smyrna, Löwe und Greif, letztes Viertel 7. Jh. v.Chr. (zu S. 66, 72)

Izmir, Archäologisches Museum. Orientalisierende Oinochoe mit Tierfriesen aus Alt-Smyrna, um 600 v.Chr.
(zu S. 72)

a. Umzeichnung der Darstellung auf dem Kelch Taf. XXVI b.

b. Istanbul, Archäologisches Museum. Chiotischer Kelch aus der Nekropole von Pitane mit der Darstellung von Achilleus und Troilos. Um 560 v.Chr. (zu S. 70)

a. b. Istanbul, Archäologisches Museum. Attisch schwarzfigurige Schale aus der Nekropole von Çandarlı (Pitane), auf beiden Seiten Sportler und Trainer. Um 560-550 v.Chr. (zu S. 68-70)

a. Attische Schale mit laufendem Hasen, 530/20 v.Chr.

b. Attischer Skyphos mit Gans, um 570 v.Chr.

c. Attische Lekane mit zwei Gänsen, um 570 v.Chr.

a - d Istanbul, Archäologisches Museum. Funde aus der Nekropole von Çandarlı (Pitane) (zu S. 68-70)

d. Alabastron aus Glas, 2. Hälfte 5. Jh.v.Chr.

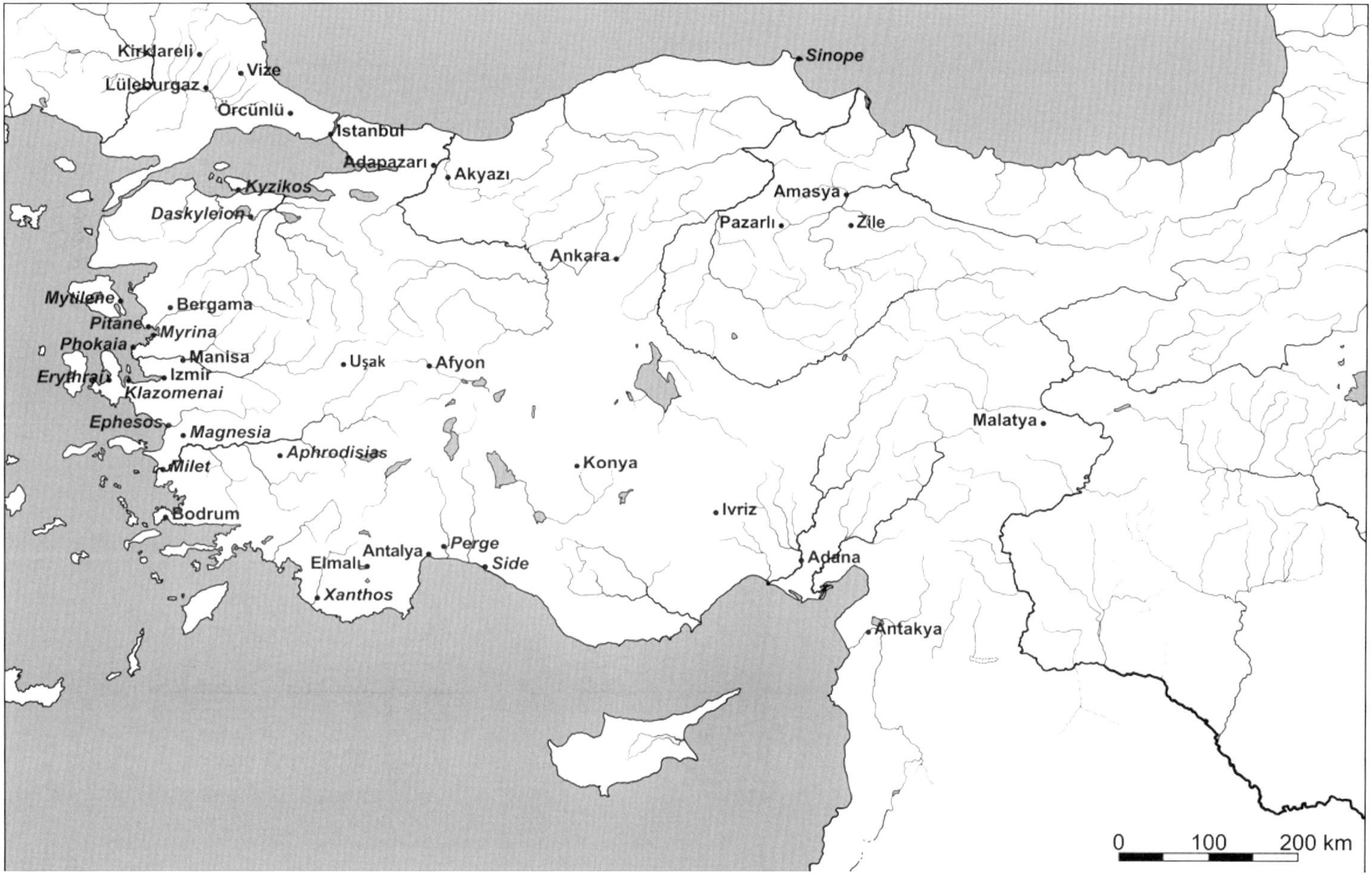

Karte von Anatolien. Lebensstationen und Grabungsstätten von Ekrem Akurgal sowie weitere in diesem Buch erwähnte Orte.

a. Izmir, Archäologisches Museum. Tanzender Bronzesatyr. Aus einem klassischen Haus südl. der "Straße der Athena" in Alt-Smyrna. Um 425-400 v.Chr. (zu S. 72)

b. Erythrai. Hellenistisches Kieselmosaik aus Erythrai, Palmetten und Greife. 2. Hälfte 3. Jh.v.Chr. (zu S. 73-74)